Herausgegeben vom Zentrum
für Theaterforschung
der Universität Hamburg

Manfred Brauneck
Christine Müller
Barbara Müller-Wesemann

C'est Icy le Grand Sauteur

THEATERSTADT HAMBURG

Schauspiel, Oper, Tanz
Geschichte und Gegenwart

Rowohlt

Originalausgabe
Lektorat Burghard König
Layout Ingrid Eitner
Veröffentlicht im Rowohlt Taschenbuch Verlag GmbH,
Reinbek bei Hamburg, Mai 1989
Copyright © 1989 by Rowohlt Taschenbuch Verlag GmbH,
Reinbek bei Hamburg
Umschlaggestaltung Walter Hellmann
Abbildungen: siehe Bildquellennachweis, Seite 223
Satz Sabon (Linotron 202)
Gesamtherstellung Clausen & Bosse, Leck
Printed in Germany
2400-ISBN 3 499 18546 6

Inhalt

Zwischen Popularität und Moderne – 1900 bis 1933

Theater, Oper und Tanz 1933 bis 1945

Theaterstadt Hamburg 1945 bis zur Gegenwart – institutionelle Ausprägungen, Erneuerungen, Experimente

Anhang

Vorwort

«Theaterstadt Hamburg – Geschichte und Gegenwart»: Ausstellung und dazu das vorliegende Buch machen den Versuch, mehr als 300 Jahre Stadtgeschichte und Theaterkultur zueinander in Beziehung zu setzen, Kontinuität und Wandel im Verhältnis von städtischer Lebensform und der Institution Theater an einem Ort aufzuzeigen, dessen herausragende Bedeutung für beides außer Frage steht.

Hamburg ist Theaterstadt seit der Gründung der Hamburger Oper im Jahre 1677, eröffnet wurde sie am 2. Januar 1678. Es war das erste feststehende Opernhaus in deutschen Landen und zudem von Bürgern finanziert.

Theater in dieser Stadt war stets von den sozialen Bedingungen, den Interessen und der geistigen Atmosphäre eines bürgerlich-protestantischen Lebenszusammenhangs bestimmt, war nie – im Gegensatz zu anderen deutschen Theaterzentren – Theater einer Residenzstadt. Mentalität und Kulturverständnis des hanseatischen Bürgertums, dessen Weltoffenheit und Liberalität sich in unverwechselbarer Weise mit kaufmännischem Pragmatismus verbinden, prägen die Geschichte dieses Theaters in ihren Höhepunkten wie in ihren Krisen.

Eher schwierig, meist ambivalent, war das Verhältnis der Hamburger Stadtregierungen zu den Theatern seit jeher; waren sie doch nie selbstverständlicher Bestandteil einer politischen Repräsentationskultur oder öffentlicher Geselligkeit, wie dies im Umfeld der Höfe und Residenzen der Fall war. Die frühe Operngründung, bei der die bürgerlichen Initiatoren ohne die diplomatische Unterstützung durch den im Hamburger Exil lebenden Herzog Christian Albrecht von Schleswig-Holstein-Gottorf wohl nicht so recht vorangekommen wären, ist in der deutschen Theatergeschichte ein gleichermaßen bemerkenswertes Ereignis wie der Hamburger Opernstreit, wenige Jahre darauf, bei dem die Pastoren der Hansestadt mit allen zu Gebote stehenden Mitteln gegen die vermeintliche Gefahr der Sittenverderbnis durch das neue Kunstinstitut zu Felde zogen. Die Spannungen zwischen Kirche, Senat und den Theatern ziehen sich noch weit ins 18. Jahrhundert hinein und sind beispielhaft dafür, wie schwer sich das protestantische Bürgertum langehin mit jenem «Überflüssigsten», dem «lebensnotwendigen Luxus» getan hat, als der Theater immer wieder apostrophiert wird.

Zwar fand der Traum des deutschen Bürgers von einem Nationaltheater, das Schiller die «moralische Anstalt» nannte, in

«Das Theater muß nämlich durchaus etwas Überflüssiges bleiben dürfen, was freilich dann bedeutet, daß man für den Überfluß ja lebt. Weniger als alles andere brauchen Vergnügungen eine Verteidigung» (Bertolt Brecht: Kleines Organon für das Theater, 1948).

Hamburg erste Ansätze seiner Verwirklichung, scheiterte jedoch bereits ein Jahr später an biederem Geschäftssinn und künstlerischem Unverstand. So leitet sich auch die Verbindung Lessings mit der Hamburger Theaterkultur mehr vom Titel seiner berühmten Kritikensammlung her als von einem dauerhaften, gar erfolgreichen Wirken für das Theater dieser Stadt. Gab es in Hamburg auch in früherer Zeit kaum Theaterzensur, war doch bis zum Beginn des 19. Jahrhunderts das Theaterspielen an 202 Tagen des Jahres verboten, an den Sonnabenden und Sonntagen, den Passions- und Adventswochen und einer Reihe anderer kirchlicher Festzeiten und -tage; erst seit 1798 wurden während der Wintermonate und seit 1816 auch während des Sommers die Sonn- und Festtage für Theateraufführungen freigegeben.

Theater in Hamburg konnte sich zwar in einem weithin liberalen politischen Klima entwickeln, doch entschlossen sich die Hamburger Stadtoberen nur sehr zögernd – und mit fast hundertjähriger Verspätung gegenüber vergleichbaren Städten – dazu, die Theater mit finanziellen Zuschüssen zu unterstützen. Erst 1873 erhält das Stadttheater, Vorgänger der heutigen Oper, dem die meisten Senatoren als Aktionäre verbunden waren, geringfügige Beträge für Gas- und Wasserkosten und für die Pensionskasse; 1905 kommen Zuschüsse zur Verbesserung der sozialen Lage der Orchestermitglieder und der Chorsänger hinzu. Ansonsten wurde durch hohe Besteuerung der theatralen Lustbarkeiten (seit 1796 mit 12,5 Prozent) und eine äußerst restriktive Haltung in der Konzessionsvergabe den Theaterunternehmern das Leben in der Hansestadt nicht gerade leicht gemacht.

Es mag für die Vitalität und schier unerschöpfliche Überlebenskraft des Theatergewerbes sprechen, daß sich unter diesen Bedingungen dennoch ein so vielgestaltiges Theaterleben entwickeln konnte. Offenbar stand den stadtpolitischen Grundsätzen im Umgang mit den Theatern wohl immer das Vergnügen entgegen, das die Bürger am Theater hatten, verbunden mit der Lust an öffentlicher Repräsentation, wie sie insbesondere die großen Häuser boten. Die vornehmen Hanseaten standen dabei den adeligen Vorbildern in nichts nach. Das Hamburger Theaterpublikum unterschied – und unterscheidet – sich in seinen Vorlieben und Schwächen nicht von den Theaterenthusiasten andernorts.

Heute ist die Subvention der Theater durch die öffentliche Hand in Hamburg, wie in der Bundesrepublik Deutschland allgemein, als eine Art kommunalpolitisches Brauchtum – ohne rechtliche Grundlage – verankert. Inwieweit die Signatur hanseatischer Mentalität im Umgang mit den Theatern, wie sie sich

«An Fleiß und Kosten wird sicherlich nichts gesparet werden: ob es an Geschmack und Einsicht fehlen dürfte, muß die Zeit lehren. Und hat es nicht das Publikum in seiner Gewalt, was es hierin mangelhaft finden sollte, abstellen und verbessern zu lassen? Es komme nur, und sehe und höre, und prüfe und richte. Seine Stimme soll nie geringschätzig verhöret, sein Urteil soll nie ohne Unterwerfung vernommen werden!» (Gotthold Ephraim Lessing in der Ankündigung seiner «Hamburgischen Dramaturgie» am 22. April 1767).

«Der süße Traum, ein Nationaltheater hier in Hamburg zu gründen, ist schon wieder verschwunden: und so viel ich diesen Ort nun habe kennen lernen, dürfte er auch wohl gerade der sein, wo ein solcher Traum am spätesten in Erfüllung gehen wird» (Gotthold Ephraim Lessing im letzten Kapitel seiner «Hamburgischen Dramaturgie» am 19. April 1768).

aus der Hamburger Theatergeschichte rekonstruieren läßt, auch an der heutigen kulturpolitischen Praxis noch ablesbar ist, ist als Frage zur kritischen Selbstreflexion an die Gestalter Hamburger Kulturpolitik weiterzugeben.

Hamburgs Theaterlandschaft 1989 ist ihrer Struktur nach charakteristisch für das Theaterleben einer modernen Großstadt. Dichte und Vielfalt des Theaterangebots repräsentieren alle institutionellen Formen des deutschen Theatersystems, alle künstlerischen Sparten in der ganzen Spannweite von großer Kunst und populärer Unterhaltung. Zudem steht das Theater dieser Stadt im Umfeld einer dynamischen Medienkultur, die Konkurrenz und Herausforderung für die Theatermacher dieser Stadt bedeuten.

Neben zahlreichen Privattheatern, den Freien Theatergruppen und den Amateurbühnen bestimmen in erster Linie die drei großen Staatstheater das Bild der Hamburger Theaterlandschaft: die Hamburg Oper, das Deutsche Schauspielhaus und das Thalia Theater.

Diese Breite des Theaterlebens spiegelt sich auch in der kulturellen Topographie der Stadt wider, den traditionellen und den neuen Zentren: dem Spielbudenplatz in Altona; dem Gänsemarkt als dem Standort des ersten Opernhauses, in unmittelbarer Nähe der heutigen Oper; St. Georg und die Kirchenallee; schließlich der neue Spielort Kampnagel, Auftrittsort der Freien Gruppen und demnächst wohl als GmbH «viertes Staatstheater» eigener Art.

Die Ausstellung, die die Vielfalt dieser Aspekte aufnimmt, jedoch auswählen muß und Akzente setzen will, ist ein Beitrag der Universität im Rahmen der Veranstaltungen des Stadtjubiläums «800 Jahre Hafen». Sie wurde am Zentrum für Theaterforschung konzipiert und vorbereitet. Mitarbeiter und Autoren der entsprechenden Texte dieses Buches waren – für die Schauspielbühnen, für konzeptionelle Mitarbeit und Koordinationsaufgaben: Christine Müller; für die Geschichte der Hamburger Oper und konzeptionelle Mitarbeit: Barbara Müller-Wesemann; für Tanz und Ballett: Patricia Stöckemann; für die Theatersituation von 1933 bis 1945, für die Amateurbühnen, Wanderbühne und Operette: Jutta Gutzeit; für das Verhältnis von Kino und Theater und das entsprechende Vorfeld im 19. Jahrhundert: Tilo Rudolf Knops; für die Freien Theatergruppen: Christiane Schindler und Annette Waldmann; für die Theaterarbeit des Jüdischen Kulturbundes: Angela Gerrits und Bonni Narjes; für Theater und Politik in Hamburg: Rainer Büchtmann; Projektleiter: Manfred Brauneck.

Der zentrale Teil der Ausstellung wird im Kunsthaus Hamburg gezeigt: «Schauspiel und Musiktheater im 20. Jahrhundert»; die Ausstellungsgestaltung wurde von Achim Lipp und Winfried Saty konzipiert. Im Museum für Kunst und Gewerbe wird «Tanz in Hamburg im 20. Jahrhundert» dokumentiert; die Gestaltung übernahm Nils Jockel. Die Frühgeschichte des Hamburger Theaters, «Schauspiel, Oper und Ballett im 17. und 18. Jahrhundert», wird in der Staats- und Universitätsbibliothek Carl von Ossietzky gezeigt. Den Verantwortlichen der jeweiligen Häuser ist die Universität zu Dank verpflichtet; insbesondere den Intendanten und Technischen Direktoren der Hamburger Staatstheater für die gute Kooperation und mancherlei materielle und technische Unterstützung. Dank gebührt vor allem auch den Leihgebern, die uns halfen, ein paar besondere Akzente zu verstärken.

Grundlage für die Ausstellung ist das Archiv der Theatersammlung der Universität Hamburg, das die lokale Theatergeschichte nahezu lückenlos dokumentieren läßt. Dabei verdankt die Theatersammlung wesentliche Materialien zur Hamburger Theatergeschichte dem Theaterautor und -historiker Paul Möhring (1890–1976), der sein umfangreiches Theaterarchiv 1971, einige Nachträge noch 1988, der Universität Hamburg übereignete. Für die Darstellung der Geschichte der Hamburger Oper waren das von Joachim E. Wenzel seit 1947 zusammengetragene und in der Hamburger Staatsoper verwahrte Archiv, dazu dessen mehr als dreißigjährige Forschungstätigkeit, unabdingbare Voraussetzungen unserer Arbeit. Die neuere Tanzgeschichte ließ sich mit Hilfe des in den Besitz der Stadt Köln übergegangenen Tanzarchivs rekonstruieren, das der Hamburger Tänzer, Pädagoge und Publizist Kurt Peters in Jahrzehnten aufgebaut hat. Diesen drei Chronisten der Hamburger Theatergeschichte ist diese Publikation gewidmet; die Mitarbeiter an der Ausstellung wollen damit ihren Dank und ihren Respekt vor der Arbeit dieser Sammler und Forscher bekunden.

«Kein Geld für das Hamburger Tanzarchiv» (Schlagzeile des *Hamburger Abendblatts* im Juni 1962, anläßlich des Scheiterns der Bemühungen, das Tanzarchiv für die Theatersammlung der Universität Hamburg zu erwerben).

Theater, Oper und Tanz von der Frühzeit bis zum Ende der Aufklärung

Daten zur Geschichte
bis Ende des 18. Jahrhunderts

1189   Ein wirklich erteilter, aber wahrscheinlich nicht rechtswirksam gewesener Freibrief für die Hamburger Neustadt, den eine um 1265 auf den Namen Kaiser Friedrich Barbarossas gefälschte Urkunde wiedergibt, verleiht der Neustadt besondere Handels- und Schiffahrtsrechte. Hamburg hat etwa 1000 bis 1500 Einwohner.

13./14. Jh.   Entstehung des Hansebundes. Die Interessengemeinschaft zur Sicherung von Handelsvorteilen wuchs bis Mitte des 14. Jahrhunderts auf rund 200 Mitgliederstädte an und umspannt ein Gebiet von Nowgorod, Bergen und London bis Brügge. Einwohnerzahl Hamburgs: 5000 bis 8000.

1401   Aushebung des Seeräuberbundes der Vitalienbrüder. Hinrichtung Klaus Störtebeckers.

15./16. Jh.   Niedergang der Hanse durch die erfolgreiche Konkurrenz holländischer und süddeutscher Städte und partikularistische Tendenzen vieler Hanse-Mitglieder.

1528   Durchsetzung der Reformation; andere Glaubensbekenntnisse sind in Hamburg nicht mehr zugelassen.

1600   Einwohnerzahl: etwa 35000.

1613   Gründung des Akademischen Gymnasiums, das unter Joachim Jungius (1629–1640) wissenschaftliche Geltung von europäischem Rang erreicht.

1618–1648   Im Dreißigjährigen Krieg erhält Hamburg seine städtische Selbständigkeit nicht zuletzt durch den Schutz, den der von 1616 bis 1626 erneuerte Wallring bietet, und wird während der Kriegszeit zum diplomatischen Zentrum Europas.

1619   Die Gründung der Hamburger Bank bietet eine gesicherte Grundlage für Zahlungsverkehr und Kapitalbildung.

1623   Gründung des Admiralitätskollegiums: eine Behörde zum Schutz der Kauffahrer gegen Seeräuber und zur Hafenverwaltung.

1662   Einwohnerzahl: 75000.

1665   Gründung der Commerzdeputation: eine Interessenvertretung der Kaufleute gegenüber dem Rat.

1673   Einführung der Straßenbeleuchtung.

1677   Erstes deutsches Kaffeehaus in Hamburg.

1678   Eröffnung der ersten von Bürgern für Bürger betriebenen stehenden Oper in Deutschland. Bis zu ihrem Ende 1738 gelangten 270 verschiedene Opern zur Aufführung. Gespielt werden konnte allerdings nur an gut 150 Tagen im Jahr, nicht jedoch an Sonnabenden, Sonntagen, Festtagen, der siebenwöchigen Fastenzeit vor Ostern, der Buß- und Bettagswoche und den vier Adventswochen.

1686–	Snitger-Jastramsche Bürgerunruhen und Opernstreit:
1688	Auseinandersetzung um die Zulässigkeit des Musiktheaters zwischen «pietistischen» und «orthodoxen» Lutheranern auf dem Hintergrund des politischen Streits zwischen Bürgerschaft und Rat (die Verfassung «Langer Rezeß» von 1529 hatte zu einer Ratsoligarchie geführt, gegen die sich Gruppen Hamburger Bürger auflehnten) und dem Krieg gegen Dänemark. Die Oper wird verboten, wieder erlaubt und wieder verboten. Nachdem Hamburg durch Reichstruppen befriedet worden ist, läßt der Protest der Pastoren gegen die Oper weitgehend nach. Existenzgefährdend für das Theater in Hamburg ist der Opernstreit nie gewesen, obwohl es den Zeitgenossen so schien.
1712	Die Machtstreitigkeiten zwischen Bürgerschaft und Rat bleiben seit dem ausgehenden 17. Jahrhundert in Hamburg ohne Klärung. Abhilfe bringt schließlich 1712 die Besetzung Hamburgs durch reichskaiserliche Truppen und ein Verfassungskompromiß: Der «Hauptrezeß» ist Hamburgs Verfassung bis 1860, die sowohl aristokratische als auch republikanische Elemente enthält.
1713	Zum letztenmal wütet die Pest in Hamburg.
1737	Gründung der ersten deutschen Freimaurerloge «Absalom» in Hamburg.
1738	Einstellung des Opernbetriebs. Das Haus wird zeitweise an reisende Opern- und Schauspielgesellschaften vermietet. Abriß des Gebäudes 1763.
1750	Einwohnerzahl: 90000.
1756– 1763	Siebenjähriger Krieg: Preußen wird unter Friedrich dem Großen fünfte Großmacht in Europa.
1765	Das neuerbaute Comödienhaus am Gänsemarkt wird von Conrad Ernst Ackermann eröffnet. Erste stehende Schauspielbühne der Hansestadt. Gründung der Patriotischen Gesellschaft «zur Befoerderung der Manufacturen, Künste und nützlichen Gewerbe»: ein Verein für Aufklärung, Vernunft und Fortschritt.
1767– 1769	Nach Ackermanns Weggang Gründung der Entreprise «Hamburger Nationaltheater». Gotthold Ephraim Lessing gibt die «Hamburgische Dramaturgie» heraus.
1768	Gottorper Vergleich: Hamburg wird von Dänemark als «Kaiserlich-Freie-Reichsstadt» anerkannt.
1769	Johann Melchior Goeze, durch seinen «Fragmentenstreit» mit Lessing der Nachwelt bekannt gewordener Hauptpastor von St. Katharinen, führt einen persönlichen Feldzug, «ob ein Geistlicher die Schaubühne besuchen, selbst Comödien schreiben… und die Schaubühne… anpreisen könne». Die folgende publizistische Fehde wird schließlich wegen persönlicher Angriffe und Beleidigungen vom Senat verboten. Der isolierte Goeze tritt als Senior des Geistlichen Ministeriums zurück.
1771	Friedrich Ludwig Schröder übernimmt die Leitung des Comödienhauses am Gänsemarkt zusammen mit seiner Mutter Sophie Charlotte Ackermann (bis 1780, 1786–1798 u. 1811/12).

1785 Religiöses Toleranzreglement für Reformierte und Katholiken in Hamburg; seit 1529 war in Hamburg nur das Luthertum erlaubt.

1788 Einrichtung der Allgemeinen Armenanstalt.

1789 Ausbruch der Französischen Revolution.
Einwohnerzahl Hamburgs: 100000.

1791 Gesellenaufstand in Hamburg.

1794 Einwohnerzahl: 130000.

1796 Hamburg führt erstmals eine 12,5prozentige Steuer auf öffentliche Vergnügen ein, um damit höhere Gehälter für die Miliz zu finanzieren.

1798 Die Sonn- und Festtage «während der acht Wintermonate von September bis April» werden vom Hamburger Rat für Theateraufführungen freigegeben.

Jahrmarktspektakel und frühes Laienspiel

Seit 1350 sind Auftritte fahrender Spielleute in Hamburg belegt; es waren Musikanten und Artisten, die zu Zeiten der Jahrmärkte, jeweils im Juni, August und Oktober für 14 Tage, die Bürger der Stadt und die vielen, der Geschäfte wegen angereisten Fremden mit ihren Darbietungen unterhielten. Kämmerei-Rechnungen des 14. bis zum frühen 16. Jahrhundert belegen, daß die Stadtkasse für die Kosten dieser Schaustellerei, eines im ganzen europäischen Raum dieser Zeit verbreiteten Wandergewerbes, aufkam; zum wirtschaftlichen Nutzen der Hansestadt freilich, denn das bunte Völkchen dieser Spaßmacher, der Feuerschlukker, Springer, Sänger und Seiltänzer – einer vollführte 1544 seine Kunststücke auf einem Seil, das vom Dom über den Fischmarkt gespannt war – trug viel zur Attraktivität des Hamburger Marktes bei. Noch bis ins 19. Jahrhundert hatte diese Interessengemeinschaft von Markt und Spektakel Bestand; zur Zeit des «Dom», des traditionellen vorweihnachtlichen Jahrmarktes, erhielten die Hamburger Gaststätten besondere Theaterkonzessionen für die Auftritte auswärtiger Schausteller und Puppenspieler.

Die Darbietungen der Spielleute des hohen und späten Mittelalters, die mitunter auch für Festlichkeiten des Stadtrates engagiert wurden, kannten Theater im eigentlichen Sinne noch nicht. Dieses kam in der Hansestadt erst sehr viel später auf, und es war eine eher ernste und erbauliche Angelegenheit. Die ersten Theateraufführungen in Hamburg waren geistliche Spiele, die seit dem 15. Jahrhundert belegt sind. Unter Mitwirkung und Anleitung der Pfarrherren wurden in den Kirchen, später auch auf dem Marktplatz – in enger Verbindung mit der liturgischen Feier und überwiegend in lateinischer Sprache – Motive und Themen der Weihnacht und der Passion deklamiert und in Szene gesetzt. Laien waren die Akteure dieser Spiele. Nach 1529, der Durchsetzung der lutherischen Reformation in Hamburg, die einschneidende Auswirkungen für das Theaterwesen insgesamt zur Folge hatte, sind solche Spiele nicht mehr nachgewiesen.

Gaukler des späten Mittelalters (14. Jh.)

Daneben gab es seit dem 15. Jahrhundert den Spielbetrieb der Handwerker, das Fastnachtspiel: erbauliche Stücke über biblische und volkstümliche Stoffe, in deutscher Sprache und nach einem festen Regelwerk verfaßt, manchmal satirisch, die Mißstände des Handwerkeralltags aufs Korn nehmend. So ist von

«1 Pfd. 3 ß Hinselino gesticulatori in corda.» (1 Pfd. 3 ß für Hinselin, der Kunststücke auf dem Seil vollführte) (*aus:* Kämmereirechnung von 1467).

Die Hübelbanck.

«Mein Meister der heist Fritz/
Er speist mir nichts den Grütz/
Grütz für/ Grütz nach/
Grütz mit Leder bezogen/
Das alles ist mein grosses
Klagen: Aber das Beste hät/
ich schier vergessen/
Mein Meister speist Braten/
und thut die allein fressen.
Er läst sie uns alleweil
schauen und nicht geniessen/
Das mag wohl den Teuffel und
seiner Mutter verdriessen.»
(Figuren und Text aus: Der
Tischeler Gesellen lustiges
Fastelabend-Spiel. Hamburg
1696.)

«Dar enschal nen man schodu-
vel lopen, riden eder ghan»
(Niemand soll mit verdecktem
Gesicht, mit Masken herumlau-
fen, reiten oder gehen – Erlaß
des Rates 1372). Seit dem 14.
Jahrhundert versuchte die Obrigkeit, die Fastnachtsbräuche
zu verbieten. Auf vermummtes
Umhergehen standen drei Mark
Silber oder Gefängnis als Strafe.

«8 ß histrioni cum mirabili ani-
mali, quasi simea.» (8 ß für
einen Spielmann mit einem
Tier, das wie ein Affe aussah)
(aus: Kämmereirechnung von
1465).

1696 «Der Tischeler Gesellen lustiges Fastelabend-Spiel» über-
liefert. Hier traten «Winckelhacken» und «Schraub-Schwinge»
auf und beklagten sich über schlechte Arbeitsbedingungen, mi-
serables Essen und über die Faulheit und Genußsucht der Meister. Aufführungen dieser Art, obendrein noch verbunden mit
einem Umzug durch die Stadt, waren der Obrigkeit schon früh
ein Dorn im Auge und wurden im 18. Jahrhundert letztendlich
untersagt.

Mit der Reformation wurde auch in Hamburg das Schultheater eingeführt. Seit 1529 gab es Theateraufführungen im Johanneum, der renommierten Lateinschule der Stadt. «Item id yd ock
eyne gude ouinge / dat me se Comedien spelen leth» (so ist es
auch eine gute Übung, daß man sie Komödien spelen läßt) – so
begründete Johannes Bugenhagen in der Kirchenordnung von
1529 seine Forderung, die Schüler dieser neu gegründeten Gelehrtenschule Theater spielen zu lassen. Aus den anfänglichen
«Red-Übungen» zur Förderung der lateinischen Sprachkennt-
nisse entwickelten sich bald unterhaltsame Theatervorführun-
gen in lateinischer, aber auch in deutscher und sogar in niederdeutscher Sprache, in gebundener und freier Rede, oftmals mit
musikalischer Umrahmung. Dieses Schultheater erlebte einen
Höhepunkt unter dem Rektor Johann Samuel Müller
(1732–1773), der selbst zahlreiche Stücke schrieb und diese mit
den «Jünglingen guter Hoffnung» an seiner Schule einstudierte.
Müller behandelte Themen aus der griechischen und römischen

Winckelhaken.   **Die Oerterſäge.**   **Schraub-Schwinge.**

Mythologie und Geschichte, wie auch Stoffe der deutschen, speziell der hamburgischen Vergangenheit. Jedes der Stücke wurde an mehreren Tagen hintereinander vor einem meist zahlreich erscheinenden Publikum aufgeführt, was den – in jener Zeit schlecht entlohnten – Lehrern eine Gratifikation von seiten des Rates einbrachte. Die wahrscheinlich letzte dieser Aufführungen, ein Stück mit dem Titel «Von dem Dictator Julius Cäsar», fand im Februar 1781 statt.

Das Ende der geistlichen Spiele, die rigorose Disziplinierung der spätmittelalterlichen Schauvergnügungen auf Markt und Straße und das Aufkommen des gelehrten Schultheaters markieren in aller Deutlichkeit den Einschnitt, den die Reformation für die Theaterentwicklung in Hamburg bedeutete. Für mehr als ein Jahrhundert sollte das Verhältnis von Kirche und Theater gespannt bleiben. Ansätze zu einer Verbesserung deuteten sich erst an, als 1678 die Oper am Gänsemarkt eröffnet wurde und Hamburg eine Bühne erhielt, die über die Grenzen der Hansestadt hinaus eine künstlerische Attraktion wurde und in Deutschland eine neue Form bürgerlicher Theaterkultur einleitete.

«Um des Glaubens willen sterben / Ist ein wunderschöner Tod. / Soll mein Blut die Erde färben? / Dieses heiss' ich nicht: verderben, / Dieses nenn' ich keine Noth.»
Arie einer Schulaufführung im Johanneum. Die Texte wurden an das Publikum verteilt.

Hamburgs erste Oper am Gänsemarkt (1678–1738

Gerhard Schott (1641–1702), Jurist und Ratsherr, Gründer der ersten Hamburger Oper

Titelseite des ersten Hamburger Opernlibrettos von 1678

«Die Opera ist todt! O Schmerzen, die uns rühren! / Kommt, lasst uns, Thränen-voll, ihr Grab mit Blumen zieren! / Die Opera, die Wunder-Schöne, Der Anmut Königinn, / Der Zierrat Hamburgs ist dahin! / Drum lasset uns, mit kläglichem Getöne, / Den schmerzlichen Verlust ohn Unterlaß beklagen, / Und halb verzweifelt fragen: / Ach, brachten wir für Aug und Ohr / Denn nie was würdigs vor?»

Schauplatz dieser Klagen ist das Parterre des Hamburger Opernhauses; in dessen Mitte: ein illuminiertes Mausoleum. Zu den Klängen eines Trauermarsches ziehen die Hinterbliebenen am Grabe der Verstorbenen vorüber. Was folgt, ist Traum und Wirklichkeit zugleich. Als die Akteure ein vermeintlich letztes Mal die Stätte ihres bisherigen Wirkens besingen, fliegt der Götterbote Merkur herbei. Im Auftrag Apolls, des Gottes der Dichtung und der Musik, erweckt er unter heftigem Blitzen und Donnern die Tote zu neuem Leben. Der Auftritt Apolls im Kreise seiner neun Musen gerät dann zur Apotheose der Opernkunst. Jubel und gute Vorsätze beschließen die Szene.

Die Oper ist tot – die Oper lebt! So lautet die Quintessenz des hier beschriebenen szenischen Prologs, den Georg Philipp Telemann vor mehr als 260 Jahren anläßlich der Wiedereröffnung der Hamburger Oper verfaßte. Man feierte 1727 den durch die großzügige Unterstützung von hundert Mäzenen gesicherten Fortbestand eines Hauses, das bis dahin in der Tat bereits viel «würdigs» hervorgebracht hatte.

Den Auftakt zur neueren Hamburger Theatergeschichte kann man sich eindrucksvoller nicht denken; es ist die Gründung der ersten stehenden Oper in deutschen Landen. Zwischen dem heutigen Jungfernstieg, dem Gänsemarkt und den Colonnaden gelegen, wurde Hamburgs Opernhaus mit Johann Theiles Singspiel «Der erschaffene, gefallene und wiederaufgerichtete Mensch» am 2. Januar 1678 eröffnet. Die Gründer und Finanziers waren der Rechtsgelehrte und Ratsherr Gerhard Schott, der Lizentiat und spätere Bürgermeister Peter Lütjens sowie der Organist von St. Katharinen, Johann Adam Reincken. Als der eigentliche Motor des Vorhabens aber galt der im Hamburger Exil lebende Christian-Albrecht, Herzog zu Schleswig-Gottorf, der sich zuvor schon – zusammen mit seinem Kapellmeister Theile – beim

Domkapitel um die Genehmigung öffentlicher Opernaufführungen bemüht hatte.

Nach venezianischem Vorbild wurde mit der Gänsemarkt-Oper ein privates kommerzielles Theater von bürgerlich-nationaler und höfisch-feudaler Prägung geschaffen. Es war für jedermann gegen Bezahlung zugänglich, versprach als kulturelle Attraktion finanziellen Gewinn und bot den Adligen, die sich als Diplomaten oder Exilierte in der Hansestadt aufhielten, ein standesgemäßes Vergnügen. Schott, der die Oper mit wenigen Unterbrechungen von 1678 bis 1701 leitete, setzte der Führung des Hauses drei Ziele: die Pflege des Gesangs und der Muttersprache sowie die «vereinte Huldigung der Musen» an Kronen und Fürstenhäuser.

Ein standesgemäßes Vergnügen zwar für den Adel und das arrivierte Bürgertum – die neue Kunstform der protestantischen Geistlichkeit bereitete dagegen seit den ersten Gründungsabsichten Ärger und Verdruß und spaltete sie in zwei feindliche Lager. Während die Pietisten das Theater als «Teufelswerk» verdammten und als verderbliche Einrichtung der in der Hansestadt verpönten Adelskultur brandmarkten, verteidigten die orthodoxen Theologen Schauspiele und damit auch Opernaufführungen als eine durchaus zulässige «Ergötzung». Nun war in dem neutralen, erfolgreich zwischen den Großmächten lavierenden Handelsort und Zentrum vielfältigen diplomatischen Lebens strengste außenpolitische Rücksichtnahme geboten. Auf

«Wollen Fürsten und Herren zum Teufel fahren, wollt ihr Anderen denn darum mitfahren, wollen Fürsten und Herren Opern spielen lassen, laß sie in ihr Land ziehen und daselbst Opern spielen sehen» (aus einer Predigt des Magister P. Scheele in der Maria-Magdalenen-Kirche am Bußtag 1682).

Intervention adliger Kreise verbot der Rat immer öfter Predigten gegen das Opernprojekt und erlaubte 1682 trotz kirchlichen Protests sogar nächtliche Aufführungen. Seinen Höhepunkt erreichte der «Opernstreit» in den Jahren 1686 und 1687, als bürgerliche Unruhen wiederholt die Schließung des Hauses erzwangen und die pietistische Fraktion unter Führung Johann Wincklers, des Pastors zu St. Michaelis, von der Kanzel herab die Abschaffung der Oper forderte. Doch die adligen Musikfreunde ließen sich nicht entmutigen. Mit Gutachten der Universitäten Rostock und Wittenberg sowie des Pastors von St. Jacobi, Johann Mayer, eines erklärten Gegners der Pietisten, erreichten sie die Tolerierung der Oper durch das geistliche Ministerium und die Zurechtweisung Wincklers durch den Rat der Stadt. Am 17. November 1687 konnte das Opernhaus seine Pforten wieder öffnen.

In der Vereinigung aller Künste, der Musik mit Poesie, Tanz, den bildenden Künsten und den Illusionstechniken barocker Bühnenmaschinerie, bildete sich in der Oper eine Kunstform aus, die in ihrer opulenten Sinnlichkeit, in ihrer theatralen Typisierung und Stilisierung dem Bedürfnis jener Zeit, die Welt als Theater zu sehen, auf das Vergnüglichste entgegenkam. Inhalte und Handlungen folgten stereotypen Mustern; die geschilderten Intrigen und dramatischen Verwicklungen mündeten letztlich immer im Sieg der Tugend über das Laster.

Dem Opernlibretto, Krönung der dramatischen Gattungen, wurde neben der Musik ein ebenbürtiger Platz eingeräumt. Barthold Feind (1678–1721), Christian-Friedrich Hunold, gen. Menantes (1680–1721), und Johann Ulrich König (1688–1741), drei Dichter der zweiten Generation, machten sich nicht nur als Verfasser bedeutender Textbücher einen Namen. Auf der Grundlage ihrer praktischen Erfahrungen schufen sie ein poetologisches Regelwerk für die Oper, das die Reformbestrebungen zu einem deutschen Nationaltheater vorbereitete.

Die frühen Singspiele der Hamburger Bühne lassen in ihrer vorwiegend religiösen Thematik und in ihrer szenischen Form deutliche Einflüsse der spätmittelalterlichen Mysterienspiele erkennen. Dies ist nicht zuletzt ein Indiz für die Rücksicht, die die Autoren in der Anfangszeit gegenüber den pietistischen Kreisen der Geistlichkeit walten ließen. Mit dem wachsenden Interesse der Öffentlichkeit an der Oper verschwanden jedoch die biblischen Themen zusehends aus dem Spielplan. An ihre Stelle traten Stoffe aus der antiken Mythologie und der profanen Geschichte. Neben prunkvollen Huldigungsopern bot das Repertoire auch volkstümliche Stücke und Lokalpossen mit Musik in der Tradition des französischen Jahrmarkttheaters.

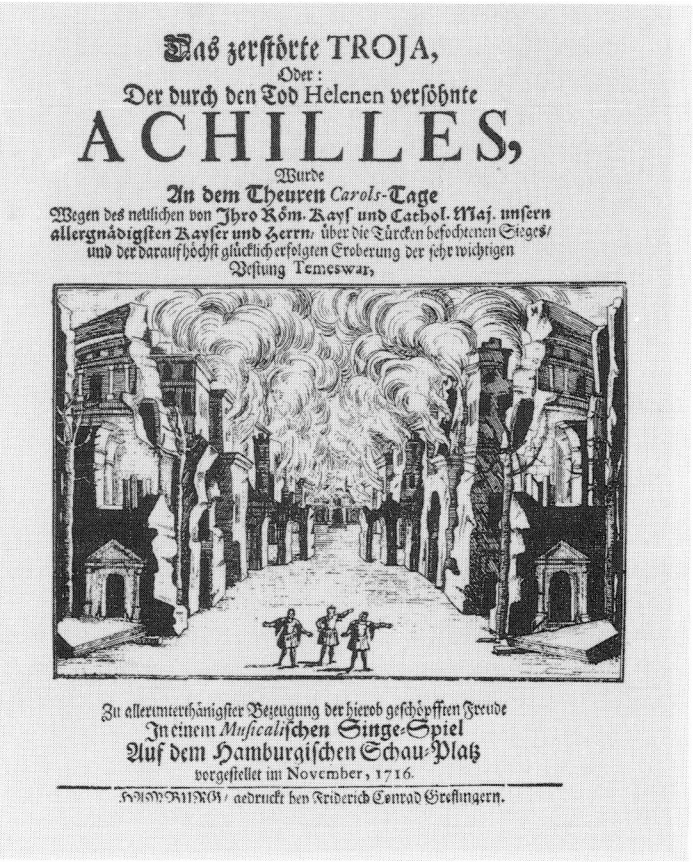

Deckblatt eines Operntextbuches von 1716

Das zerstörte TROJA,
Oder:
Der durch den Tod Helenen versöhnte
ACHILLES,
Wurde
An dem Theuren *Carols-Tage*
Wegen des neulichen von Jhro Röm. Kayf und Cathol. Maj. unsern
allergnädigsten Kayser und Herrn, über die Türcken befochtenen Sieges,
und der darauf höchst glücklich erfolgten Eroberung der sehr wichtigen
Vestung Temeswar,

Zu allerunterthänigster Bezeugung der hierob geschöpfften Freude
In einem *Musicalischen* **Singe-Spiel**
Auf dem Hamburgischen Schau-Platz
vorgestellet im November, 1716.

HAMBURG, gedruckt bey Friderich Conrad Greflingern.

Vom Publikum gefordert und vergöttert, von den Librettisten
mit kritischer Distanz bedacht, eroberte die «lustige Person» die
Bühne, eine Mischung aus Hanswurst und Arlecchino, zumeist
in der Rolle des Dieners und selbst in tragischen Stücken unent-
behrlich; dem «Hamburger Goût» folgend, sprach und sang die
«lustige Person» in niederdeutschem Idiom, ganz gleich, ob die
Handlung sie nach Italien, Ägypten oder in eine beliebige deutsche Region verschlagen hatte. Bisweilen wurden den begeister-
ten Hamburger Bürgern ganze Singspiele auf Platt präsentiert.
Zeitkritik, in satirischen Sittenbildern und handfester Komik
unmißverständlich zum Ausdruck gebracht, fand hier ein ideales
Terrain. Engstirniger Kaufmannsgeist, die Unredlichkeit der
Presse, die brutalen Usancen der Steuereinnehmer, aber auch das
unersättliche Schau- und Unterhaltungsbedürfnis des Publikums wurden auf diese Weise verspottet.

«Wer sik up dat Water gift /
Und nich versteit den Wind /
Wehn de Lust tho Freyen drifft /
Ehr he sik recht besint /
De ward gar bald /
doch veel tho laet /
Berduen sine dumme Daet /
Und jammerliken klagen /
Och! wo bin ick bedragen!»
(*aus:* Cara Mustapha, 1686).

Text: Lucas von Bostel
Musik: Johann Wolfgang
Franck

«Geld / Geld / Geld / Ruft heut die gantze Welt. Man liebt ein Pferd üm guter Art: Den Hund / weil er das Haus bewahrt: Den Löven üm den Muht: Den Esel / weil er tragen kann; Nur bloß den Menschen schätzet man Nach seinem Geld und Gut / Drüm ruft die gantze Welt: Geld / Geld / Geld» *(aus:* Simson, 1709).

Text: Barthold Feind
Musik: Christoph Graupner

Opern waren in der Regel Auftragsarbeiten, die innerhalb weniger Wochen für eine bestimmte Bühne und ein Ensemble geschrieben wurden. Nach der Aufführung gingen die Partituren in den Besitz der Direktion des Hauses über. Die jeweils neuesten Kompositionen fanden häufig so großen Anklang beim Publikum, daß sie, mit einem populären Text versehen, zu regelrechten Gassenhauern wurden.

Neben Johann Theile (1646–1724), Schüler von Heinrich Schütz und «Vater des Kontrapunkts», zählen Johann Philipp Förtsch (1652–1732), Johann Wolfgang Franck (1641–1696) und Adam Strungk (1640–1700) zu den bedeutendsten Komponisten der ersten Stunde.

Reinhard Keiser (1674–1739), der «Schöpfer des deutschen Rezitativs» und Autor von rund achtzig Opern, war ab 1694 als Komponist und zeitweise auch als Pächter und Direktor für die Oper am Gänsemarkt tätig. Sein besonderes Interesse galt der kontinuierlichen Weiterentwicklung der gesanglichen und instrumentalen Ausdrucksmöglichkeiten. In Komik, Parodie und Lokalkolorit erwies sich Keiser als unübertrefflicher Meister. Vier Stücke ganz unterschiedlicher Prägung deuten die Spannweite seines Werkes an: «Störtebecker und Gödje Michaels» (1701), «Der Hamburger Jahrmarckt», «Die Hamburger Schlachtzeit» (beide 1725) und «Der lächerliche Printz Jodelet» (1726).

Georg Friedrich Händel (1685–1759) hielt sich von 1703 bis 1706 in Hamburg auf, wurde Mitglied des Opernorchesters und

Der Selbstmord Catos. Textbuchillustration zu der Oper «Cato», 1711

komponierte hier seine Erstlinge «Almira» und «Nero», die im Jahre 1705 von der Hamburger Oper mit Erfolg aufgeführt wurden. In den späteren Jahren übernahm die Gänsemarkt-Oper nahezu alle Bühnenwerke des Komponisten, häufig nur wenige Monate nach ihrer Uraufführung in London.

Georg Philipp Telemann (1681–1767) lebte von 1721 an als Direktor der Kirchenmusik und Kantor des Johanneums, der traditionsreichen Gelehrtenschule, in der Hansestadt. Für den Gänsemarkt schrieb er 25 überwiegend heitere Opern, darunter «Pimpinone» (1725) und «Emma und Eginhard» (1728).

In der frühen Phase der Oper wurden Sänger nur selten namentlich erwähnt; Rollenverzeichnisse boten die Textbücher erst seit den 20er Jahren des 18. Jahrhunderts. 1678 übernahmen noch Knaben die weiblichen Gesangspartien. Erst mit Sigmund Kussers Tätigkeit als Kapellmeister im Jahre 1693 setzten sich Sängerinnen auf der Bühne durch. Kastraten, andernorts durchaus üblich, waren in Hamburg nicht gern gesehen; Arien in entsprechender Tonlage aus ursprünglich nicht für Hamburg komponierten Werken wurden daher in der Regel für die Gänsemarkt-Oper eine Oktave tiefer transponiert. Die Titelkupfer einiger Libretti zeigen Sänger in heftiger körperlicher Agitation. Dieser expressive Darstellungsstil sollte das Publikum rühren und mitreißen; um die Vorgänge auf der Bühne auch für die entfernteren Plätze des 2000 Besucher fassenden Hauses sichtbar zu machen, waren ausdrucksstarke Gestik und Mimik wegen der noch mangelhaften Beleuchtung eine schlichte Notwendigkeit.

Die große zentralperspektivische Kulissenbühne, die in ihren

Johann Sigismund Kusser (1660–1727), ein Freund Gerhard Schotts und Schüler des französischen Komponisten Jean Baptiste Lully, war von 1693 bis 1697 mit dem Amt des Kapellmeisters, zeitweise auch mit der Leitung der Oper betraut. Er unterzog sowohl das Orchester als auch das Gesangsensemble einer grundlegenden Reform. Durch die Einführung von regelmäßigem Unterricht – die Instrumentalisten und Sänger besaßen oftmals keine zureichende Ausbildung – förderte er die virtuose Gesangstechnik ebenso wie die Ausdrucksvielfalt in einer erweiterten Orchesterbesetzung.

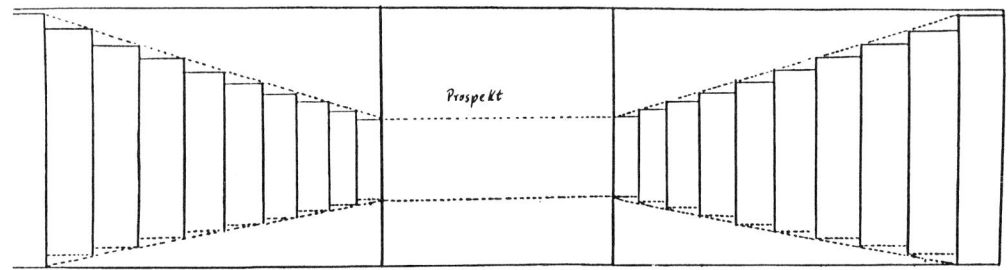

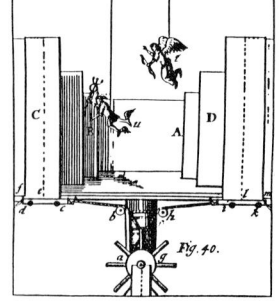

Johann Oswald Harms, Mee-resbucht. Bühnenbildentwurf zu «Heinrich der Löwe», 1696

Die Bühnenmaschinerie der ersten Hamburger Oper (aus: Das Neu-Eröffnete Rüstzeug oder Machinenhaus, Hamburg 1710)

Ausmaßen und technischen Möglichkeiten dem Vergleich mit den bedeutendsten höfischen Bühnen der Zeit durchaus stand-hielt, war viele Jahre die große Attraktion am Gänsemarkt. Die Hebe- und Versenkungsmaschinerie zur Darstellung von Him-mels- und Höllenaktionen, die Zugseile und Fahrwerke für den Flug der Engelsscharen, Teufel und Hexen, die Licht- und Schat-tenspiele zur Vortäuschung von Bränden, Unwettern, Zauber und Feuerwerk sowie der schnelle Austausch der Zwischenpro-spekte ermöglichten ein überwältigendes Spektakel, das die Zu-schauer immer wieder in Staunen, Schrecken und Begeisterung versetzte.

Die wesentlichen Merkmale des barocken Bühnenbilds waren seine naturalistische Malweise und die dennoch strenge Stilisie-rung. Die Gestaltung von Interieurs, Landschaften, Seestürmen und Hafenansichten unterlag allgemein anerkannten kunst-handwerklichen Regeln und ästhetischen Normen. Im Einzel-fall wurden diese Dekorationstypen jedoch durch lokale topo-graphische Details ergänzt, wie dies vor allem für die Ent-würfe des bedeutenden Bühnenmalers Johann Oswald Harms (1643–1708) charakteristisch ist. Von den Arbeiten der zehn namentlich bekannten Dekorationsmaler sind nur wenige erhal-ten; die überlieferten Bilder, zumeist Kupferstiche, machen den Einfluß niederländischer Meister und jener italienischen Schu-len deutlich, die für die europäische Bühnenbildnerei des

17. und 18. Jahrhunderts prägend waren. Insgesamt war der barocke Bühnenstil in seinem Prunk und seinen strengen Ordnungskategorien eine Demonstration feudaler Macht und absolutistischen Denkens.

Die erste Periode der Geschichte der Hamburger Oper ging mit dem ausklingenden Barockzeitalter zu Ende. Die Aufklärung kündete sich mit einem alle Kunstbereiche ergreifenden Stilwandel an; die Gesetze der künstlerischen Produktion wie der Geschmack des Publikums veränderten sich grundlegend. Weder die Übernahme der Opernleitung durch adlige Subskribenten (1722–1729) noch das Engagement akkreditierter Diplomaten, weder Gastspiele, Solo-Abende noch Lotterien konnten den finanziellen Ruin des Hauses am Gänsemarkt aufhalten. Über die Ursachen dieses Niedergangs findet sich bei Musikhistorikern eine Vielzahl von Erklärungen: der häufige Wechsel in der Operndirektion, die Abwanderung des Adels – und damit der wichtigsten Geldgeber – aufgrund der zu Beginn des 18. Jahr-

Johann Oswald Harms (1643–1708), in der Hansestadt geboren, Dekorationsmaler in Braunschweig, Dresden und Hannover, war von 1695 bis 1705 für das Bühnenbild der Hamburger Oper verantwortlich. In überragenden Leistungen durchbrach Harms den strengen Formalismus seiner französischen und italienischen Vorbilder. Er wagte ungewohnte freie Raumordnungen und brach ansatzweise mit geltenden Symmetriegesetzen und Perspektivwirkungen.

Thomas Lediard, Bühnenbildentwurf für einen Prolog anläßlich des Geburtstages Georgs II. von Großbritannien, 1727

*Johann Mattheson
(1681–1764), Komponist in
Hamburg, Musiktheoretiker
und Herausgeber mehrerer
Musikzeitschriften*

hunderts entspannteren politischen Lage in Europa, schließlich der bauliche, technische und in deren Folge auch künstlerische Verfall. Zu viele Reprisen, spärliche Premieren und die Überfremdung des Repertoires mit italienischen Werken in der Originalsprache quittierte das Hamburger Publikum mit Abwesenheit.

Heftigsten Angriffen war die Oper durch die Aufklärer ausgesetzt, die sie als Kunstform grundsätzlich in Frage stellten. Einer der schärfsten Kritiker war der Literaturreformer Johann Christoph Gottsched, der die antike Tragödie und das klassische französische Drama als das Maß aller Kunst pries, die Oper hingegen als ein Machwerk, das sich weder den Regeln der Kunst, der Vernunft noch der Moral füge, in Grund und Boden verdammte.

«Es hat sich nun genug geopert», folgerte der Chronist Johann Mattheson[1] im «Musikalischen Patrioten». Doch er sollte sich geirrt haben. Reisende italienische und französische Operntruppen und die Reformbestrebungen Christoph Willibald Glucks (1714–1787) bereiteten den Weg für eine erneute Blüte des Musiktheaters im ausgehenden 18. Jahrhundert. Um 1790 standen an der Spitze des Spielplans die Werke Antonio Salieris, Karl Ditters von Dittersdorfs und Wolfgang Amadeus Mozarts. Wieder hieß es, wie so oft schon zuvor: Die Oper ist tot – es lebe die Oper!

---

1 Johann Mattheson (1681–1764) befaßte sich in seiner «Critica Musica» (1722–1725), der ersten deutschsprachigen Musikzeitschrift, mit den vorrangigen musiktheoretischen und -praktischen Problemen der Epoche. In der Zeitschrift *Der musikalische Patriot* (1728) veröffentlichte er ein Gesamtverzeichnis des Repertoires der Gänsemarkt-Oper seit ihren Anfängen. In der «Grundlage einer Ehrenpforte» (1740) finden sich 148 Biographien der bedeutendsten Komponisten seit der Reformation.

Unter Leitung des venezianischen Baumeisters Girolamo Sartorio wurde 1677 innerhalb von sechs Monaten ein langgestreckter Fachwerkbau errichtet, dessen schmuckloses Äußere wenig von der aufwendigen Innenausstattung und der vielgepriesenen Bühnenmaschinerie verriet, und dessen mangelnde Solidität bereits 80 Jahre später zum Abriß des Gebäudes führen sollte.

Aus Berichten von Zeitungen geht hervor, daß der Zuschauerraum mit seinen vier Logenreihen 2000 Besucher aufnehmen konnte. Die rund 24 Meter tiefe Bühne hatte 15 Seitenkulissen, drei Zwischenvorhänge und eine Grande Macchina zum Heben und Versenken von Menschen und Objekten. Nach einem Umbau um 1700 verfügte der beheizbare Zuschauerraum über zwei Logenreihen und eine Galerie. Die Bühne hatte jetzt eine Tiefe von 30 Metern, war elf Meter hoch und neun Meter breit. Zwischen Orchester und Parkett befand sich ein Graben, an dessen Enden auch während der Vorstellung Erfrischungen angeboten wurden. Wachskerzen und Öllampen beleuchteten den ganzen Raum, denn es war üblich, daß das Publikum das Geschehen auf der Bühne an Hand von Textbüchern verfolgte.

Die Oper öffnete dreimal wöchentlich ihre Tore: montags, mittwochs und donnerstags. Die Vorstellungen begannen in der Regel am Nachmittag und dauerten vier bis sechs Stunden. An kirchlichen Feiertagen und während der Fastenzeit fanden keine Aufführungen statt. Bürgerliche Unruhen, Belagerungen der Hansestadt, Epidemien, Finanzkrisen und Besucherschwund führten in den ersten 60 Jahren immer wieder zur Schließung des Hauses über einen längeren Zeitraum. Neben einem einheitlichen Eintrittspreis von zwölf Mariengroschen (⅓ Reichsthaler), den jeder Besucher zu entrichten hatte, zahlte man für das Parterre zusätzlich sechs Groschen, für die Logen einen bis fünf Reichsthaler. Man konnte seinen Platz für jeweils ein Jahr abonnieren und hatte als Mieter einer Loge den Vorteil, beliebig viele Gäste einladen zu können.

Die Gesamtausgaben waren beträchtlich höher als die Einnahmen, so daß die Pächter in wachsendem Maße auf private Zuschüsse angewiesen waren, um die Kosten für Miete, Steuern, Material und Personal begleichen zu können.

Der Maler Hermann Kamphusen, vermutlich aus Holland stammend, war von 1678 bis 1695 an der Hamburger Oper engagiert und somit ihr erster Bühnenbildner. Um einen Eindruck von seinem Schaffen zu gewinnen, muß man auf die ältesten überlieferten Titelkupfer der Textbücher zurückgreifen. Es handelt sich hierbei freilich nicht um getreue Abbildungen einzelner Szenen, sondern um eine idealisierende Montage verschiedener Bildelemente der gesamten Aufführung.

Bürgerlich-volkstümlicher Tanz
an der Oper

Hatte die europäische Tanzkunst in der italienischen Renaissance ihren ersten Höhepunkt erreicht, so empfing sie im Jahrhundert des Barock in Frankreich neue ästhetische Impulse. Unter Ludwig XIV. wurde in Paris 1661 die erste Tanzakademie gegründet, die die tänzerische Bewegung kodifizierte, systematisierte und ein verbindliches Vokabular aufstellte, das dem Ballett bis heute zugrunde liegt. Tanz- und Ballettmeister sowie Tänzerfamilien, die von einem Land ins andere reisten, trugen zur Verbreitung des französischen Stils in ganz Europa bei. Eine allgemeine Tanzbegeisterung griff um sich, von der auch Hamburg nicht unberührt blieb. Allein die Anzahl von 16 Ballettmeistern, die an der neugegründeten Oper am Gänsemarkt von 1678 bis 1738 wirkten, weist darauf hin, welche Bedeutung dieser Kunstgattung in der Hansestadt beigemessen wurde. Vorrangig Franzosen, die zum großen Teil der Académie de Musique et de Danse in Paris angehörten, waren für die Tanzinszenierungen verantwortlich.

Im ausgehenden 17. Jahrhundert bestanden Ballette in der Regel aus einer Reihe lose zusammengestellter Tänze, die nur wenig Beziehung zur eigentlichen Handlung der Oper aufwiesen, in die sie eingefügt waren; in kaum einem Werk aber fehlten sie. Zu den aus Frankreich übernommenen Stücken zählten die Comédie-Ballets von Molière und Lully und die Opéra-Ballets von Campra. Nur in wenigen Fällen fanden Werke dieser Gattungen in unveränderter Form Eingang in den Hamburger Spielplan. In der Regel wurden die französischen Vorlagen für die Aufführungen in der Hansestadt bearbeitet. Dabei wurden die Ballettszenen zugunsten der eigentlichen dramatischen Handlungen stark gekürzt und behielten nicht jene Selbständigkeit, die ihnen auf den französischen Bühnen belassen wurde, wo oft auch die Protagonisten die Haupthandlung tanzend darstellten.

Neben den vom französischen Theater übernommenen Stücken spielten italienische Intermezzi (Zwischenspiele) eine wesentliche Rolle. Sie entstammten der Commedia dell'arte und beendeten mit komischen Gesangs- und Tanzeinlagen die einzelnen Akte. Die Figuren der Commedia traten in Hamburg zuerst ausschließlich im Ballett auf und erfreuten sich wegen ihrer Volkstümlichkeit und ihres tänzerisch-grotesken Darstellungsstils großer Beliebtheit. Ein typisches Beispiel dieser Art ist «Die

Szene aus dem Ballett «Das Höchst=preiszliche Crönungs=Fest». Neptun tanzt vorn in der Mitte.

unglückliche Liebe des Tapffern Jasons» (1697) von Bressand und Kusser; dort wird im 3. Akt eine Arie des Dieners Idas durch einen Tanz von Scaramuzzen und Harlequins begleitet. Auch volkstümliche deutsche Figuren spielten in den Balletten eine große Rolle. Beliebt waren «Trunckene Bauern und Bäuerinnen, welche einen Tanz halten, worinnen sie sich erzürnen, und schlagen, da dann die Weiber Friede halten wollen», so in «Ismene» 1699.

Zu den herausragenden Tanzschöpfungen unter den Hamburger Werken der ersten Opernperiode zählt das «Höchst= preiszliche Crönungs=Fest Ihr. Königl. Mayst. in Preußen» (1701) von Reinhard Keiser. Die Szenenentwürfe des Bühnenbildners Johann Oswald Harms sind erhalten geblieben und vermitteln einen Eindruck dieser einaktigen mit zahlreichen Balletteinlagen versehenen Oper, in der Nymphen, Genien und personifizierte Flüsse tanzend auftraten.

In Hamburg bildete sich zwar keine eigene Ballettgattung heraus; aber dadurch, daß man die französischen und italienischen Vorlagen bearbeitete, die Ballette neu zusammenstellte und oft auch ihre Thematik auf lokale Ereignisse bezog und mit lokalem Kolorit versah, erhielten die Tanzeinlagen einen eigenständigen, volkstümlich hamburgischen Zug.

«Gleich wie dieses Ballett bloß darauf gehet, zu bezeugen die Freude, so man über die heilige Salbung Ih. Königl. May. empfindet, und das man die beglückte Zeit allerdemütigst ehren wollen, in deren, nicht nur Ihro Maj. sondern auch Teutschland mit Ehr und Herrlichkeit gecrönet wird. So hat man hier vornemlich die grösten Flüsse, welche verschiedene Haupt=Provincien I.K.M. durchschwämmen, als von Neptuno beruffen, glückwünschend aufführen wollen...» (*aus:* Vorrede zum «Höchstpreiszlichen Crönungs-Fest»).

31

Wanderbühnen in Hamburg

17. August 1590 – Erstes Gesuch einer Wanderbühne um Spielerlaubnis in Hamburg. Holländische Schauspieler des Meliß Unkraudt erbitten vom Rat die Genehmigung, «öffentlich cammerspiel» geben zu dürfen.

Zu den von Handwerkern und Schülern getragenen Laienvorstellungen kamen spätestens seit der ersten Hälfte des 17. Jahrhunderts Auftritte von reisenden Truppen berufsmäßiger Schauspieler. Die ersten dieser Wanderbühnen reisten aus England und Holland nach Deutschland. Während und nach dem Dreißigjährigen Krieg bildeten sich vielerorts Gesellschaften deutscher Schauspieler, von denen Auftritte in Hamburg in Bretterbuden und in Gasthöfen, so auf dem Großneumarkt, in der Fuhlentwiete und dem Eimbeckschen Haus, belegt sind. Haupt- und Staatsaktionen waren die Inhalte der Stücke, oftmals vereinfachte Versionen Shakespearescher Komödien und Tragödien, die in drastisch greller Theatralik effektvoll dargeboten wurden. Eine besondere Attraktion war der «Pickelhering», die komische Person, zumeist vom Prinzipal der Truppe gespielt, der mit seinen groben, immer auch höchst anzüglichen Späßen das Publikum zum Lachen und sein Gewerbe in üblen Ruf brachte.

Mehr am Literaturdrama des französischen Klassizismus orientierte sich die Wanderbühne der Caroline Neuber (1697–1760), doch auch sie konnte bei aller reformerischen

Titelkupfer zu «Das Friedewünschende Teutschland» von Johann Rist, Hamburg 1649. – Der Wedeler Pastor Johann Rist (1607–1667) besuchte Vorstellungen der Wanderbühnen in Hamburg und Altona und schrieb selbst über 30 Theaterstücke, von denen heute noch fünf erhalten sind. Rist beschäftigt sich darin meist in allegorischer Form mit dem Krieg. Eingeschobene Zwischenspiele zeigten in derb-drastischer Weise, wie das Leben der Bauern vom Krieg beeinträchtigt wurde.

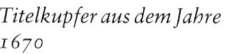

Titelkupfer aus dem Jahre 1670

32

Johann Ferdinand Beck (gest. 1745), Prinzipal einer Schauspieltruppe, gastierte 1736 in Hamburg.

Ambition nicht auf den Hanswurst verzichten. In Zwischenakten und Nachspielen trat auch er weiterhin auf, wenngleich in anderem Kostüm und unter anderem Namen. Die Gesellschaft der Neuberin spielte von 1728 bis 1744 häufig in Hamburg; aber auch andere Wanderbühnen gastierten mit deutschen und französischen Stücken, italienischen Opern, Kinderpantomimen und Schattenspielen in der Hansestadt.

Titel von Wanderbühnenauf-
führungen lauteten z. B.:
1688 – «Des einfältigen Trappo-
lino Widerwärtigkeit im Heira-
then, durch Pickelhärung ange-
stiftet»
um 1700 – «Der vom Pickelhä-
ring ermordete Schulmeister
oder die artig betrogenen
Speckdiebe»
1719 – «Der verliebte Tyrann
Asphalides, König von Arabien,
mit Arlequin, einem im Kopf ver-
rückten Juristen»
1724 – «Die verwirrte Liebe,
oder der um eines vermeinten
Prinzen Tod vollführte Krieg
und Liebessieg»

Größtes Problem der Wanderbühnen war deren ungesicherte finanzielle Situation, die jede Kontinuität der Arbeit als Voraussetzung für eine Hebung des künstlerischen Niveaus dieser Bühnen verhinderte. Um diesem Mißstand Abhilfe zu schaffen, bemühte sich Johann Friedrich Schönemann 1741 in Hamburg, Abonnenten für seine Gesellschaft zu werben. Für eine einmalige Zahlung sollten sie einen Winter lang freien Zutritt zum Theater haben. Aus ähnlichen Motiven hatte sich die Neuberin 1737 bemüht, in Hamburg eine Spielerlaubnis für zwölf Jahre «mit Ausschließung aller anderen Comedianten, Possenreißer und Marktschreyer» zu erhalten. Beide Bestrebungen scheiterten. Auf das Schönemannsche Angebot ging das Publikum nicht ein; das Gesuch der Neuberin lehnte der Rat der Stadt ab. Offenbar war für Stadt und Publikum die Konkurrenz verschiedener Theatergruppen attraktiver als die feste Bindung an eine Gesellschaft durch Abonnement oder Monopol. Vor allem hing den Wanderbühnen trotz der im 18. Jahrhundert durchgeführten Reformen in Spielplan und Aufführungspraxis noch immer der Makel eines Jahrmarktspektakels an, demgegenüber die Stadt ihre Aufgabe eher im Reglementieren und Kontrollieren als im Fördern sah. So kam es, daß sich in der ersten Hälfte des 18. Jahrhunderts das berufsmäßig betriebene Sprechtheater gegenüber dem schulischen Laienspiel zwar eindeutig durchsetzen konnte und sicher auch die ungleich größere Attraktivität für das Publikum bot, die Etablierung einer stehenden Bühne für das Schauspiel aber noch einige Jahrzehnte auf sich warten ließ. Die Gesamttendenz der Entwicklung verlief jedoch zugunsten des

---

«Sie (die Neubersche Gesellschaft) erbittet sich in aller Unterthänigkeit von E. Hochedl. und Hochw. Rathe das gnädige Privilegium, daß sie hier auf 12 nacheinander folgende Jahre, mit Ausschließung aller andern Comedianten und Possenspielern, unter einem so mächtigen Schutze, frey und ungehindert zu den gewöhnlichen Zeiten, Comedie spielen darf. Sie wird mit der gehorsamsten Schuldigkeit bereit seyn jährlich dasjenige dem präsidirenden Herrn Bürgermeister abzutragen, was ihr nach einem gnädig gemachten Schlusse auferlegt wird, wenn sie nur von den beschwerlichen neben Abgaben befreyt bleiben kan…
Hamburg wird von vielen Fremden besucht, welche die Vorzüge dieser Stadt mit genießen… Diese werden um so viel länger aufgehalten werden, wenn sie in den Neuber'schen Schauspielen dasjenige antreffen, was sie in ganz Deutschland vergebens suchen. Diese Fremden werden nicht nur mit Vergnügen einen Theil ihres Vermögens in der Stadt lassen, sondern sie werden auch eben aus diesen Schauspielen Gelegenheit nehmen Hamburgs Vorzüge allenthalben zu rühmen» (*aus:* Gesuch der Neubers an den Hamburgischen Senat, 1737).

Theaters. Die Ideen der Aufklärung fanden bald auch in Hamburg ihren Niederschlag und veränderten das kulturelle Klima spürbar. Am deutlichsten ablesbar war dies im Zurückdrängen des Einflusses der Kirche in der Gestaltung öffentlicher Angelegenheiten, so auch bei der Konzessionsvergabe für Theateraufführungen. Die profane Obrigkeit wurde selbstbewußter. Als der Rat der Stadt wegen der Genehmigung der Vorstellungen eines Marionettenspielers an Pfingsten 1729 in allen fünf Hamburger Hauptkirchen von den Predigern vor versammelter Gemeinde kritisiert wurde, erteilte er seinerseits dem geistlichen Ministerium dafür einen scharfen Verweis.

Bis zum Ende des Säkulums gelang den Theaterunternehmern, die schrittweise Aufhebung der existenzbedrohenden Aufführungsverbote zu den Festzeiten durchzusetzen. Gelegentlich wurden diese Beschränkungen auf Grund geistlicher Konzerte oder «tugendhafter und rührender» Stücke, die zur Aufführung vorgesehen waren, in anderen Fällen wegen geleisteter Benefize für die drei Armenhäuser der Stadt aufgehoben, bis schließlich 1798 zwischen September und April Aufführungen auch an Sonn- und Festtagen grundsätzlich genehmigt wurden. Erst 1816 gab der Rat in Hamburg das ganze Jahr uneingeschränkt für Theateraufführungen frei.

«Schule der Tugend und der edelen Empfindungen» – das Comödienhaus am Gänsemarkt seit 1765

Hamburg ist durch die Gründung der ersten deutschen Bürger-oper, durch Namen wie Conrad Ernst Ackermann, Gotthold Ephraim Lessing und Friedrich Ludwig Schröder eng mit der Herausbildung einer eigenständigen deutschen Theatertradition verbunden. Eine wichtige Voraussetzung hierfür war unzweifel-haft das relativ liberale politische Klima, das diese Stadt prägte. War eine Bühne erst einmal konzessioniert, so wurde sie in ihrer Arbeit nur selten durch Zensureingriffe gestört. Aufführungs-verbote gab es nur bei Protesten des Publikums, zum Beispiel 1725 gegen die satirische Oper «Die Hamburger Schlachtzeit», oder wenn Diplomaten ausländischer oder anderer deutscher Regierungen Einspruch gegen Stücke erhoben, in denen sie ihr Land oder ihren Stand verunglimpft sahen. So wurde die Auf-führung von Lessings «Minna von Barnhelm» nach einer Inter-vention des preußischen Gesandten 1767 zunächst verboten und erst nach eingehender Prüfung des Falles – in Berlin hatte bereits die Uraufführung stattgefunden – vom Rat schließlich doch frei-gegeben. Gegen Goethes «Stella», ein Stück, das vom Publikum begeistert aufgenommen wurde, machte der Rat 1776 allerdings sittliche Bedenken geltend und verlangte dessen Absetzung nach der ersten Vorstellung.

Blieben die Theater in Hamburg bis auf derartige mehr oder weniger seltene Ausnahmen im 18. Jahrhundert relativ unge-stört bei der Zusammenstellung ihres Repertoires, so bewirkte die aus der Verflechtung von protestantischer Kirche und profa-ner Stadtregierung resultierende Einschränkung der Spielzeiten bis in die 70er Jahre starke ökonomische Beeinträchtigungen für die Bühnen. Zudem vergab die Stadt keinerlei Privilegien, die deutsche Theaterunternehmen vor der Konkurrenz französi-scher oder englischer Schauspieltruppen schützten. Im Unter-schied zum herrschenden Zunftwesen waren die Theater darauf verwiesen, sich aus eigener ökonomischer Kraft auf dem freien Markt der Vergnügungen zu behaupten. Eine finanzielle Förde-rung wurde selbst dem ersten stehenden Theater, dem Comö-dienhaus am Gänsemarkt, nicht gewährt.

Die tonangebenden Kreise dieser Kaufmannsstadt zeigten auch in der zweiten Jahrhunderthälfte wenig Neigung, sich für die Entwicklung einer nationalen Theaterkultur besonders ein-

zusetzen. Die politische und ökonomische Situation der Hansestadt förderte wohl eher weltbürgerliche Gesinnung als nationales Engagement. So orientierte sich das hanseatische wie das deutsche Bürgertum allgemein in kulturellen Belangen weiterhin an Formen des französisch-höfischen Lebensstils und bevorzugte nicht selten das französische Theater.

Als einer der führenden Wanderbühnen-Prinzipale, Conrad Ernst Ackermann (1712–1771), im Jahre 1765 in Hamburg eine der ersten stehenden Schauspielbühnen in Deutschland errichtete und mit seiner Theatertruppe ‹seßhaft› zu werden versuchte, erhielt er finanzielle Unterstützung für den Bau eines eigenen Theatergebäudes nur von dem dänischen Gesandten und Handelsunternehmer Schimmelmann sowie von dem Hamburger Kaufmann und Ratsherrn Caspar Voght. Der Beitrag der Hamburger Obrigkeit zu diesem Unternehmen bestand lediglich darin, daß Ackermann als erster Schauspieler in Hamburg das kleine Bürgerrecht erwerben konnte.

Aber auch das Hamburger Publikum sollte nicht halten, was Ackermann sich nach dem guten Ergebnis der ersten Spielzeit 1764 versprochen hatte. Trotz eines Repertoires von fast 200 Stücken, eines überwiegend von französischen Autoren bestimmten, abwechslungsreichen Spielplans, regelmäßiger Bal-

Conrad Ernst Ackermann 1712 geb. in Ratzeburg, Schauspieler ab 1739 bei der Schönemannschen Wanderbühne, ab 1741 bei der Schauspieltruppe von Sophie Charlotte Schröder, seiner späteren Frau; 1742 bis 1744 Vorstellungen erstmals in Hamburg, 1745 Danzig, 1747–1749 Petersburg, danach wieder Danzig; 1753 Prinzipal einer eigenen Wanderbühne; 1755 Bau eines Theaters in Königsberg, ab 1756 Wanderschaft bis in die Schweiz, 1761 Rückkehr nach Deutschland, 1764 Hamburg bis 1767, Rückkehr 1769; 1771 stirbt Ackermann.

Das Ackermannsche Comödienhaus war 110 Fuß lang, 59 Fuß breit und 29,5 Fuß hoch; es hatte damit die Maße eines mittelgroßen Hamburger Hauses, wie z. B. des Kramer-Amthauses.

«Die Öffnung des Theaters (= Bühne) ist 37 Fuß in der Breite, und 27 Fuß in der Höhe. Vor derselben sind auf jeder Seite zwo Säulen korinthischer Ordnung angebracht, deren Gesimse und Kapitäle verguldet und deren Grund marmoriert ist; zwischen denselben stehen auf dem Piedestal, in Ni-chen, verguldete Vasen. Das Gemälde der ersten Vorderdecke stellt die Frey-heit unter einem Baldachin sitzend vor, welche der Tragödie und Komödie ihren Schutz erteilt. Auf der zweyten Vorderdecke ist das hamburgische Wappen mit den Schildhaltern und an der einen Seite eine neugierige Tänze-rin zu sehen, welche die Decke mit der Hand wegschiebt und nach den Zuschauern guckt...» (Beschreibung des Zuschauerraums, aus: *Unterhal-tungen*, 2. Bd., Hamburg 1766).

Konrad Ekhof (1720–1778)
als Jürge in «Der Bauer mit
der Erbschaft» von Marivaux.
Diese Rolle Ekhofs galt als Pa-
radigma für natürliches Spiel.
Ekhof war 1764 bis 1769 Mitglied der Ackermannschen
Gesellschaft und der Hamburger Entreprise.
Ekhofs Schauspielkonzept:
«durch Kunst der Natur nach-
ahmen und ihr so nahe kommen, daß Wahrscheinlichkei-
ten für Wahrheiten angenommen werden müssen oder ge-
schehene Dinge so natürlich
wieder vorstellen, als wenn sie
erst jetzt geschehen».

lette als Nachspiele, erstklassiger Schauspieler (1764 kam z. B. Conrad Ekhof zur Ackermannschen Truppe) und kostbarer Garderobe blieb das Theater dem Hamburger Publikum auf Dauer nicht interessant genug. Ackermanns vor allem theaterge-schichtlich hoch bewertete Leistung, daß «er und seine Familie die Sprache des Umgangs, die natürliche, rechtliche Bewegung des Körpers, den menschlichen Gebrauch der Hände und Füße»[1] in die Schauspielkunst einführten, war keine zurei-chende Attraktion für das Publikum. Der «Geschmack an der Natur» hatte sich bei den Theaterbesuchern zwar weiterentwik-kelt, doch das Interesse an Verzauberung und theatralischen Schauvergnügen blieb weiterhin ungebrochen. In einer zeitge-nössischen Kritik am Ackermannschen Schauspielbetrieb heißt es: «Wenn wir kein Chineser, kein See-Räuber Ballett hätten; so würden wir gewiß weniger Zuschauer haben... Die meisten kommen itzt in die Comödie die Meeres Wellen von der Lein-wand zu bewundern, die Sclaven aus dem Schiffe steigen zu se-hen! und über die Creuz-Sprünge der Tänzer in die Hände zu klatschen.»[2]

Die Einnahmen in dem neuen Haus sanken trotz großer Be-mühungen ständig, so daß Ackermann bereits nach zwei Jahren, zum April 1767, das Gebäude wieder vermieten und seine Thea-tertruppe auflösen mußte.

Dieses frühzeitige Scheitern der Ackermannschen Bühne führte allerdings dazu, daß sich – erstmals seit der Operngrün-dung im 17. Jahrhundert – wieder Hamburger Kaufleute für eine Theaterunternehmung engagierten, das Gebäude am Gänse-markt samt Dekorationen pachteten, einen Theaterdirektor, den Schriftsteller Johann Friedrich Löwen (1729–1771), und einen Dramaturgen engagierten, der auch als hauseigener Kritiker

Dienste tat, nämlich Gotthold Ephraim Lessing. Die Financiers kamen allerdings nicht aus den einflußreichen, angesehenen Hamburger Kaufmannskreisen, und in dem leitenden Ausschuß des Unternehmens besaß nur ein einziges Mitglied das Hamburger Bürgerrecht. Allein dadurch hatte die Hamburger Entreprise, wie sie genannt wurde, ein gesellschaftliches Renommee, das von vornherein wenig zu dem wohl etwas überzogenen Anspruch ihres Direktors Löwen paßte, «eine Nationalbühne dem ganzen Volke zu verschaffen». Es gelang dem Unternehmen weder in der Spielplangestaltung noch in der Entwicklung der Schauspielkunst oder der Förderung der deutschen dramatischen Literatur, den eigenen Ansprüchen gerecht zu werden. Entgegen der programmatischen Ankündigung eines «Nationaltheaters» standen nach wie vor überwiegend Übersetzungen meist französischer Autoren wie Destouches, Marivaux, Molière und Voltaire auf dem Programm. Die Auswahl an Stücken deutscher Dramatiker war noch immer gering; Johann Elias Schlegel, G. E. Lessing, Christian Felix Weisse und Johann Christian Krüger waren die wichtigsten. Das bei weitem erfolgreichste Stück der Entreprise wurde Lessings «Minna von Barnhelm» mit 16 Aufführungen. Ähnliche Erfolge konnten nicht wiederholt werden, und selbst die Ballette, entgegen ursprünglicher Absichten wieder als Nachspiele ins Abendprogramm aufgenommen, vermochten das Publikumsinteresse nicht zu beleben. Bereits Ende 1768 gab die Entreprise ihre letzten Vorstellungen in Hamburg. Nach einem Wintergastspiel in Hannover war das Unternehmen im März 1769 bankrott.

Gotthold Ephraim Lessing (1729–1781)

«Wir setzen die großen Vortheile zum voraus, die eine Nationalbühne dem ganzen Volke verschaffen kann und wir dürfen sie auch heut zu Tage niemand mehr beweisen, als den Eigensinnigen, die sie nicht erwiesen haben wollen. Wenn es inzwischen wahr ist, und es ist längst ausgemacht, daß, ausser dem edelsten Zeitvertreib, den das Theater gewährt, auch der Sittenlehre durch ihn die herrlichsten Dienste geleistet werden; so verlohnt es sich gewiß der Mühe, nicht mit derjenigen Schläfrigkeit an die wahre Aufnahme der Bühne zu gedenken, mit der man bis auf den heutigen Tag die innerliche Vollkommenheit derselben bearbeitet hat. Und aus eben diesem wichtigen Grunde, dessen Folgen für eine ganze Nation interessant sind, und wovon sich Vortheile, die aus der Verfeinerung des Geschmacks, und ihrer Sitten fliessen, auf den ganzen Staat, und auf die Biegsamkeit der Bürger erstrecken; aus diesem wichtigen Grunde, sagen wir, freuen wir uns, daß wir die Mittel in Händen haben, unsern Mitbürgern, ausser dem edelsten Vergnügen, dessen der menschliche Verstand nur fähig seyn kann, auch die reichsten Schätze einer geläuterten Moral zu gewähren» (*aus:* Vorläufige Nachricht von der auf Ostern 1767 vorzunehmenden Veränderung des hamburgischen Theaters. Hamburg 1766).

«Cenie ist Madame Hensel. Kein Wort fällt aus ihrem Munde auf die Erde. Was sie sagt, hat sie nicht gelernt; es kömmt aus ihrem eignen Kopfe, aus ihrem Herzen. Sie mag sprechen, oder sie mag nicht sprechen, ihr Spiel geht ununterbrochen fort. Ich wüßte nur einen einzigen Fehler; aber es ist ein sehr seltener Fehler; ein sehr beneidenswürdiger Fehler. Die Aktrice ist für die Rolle zu groß. Mich dünkt einen Riesen zu sehen, der mit dem Gewehre eines Kadetts exerzieret. Ich möchte nicht alles machen, was ich vortrefflich machen könnte» (G. E. Lessing 1768 über Sophie Hensel im 20. Stück seiner «Hamburgischen Dramaturgie»; die einflußreiche Schauspielerin der Hamburger Entreprise verbat sich daraufhin energisch jegliche Kritik ihres Spiels).

Zwar kritisierte Lessing die Hamburger heftig für die mangelnde Unterstützung dieser Theaterunternehmung, doch wird in deren Scheitern auch die Diskrepanz zwischen der aufklärerisch ambitionierten Theaterkonzeption der Betreiber der Entreprise und dem Geschmack des Publikums deutlich, das offenbar mehr unterhalten als belehrt werden wollte.

Daß dieser so frühzeitig und umfassend gescheiterte Versuch eines Nationaltheaters dennoch einen bemerkenswerten Platz in der deutschen Theatergeschichte einnimmt, ist ausschließlich der Beteiligung Lessings an diesem Unternehmen zu verdanken. Nachdem er seit 1765 als freier Schriftsteller in Berlin gelebt hatte, versprach er sich von dem Engagement in Hamburg (festes Jahresgehalt: 800 Rthlr.) «auf einige Jahre ein ruhiges und angenehmes Leben». Hier wollte er seine «theatralischen Werke, welche längst auf die letzte Hand gewartet haben», vollenden und aufführen lassen (Brief an Johann W. L. Gleim, 1. Februar 1767). Die wichtigste Arbeit an seinem neuen Wirkungsort aber wurde die «Hamburgische Dramaturgie», die er als Dramaturg des Nationaltheaters zwischen 1767 und 1769 herausgab. In dieser Theaterzeitschrift wollte Lessing «ein kritisches Register von allen aufzuführenden Stücken» liefern und «jeden Schritt, den die Kunst, sowohl des Dichters, als des Schauspielers, hier tun wird», begleiten. So jedenfalls stellte er sein Projekt in der am 22. April 1767 zur Eröffnung des neuen Theaters erschienenen «Ankündigung» dem Publikum vor. Verschiedene Umstände veränderten jedoch diese ursprüngliche Konzeption erheblich. Bereits die Besprechung der ersten Aufführung («Olint und Sophronia» von Johann Fr. Freiherr von Cronegk) dehnte Lessing auf über sieben Hefte aus und konnte so erst am 26. Mai fortfahren, die Aufführungen des vergangenen Monats zu besprechen. Zwischen dem 14. August und dem 8. Dezember 1767 wurden schließlich überhaupt keine neuen

Franz Hieronymus Brock-
mann (1745–1812), gefeier-
ter Hamlet-Darsteller zuerst
in Hamburg, 1778 Berlin,
dann Wien

F. L. Schröder als Falstaff,
Hamburg 1778
«Diese vollen, speckglatten
Wangen, diese zwischen ihnen
hervorquellenden kleinen Augen voll Lebensbegehrlichkeit,
derber Sinnlichkeit und sprü-
hender Witzfunken, wem
konnten sie gehören als dem
dicken Hans ... wahrer, lebendiger, veranschaulichender
kann sich keine Natur aus-
sprechen, als hier die Falstaffi-
sche sich unsern Augen, unsern Ohren, unserer Phantasie
kundgab» (Johann Friedrich
Schink).

Hefte mehr herausgegeben, weil Lessing zunächst versuchte, das Erscheinen von Nachdrucken in Leipzig und Hamburg zu verhindern. Die in diesen Monaten geschriebenen Rezensionen und Untersuchungen brachte er dann erst ab Dezember 1767, also wiederum mit großer zeitlicher Verzögerung, heraus. Da die Nachdrucke nicht eingestellt wurden, erschienen die letzten 20 Stücke der «Dramaturgie» erst Ostern 1769. Dennoch hielt Lessing an der Fiktion eines Rezensionsorganes fest, obwohl er sehr bald seine Absicht aufgegeben hatte, die schauspielerischen Leistungen am Nationaltheater in seine kritischen Betrachtungen einzubeziehen. Inhaltlich nutzte er die «Dramaturgie» zunehmend zu allgemeinen kritischen Reflexionen über die Ästhetik des Dramas sowie zur grundlegenden Auseinandersetzung mit der aristotelischen Poetik und entwickelte daraus eine literatur- und gattungstheoretische Begründung der bürgerlichen Tragödie. Die «Deutsche Bibliothek der schönen Wissenschaften» wünschte sich daher nach der Beendigung des Hamburger Theaterunternehmens dringend eine Fortsetzung der Lessingschen «Dramaturgie», da sie «sehr wenig an die Veranlassung selbst gebunden, und gar nicht zum practischen Nutzen bestimmt» sei. Die Blätter der «Dramaturgie» seien «kein System der Theaterphilosophie, aber schätzbare Fragmente davon, oft mühsame

F. L. Schröder
1744 geb. in Schwerin
1759–1767 Schauspieler und
Tänzer in der Ackermannschen
Gesellschaft
1767–68 Mitglied der Gesellschaft des Stegreifspielers
Kurz-Bernardon, danach Rückkehr zur Ackermannschen
Truppe
1771–1780 Leitung des Comödienhauses, zu Beginn mit seiner Mutter Sophie Charlotte
Ackermann
1774 Schröder wird aktiver Frei-
maurer, entwickelt ein neues
Ritual
1770–1786 Gastspielreisen
1786–1798 zweite Direktions-
periode in Hamburg
1811/12 letzte Direktion
1816 Schröder stirbt in Rellin-
gen in der Nähe von Hamburg.

Erster Act. 1

Barmherzige Götter errette mich,
Zu Hülfe. Sonst bin ich verlohren,
Der Schlange bin ich zum Opfer erkohren
Mein Leben endet schmerzlich sich.

Erster Act. 2

Der Vogelfänger bin ich Ja!
Stets lustig Heysa! hop ja sa!
Ich Vogelfänger bin bekant
Bey alt und Jung im ganzen Land.

Zweyter Act. 3

Wer viel wagt gewinnt oft viel
Komm du schönes Glockenspiel
Laß die Glöckgen klingen klingen,
Daß die Ohren ihnen singen.

Determinationen von Kleinigkeiten, oft grübelnde Zweifel, aber meistens abstracte Betrachtungen über das Wesen des Trauerspiels, voll von durchdringendem Scharfsinn... Die Dramaturgie ist halb Aesthetik, und halb Kommentar über den Aristoteles, halb Gesetzgebung und halb Gelehrsamkeit...» (1769, 13. Stück). 1781, unmittelbar nach Lessings Tod, schrieb Johann Gottfried Herder über Lessings Jahre in Hamburg: «Wären indessen auch nur die zwey Bände *Dramaturgie* die Frucht seines Aufenthaltes in dieser Lage: so wäre das teutsche Theater allgemein für die kleinen Veränderungen, die er dort machen oder nicht machen konnte, reichlich entschädigt.»[3]

Erst dem Stiefsohn Ackermanns, Friedrich Ludwig Schröder, gelang es, das Comödienhaus am Gänsemarkt zu einer ständigen, dauerhaften Einrichtung zu machen, die über das Stadttheater bis zur heutigen Oper eine ungebrochene Kontinuität, sogar nahezu an demselben Ort, bewahrte. Als Ackermann 1771 starb, übernahm der 27jährige Schröder, zunächst zusammen mit seiner Mutter, die Leitung des Theaters. 1780 bis 1786 ging er auf Gastspielreise und leitete nach seiner Rückkehr das Theater abermals von 1786 bis 1798 und zuletzt 1811/12.

Die wohl produktivste Phase erlebte das Comödienhaus am Gänsemarkt in den Jahren 1771 bis 1780, in denen Schröder

Vierter Act.   4   5   6

Pamina
Führt mich hin ich möcht ihn Sehen
Die Gen: Komt wir wollen zu ihm
gehen.

Wir wandelten durch Feuers glühen
Bekämpften muthig die Gefahr
Dein Ton sey Schuz in Wasserflu
So wie er es im Feuer war.

Welche Freude wird es seyn
Wenn die Götter uns bedencken
Unsrer Liebe Kinder schencken
So liebe kleine Kinderlein

seine Bühne für die neuen Ideen und das Lebensgefühl seiner
Generation, der jungen rebellierenden, nach Friedrich Maximilian Klingers Drama «Sturm und Drang» (1776) benannten Li-
teratengruppe, öffnete. 1774 wurden Goethes «Clavigo» und
«Götz von Berlichingen» am Schröderschen Theater gezeigt. Es
folgten 1775 «Die Reue nach der Tat» von Heinrich Leopold
Wagner, 1776 «Die Zwillinge» von F. M. Klinger und die Uraufführung der «Stella» von J. W. v. Goethe, 1777 «Julius von Ta-
rent» von Johann Anton Leisewitz und 1778 «Der Hofmeister»
von Jakob Michael Reinhold Lenz.

Ein Erfolg beim Publikum wurde allerdings nur Wagners
«Reue». Goethes «Götz» konnte lediglich fünfmal gegeben werden, und «Stella» verfiel dem bereits erwähnten Senatsverbot
nach einer Aufführung.

Durch Einführung eines Autorenhonorars für unaufgeführte
Originalstücke und Übersetzungen bzw. Bearbeitungen fremd-
sprachiger Dramen versuchte Schröder, mehr junge Schriftsteller für das Theater zu gewinnen.

Eine der wichtigsten Wendungen für das deutsche Theater
vollzog sich in Hamburg ab 1776, als Schröder unabhängig von
den sehr unterschiedlichen Reaktionen des Publikums in nur
vier Spielzeiten zehn Stücke von Shakespeare inszenierte. Shakespeare, in dem die oppositionelle Schriftstellerjugend das nach

«Sie schreiben von der großen
Theaterreform! Sie ist doch
würklich so groß nicht. Trauerspiele bleiben liegen, in welche
so kein Mensch kommt – mehr
Lust- und Possenspiele kommen daran, auf welche das Publikum rasend erpicht ist… ich
abstrahiere ganz vom guten
Theater und die Kasse soll sich
zuverlässig eher besser als
schlechter stehen als jetzt»
(Schröder an seinen Freund
Gotter, 1778).

43

1795 eröffneten geflüchtete Brüsseler Hofschauspieler in Hamburg ein Theater an der Dammthorstraße, in unmittelbarer Nähe des Schröderschen Comödienhauses. Kurze Zeit später zogen sie in das Apollo-Theater an der Drehbahn, wo sie bis 1813 blieben. Ihre Theateraufführungen waren eine Attraktion für das Hamburger Publikum, das sich an dem Witz und der Leichtigkeit des Spiels begeisterte. Über die Zulassung dieser Konkurrenz sowie über die Hinwendung des Hamburger Publikums zu dieser Bühne war der Theaterdirektor Schröder sehr verärgert.

der Natur schaffende Genie bewunderte, stand für die Loslösung von einem einseitig französisch dominierten Spielplan, für die Überwindung von traditioneller Regelhaftigkeit und die künstlerische Vorwegnahme der erstrebten Emanzipation in der Verwirklichung des «natürlichen», gemeint war des bürgerlichen Menschen auf der deutschen Bühne.

1796, als andernorts die Subventionierung der Hof- und Stadttheater aus öffentlichen Geldern die Regel wurde, führte der Rat der Hansestadt eine Lustbarkeitssteuer für alle «öffentlichen Vergnügungen» ein, die der Erhöhung der Gehälter der Miliz diente. Weniger die finanzielle Belastung als vielmehr die Enttäuschung über die offizielle Gleichstellung seiner Bühne mit den übrigen Schauvergnügen trugen mit dazu bei, daß Schröder zwei Jahre später die Direktion des Theaters in Hamburg niederlegte.

1 Johann Friedrich Schink, Bruchstücke zu einer Geschichte des Ackermannischen Theaters. In: *Hamburgische Theaterzeitung* 1792.
2 (Johann Friedrich Löwen) Schreiben an einen Marionettenspieler. Hamburg 1766.
3 Johann Gottfried Herder, G. E. Lessing. Geboren 1729, gestorben 1781. In: *Der Teutsche Merkur*. Weimar 1781, viertes Vierteljahr.

Handlungsballett bei
C. E. Ackermann und F. L. Schröder

Jede Wandergesellschaft besaß ihre Tänzer, die größtenteils auch Sänger und Schauspieler waren. Obwohl von den Kritikern meist mit Argwohn und Herablassung bespöttelt, waren es die Ballette, die die Kassen füllten und das Publikum in die Aufführungen lockten. Dabei handelte es sich in der Regel um getanzte Stegreifspiele mit derber Komik, einem dünnen Handlungsfaden voller Verwirrungen, mit mehr akrobatischen Kunststücken als tänzerischen Bewegungen und notdürftiger musikalischer Begleitung. Die Ballette lassen sich in folgende Motivbereiche einteilen: Berufsballette (z. B. Schusterballett) – Milieuschilderungen (z. B. Bauernhochzeit) – Nationalitätenballette (z. B. Chinesen) – Commedia dell'arte-Szenen (z. B. Scaramuz). Gregorio Lambranzi gab in seinem Buch «Neue und curieuse theatralische Tantz-Schul» (Nürnberg 1716) anhand bildlicher Darstellungen einen Überblick über die Inhalte und Aktionsformen dieses bürgerlichen Theatertanzes, wie er in dieser Zeit auch in Hamburg ausgeübt wurde. Die Tanzszenen waren nur kurz: Divertissements in Komödien, Singspielen oder Opern, in Vor- und Zwischenspielen. Bewährte Tanzthemen, sogar ganze Tanzszenen wurden immer wieder übernommen und in neue Stücke eingeschoben. Dadurch erschien das Ganze oft «erbärm-

«Ehe Finsinger, im Jahre 1754, als Balletmeister angenommen ward, erfand Ackermann auch einige Pantomimen und Ballette. In der Spiegelpantomime sprang der starke Mann, mit wunderbarer Leichtigkeit, durch den silberpapiernen Spiegel, und flog, als Pierot im Wettstreit, von einem Hause zum anderen. Seine Bauernhochzeit blieb viele Jahre hindurch das Zugballett» (Beschreibung des Schröder-Biographen F. L. W. Meyer).

«Die Seeräuber und Mohren.»
Großes pantomimisches Ballett von Friedrich Ludwig Schröder.
    «Das Theater stellet das Meer an der Küste einer Insel vor. Es erscheint ein Schiff, worinnen sich Seeräuber befinden, welche landen und nebst den Frauenzimmern sich durch Tanzen zu vergnügen suchen. Ihre Freude aber wird durch die Ankunft eines zweiten Schiffes, das mit Mohren angefüllt ist, unterbrochen. Sie werfen sich in ihr Schiff und verteidigen sich unter Trompeten- und Paukenschall gegen den Angriff der Mohren. Endlich gerät das Seeräuberschiff in Brand und sie retten sich aufs Land. Ihre Gegner verfolgen sie mit dem Säbel in der Hand. Nach einem kleinen Gefecht behalten endlich die Seeräuber über die Mohren die Oberhand und sind im Begriff sie umzubringen. Andere Mohren wollen die Frauenzimmer töten, worüber die Seeräuber erschrecken und ihre Feinde, da sie ihr Frauenzimmer in Gefahr sehen, loslassen, welchen Augenblick sich die Mohren zunutze machen und die Seeräuber entwaffnen, auf Bitten der Frauenzimmer ihnen aber das Leben schenken, sich mit ihnen vereinigen und zusammen tanzen» (Inhaltsangabe auf einem Theaterzettel von 1763).

Ballette von F. L. Schröder:
«Der Äpfeldieb und das Obstschütteln» (1762). «Die ertappten Vögeldiebe» (1764). «Die Hottentotten» (1765). Drei Schusterballette zu dem Singspiel «Der Teufel ist los» (1766). «Die Parforce oder Hirschjagd» (1767). «Die Scherenschleifer» (1768). «Die herrschaftliche Küche auf dem Lande» (1768). «Die Eifersucht im Serail des Großsultans» (1769). «Maurer-Ballett» (1769). «Die Mühle, alte Weiber jung zu machen» (1770). «Die Husaren auf der Kirmesse» (1771)

Szenen aus Gregorio Lambranzi «Neue und curieuse theatralische Tantz-Schul»

Zwei Schmiede

Bauerntanz

lich zusammengeflickt», und es fanden sich unter gleichen oder geringfügig veränderten Ballett-Titeln vielfach verschiedene Verfasser.

Eine Entwicklung zum handlungsorientierten pantomimischen Ballett bahnte sich im deutschen Wandertheater erst mit dem Auftreten der Ackermannschen Gesellschaft an. Vor allem F. L. Schröder, dem Stiefsohn Ackermanns, ist es zuzuschreiben, diesen Bestrebungen entscheidende Impulse gegeben zu haben. Schröder orientierte sich an den Forderungen, die der Ballettreformer Jean Georges Noverre in seinen 1760 erschienenen «Lettres sur la Danse» formuliert hatte und die von Lessing und J. J. C. Bode 1769 zum Teil ins Deutsche übersetzt wurden. Den natürlichen Darstellungsstil, den Ackermann für das Theaterspiel durchzusetzen und auch auf das Ballett zu übertragen suchte, entsprach dem Anliegen Noverres nach einem ballet d'action: «An dem Tänzer muß alles mahlen, alles reden; jeder Gestus, jede Stellung, jeder Port de Bras muß einen unterschiedenen Ausdruck haben. Die wahre Pantomime folgt der Natur in all ihren Verstößen» (aus dem 10. Tanzbrief). Schröder hatte Ballette von Noverre während einer Spielpause der Ackermann-

schen Gesellschaft in Mannheim und Stuttgart gesehen. Er war davon fasziniert und gelangte zu der Überzeugung, daß «ein paar Sprünge keinen Tänzer machen».

Fortan widmete er sich fast ausschließlich der «Balletterfindung» und nahm Musikunterricht, um die von Noverre proklamierte Einheit von Musik und Choreographie in seinen Balletten zu gewährleisten. Schon als Jugendlicher hatte Schröder Tanzunterricht erhalten und seine Sprungkraft in einer Weise zu perfektionieren versucht, indem er von einer immer höheren Sprosse einer Leiter heruntersprang. Innerhalb von vier Wochen brachte er einen Salto mortale von einem 24 Fuß hohen Stall zustande. Schröder erlangte große Fertigkeiten als Tänzer und trat als jugendlicher Komiker und Figurant in der Truppe seiner Eltern auf. Dabei haftete ihm eher der Ruf eines «komischen Springers» denn eines «ernsthaften Tänzers» an. Erst die Begegnung mit den Forderungen Noverres führte zu einer ästhetischen Neuorientierung. Schröders 1763 geschaffenes großes pantomimisches Ballett «Die Seeräuber und Mohren» erfüllte alle Ansprüche, die Noverre an ein Ballett gestellt hatte. Es mußte in Hamburg viele Male wiederholt werden.

Tanz der Türken

Der Scaramutza

Freiheit! Gleichheit! –
Theater und Jakobiner in Altona

In Altona, das im 18. Jahrhundert noch zu Dänemark gehörte, bestand seit 1783 ein Theatergebäude an der Palmaille, das von dem Notar Johann Chr. Schleppegrell gebaut und eingerichtet worden war. Das Theater wurde zunächst an Wandertruppen vermietet.

1796 übernahm der Arzt, Schriftsteller und Jakobiner Johann Friedrich Ernst Albrecht (1752–1814) das Theater, das er am 1. September desselben Jahres als «Altonaer Nationaltheater» eröffnete und bis 1800 leitete. Nach Mainz (1793) war Altona damit die zweite deutsche Stadt, in der es zu einer engeren und relativ lang andauernden Verbindung zwischen deutschen Jakobinern und dem Theater kam. Interessant sind in diesem Zusammenhang vor allem die Persönlichkeiten und ihre Beziehungen zu den Jakobiner- und Demokratenzirkeln, da der Spielplan des Altonaer Nationaltheaters kaum die politische Gesinnung seines Leiters erkennen ließ. Dafür fehlte in Altona eine revolutionäre Bewegung, die ein auch inhaltlich ausgewiesenes Jakobinertheater hätte tragen können.

Bis 1795 war J. F. E. Albrecht als Arzt meist in Mitteldeutschland tätig gewesen. Er war verheiratet mit der Schauspielerin Sophie Albrecht, die 1783 in Frankfurt den zwei Jahre jüngeren Friedrich Schiller kennengelernt hatte. Seitdem war das Ehepaar Albrecht mit Schiller befreundet, und Albrecht gab 1808 eine von Schiller selbst für die Bühne überarbeitete Prosafassung seines «Don Carlos» heraus. In seinen eigenen literarischen Werken, in zahlreichen Romanen, die er meist als Schlüsselromane anlegte, kritisierte Albrecht die politischen und sozialen Verhältnisse seiner Zeit, prangerte Despotismus und soziale Ungerechtigkeit an. Seine Dramen handelten von der Befreiung Unterdrückter, so das Stück über den italienischen Sozialrevolutionär «Masaniello von Neapel» (1795). «Die Befreiung» (1798) und «Die Kolonie» (1793) hatten die Freiheit der Negersklaven in den dänischen Besitzungen Westindiens zum Thema. 1796 gab Albrecht die Zeitschrift *Der Totenrichter* heraus, in der er u. a. den Luxus der reichen Hamburger Kaufleute anprangerte und die Reiseberichte des Jakobiners Johann Friedrich Rebmann veröffentlichte, der in demselben Jahr vor einer drohenden erneuten Verhaftung von Altona nach Paris geflüchtet war.

Unterstützt wurde Albrecht in seiner Tätigkeit am Theater

u. a. durch Heinrich Gottlieb Schmieder, der bereits 1792 mit den Jakobinern in Mainz die Gründung eines «National-Bürger-theaters» vorbereitet hatte, und Friedrich Wilhelm von Schütz, einer führenden Persönlichkeit unter den norddeutschen Jakobi-nern seit Ende der 80er Jahre. Von 1787 bis zu seiner Auswei-sung 1793 hatte Schütz in Hamburg zahlreiche Zeitschriften herausgegeben und darin die Ideen der französischen Revolu-tion propagiert. Er war Mitglied des Illuminatenordens und gründete in Hamburg die Freimaurerloge «Einigkeit und Tole-ranz», in der auch der Hamburger Theaterdirektor F. L. Schrö-der sowie sein Schwager, der Schriftsteller Johann Christoph Unzer, Mitglied waren. F. W. v. Schütz gab 1798 bei Friedrich Bechtold, seinem Stiefsohn, die *Hamburgisch-Altonaische Theater-Zeitung* heraus.

Schütz und Albrecht gehörten wie Rebmann und der Gold-schmied Joachim Lorenz Evers zu dem Altonaer Demokraten-zirkel um den Verleger Friedrich Vollmer, der nach seiner Haft-entlassung nach Altona gekommen war und hier zwischen 1796 und 1799 zahlreiche Broschüren und Zeitschriften von Jakobi-nern und Demokraten verlegte.

Als Albrecht im Jahr 1800 die Theaterdirektion niederlegte, übernahmen seine Freunde Schütz und Evers die Theaterleitung, machten jedoch nach kurzer Zeit bankrott und verließen das Theater.

Die Spuren dieser ungewöhnlichen Beziehung zwischen deut-schen Jakobinern und dem Theater verwischten sich schnell, und Albrechts «Nationaltheater» existierte im 19. Jahrhundert als normales Stadttheater weiter.

Theaterkunst
und -unterhaltung,
Schauvergnügen
und Lustbarkeiten
im 19. Jahrhundert

Daten zur Geschichte

1800   Hamburg hat 130000 Einwohner.

1803   Beerdigung Friedrich Gottlieb Klopstocks – 25 000 Hamburger folgen dem Trauerzug.

1805   Abbruch des Hamburger Doms

1806   Beginn der französischen Kontinentalsperre und Besetzung Hamburgs während der napoleonischen Kriege

1809   Die Stadttheaterdirektion «suppliziert» beim Rat gegen etliche «Winckeltheater», die in der Stadt unkonzessioniert «theatralische Vorstellungen» aufführen. Als einzige erhält die Witwe Handje eine Konzession für Theater, das sie bereits seit 1804 in dem Gasthof Hôtel de Rôme am Valentinskamp illegal veranstaltet hat.

1814   Ende der französischen Besatzung Hamburgs. Hamburg hat nur noch 100 000 Einwohner.

1815   Wiener Kongreß zur Neuordnung Europas. Hamburg wird Mitglied des Deutschen Bundes (35 Fürstentümer und vier freie Städte).

1816   Gründung der Hamburger Turnerschaft

1818   Die Witwe Handje eröffnet das 600 Zuschauer fassende Theater in der Steinstraße.

1819   Karlsbader Beschlüsse: Unterdrückung der nationalen Bewegung, Verbot der Burschenschaften und Überwachung von Presse und Universitäten im Deutschen Bund. Im Zeitalter der Restauration richtet auch Hamburg von 1819 bis 1848 eine Zensurbehörde ein.

1821   Erste allgemeine Polizeibehörde in Hamburg

1827   Eröffnung des neuen Hamburger Stadttheaters in der Dammtorstraße (auf dem Grund des heutigen Opernhauses). Träger ist eine Aktiengesellschaft, die im wesentlichen von den führenden Familien der Hansestadt getragen wird. Dem Stadttheater wird die seit 1796 bestehende Vergnügungssteuer erlassen. Das Theater am Gänsemarkt wird zum Wohngebäude umgebaut.

1829   Eröffnung des Sommertheaters im St. Georger Tivoli in der Vorstadt St. Georg, Leitung: Chérie Maurice

1833   Rechtliche Gleichstellung der Vorstädte St. Pauli und St. Georg. Die neueingerichteten drei Landherrenschaften der Vorstädte und der Geest- und Marschlande werde jeweils unter dem Patronat eines Hamburger Senators verwaltet.

1834   Auch dem Theater in der Steinstraße, das sich nun Zweites Theater nennt, wird die Vergnügungsabgabe erlassen.

1836   Lockerung der bislang totalen nächtlichen Torsperre (Öffnung gegen Gebühr)

1838   Zusammenstellung des ersten Ballettensembles am Hamburger Stadttheater unter Ballettmeister Tescher (zwei Tänzer und eine Tänzerin mit Choristinnen als Figuranten)

1839 Pferde-Omnibuslinie Hamburg—Altona

1840 Eröffnung des Elysium-Theaters in einem der ersten Steinhäuser am Spielbudenplatz in der Vorstadt St. Pauli. Das Elysium Theater bestand bis 1868.

1841 Eröffnung des Urania-Theaters (das spätere Actien-, Varieté–, Ernst-Drucker-, heute St. Pauli-Theater) am Ende des Spielbuden-platzes

1842 Der große Hamburger Brand vernichtet etwa ein Drittel Bausub-stanz der inneren Stadt und macht 20000 Hamburger obdachlos.

1843 Eröffnung des Thalia Theaters (gegenüber dem heutigen Standort) durch den französischen Theaterunternehmer Chérie Maurice. Das Theater in der Steinstraße, das Maurice seit 1831 mit geleitet hatte, wird aus feuerpolizeilichen Gründen geschlossen. Auflage des Rats: Das zweite Theater soll 1000 Plätze weniger als das erste (2800) haben, muß billigere Eintrittspreise anbieten und darf nur Lustspiele aufführen.

1845 Errichtung des Gaswerks Grasbrook für Straßenlaternen und Ein-zelabnehmer
Gründung der Bildungsgesellschaft für Arbeiter

1846 Eisenbahnverbindung von Hamburg nach Berlin und von Altona nach Kiel (Altona ist noch bis 1864 dänisch)
Gründung des Deutschen Bühnenvereins als Interessenvertretung deutscher Theaterleiter

1847 Eisenbahn von Harburg nach Hannover

1848 Märzrevolution und Verfassungsgebende Nationalversammlung in der Frankfurter Paulskirche scheitern bereits im folgenden Jahr. Auch eine Hamburger Reform-«Konstituante» kann sich 1849 nicht durchsetzen, weil sich der Rat durch in Hamburg anwesende preußische Truppen in einer starken Position befindet.

1849 Beginn des ersten Versuchs der Vereinigung von Stadt- und Thalia Theater. 1854 Bankrott der Direktion Maurice/Wurda und Auflö-sung der Aktiengesellschaft des Stadttheaters. Ein Antrag des Rats auf Ankauf des Stadttheaters durch die Stadt wird von der Bürger-schaft abgelehnt. Das Haus gelangt von 1855 bis 1873 in den Besitz des Reeders und Mäzens Robert M. Sloman.

1853 Verbot der Liebhaberaufführungen (Amateurtheater) in Hamburg

1857 Eröffnung von Schmidt's Tivoli am Schulterblatt, auf dessen Grund 1888 das Flora-Theater gebaut wird
Carl Schultze pachtet die Gaststätte Joachimsthal am Ende der Reeperbahn und eröffnet ein Sommertheater, das er 1864 zum Carl-Schultze-Theater ausbaut.

1860 «Neue Ära» in Preußen ermöglicht Hamburger Verfassungsre-form: Grundrechte, gewählte Bürgerschaft aus Besitzenden, selb-ständige Justiz und Trennung von Staat und Kirche. Ende der Tor-sperre. Damit ist der Weg frei für die Entwicklung der Vorstädte St. Pauli und St. Georg zu nächtlichen Vergnügungsvierteln.

1861 Das Thalia Theater, dessen Konzession seit 1855 nur noch die Auf-führung zweiaktiger Lustspiele genehmigte, erhält die Erlaubnis zur Aufführung von «Dramen und Schauspielen mit oder ohne Gesang».

1863 Gründung des Allgemeinen Deutschen Arbeitervereins durch Ferdinand Lassalle

1864 Deutsch-Dänischer Krieg: Dänemark tritt Schleswig, Holstein (damit auch Altona) und Lauenburg an Preußen und Österreich ab. Eröffnung des Circus Renz an der Reeperbahn und des Theaters in der Centralhalle im 1840 gebauten Circus Gymnasticus am Spielbudenplatz

1865 Eisenbahn von Hamburg nach Lübeck

1866 Deutscher Krieg: Auflösung des Deutschen Bundes; Preußen annektiert fast alle gegnerischen Staaten nördlich der Mainlinie. Erste Pferdestraßenbahn in Hamburg.

1867 Bildung des Norddeutschen Bundes
Zusammenführung der Eisenbahn von Hamburg nach Altona
Gründung des Clubs Thespiskarren (Verein für Bühnenkunst, seit 1921 Volksbühnenkunst Hamburg e.V.) als Dachverband der Hamburger Amateurtheatervereine

1869 Einführung der Gewerbefreiheit: Der Betrieb eines Gewerbes ist von nun an jedem soliden und liquiden Unternehmer erlaubt. Damit fällt das Privileg von Stadt- und Thalia Theater als alleinige Konzessionsinhaber für Theater innerhalb des Wallrings (Millerntor – Dammtor – Steintor). Die Stadt muß auf die Festlegung der Eintrittspreise und den Einzug der Konzessionsabgabe verzichten. Eröffnung der Hamburger Kunsthalle, die mit Hilfe von Mäzenen errichtet wurde.

1870 Einführung der allgemeinen Schulpflicht in Hamburg

1871 Gründung des Deutschen Kaiserreichs nach dem Deutsch-Französischen Krieg
Gründung der Genossenschaft deutscher Bühnenangehöriger
Eröffnung des Wilhelm-Theaters an der Reeperbahn (in Betrieb bis 1887)

1873 Bildung einer neuen Aktiengesellschaft der führenden Familien der Stadt zum Ankauf des Hamburger Stadttheaters. Versprechen der AG, nach Auszahlung aller Aktien mittels der Überschüsse das Haus der Stadt zu schenken, ermöglicht erstmals staatliche Subventionierung eines Hamburger Theaters. Hamburg übernimmt die Gas/Wasserkosten (ca. 50000 RM) und leistet einen jährlichen Zuschuß (12 500 RM) für die Pensionskasse des Stadttheaters.

1876 Ein Großbrand vernichtet das Theater in der Centralhalle, das im folgenden Jahr wieder aufgebaut wird.

1877 Eröffnung des Museums für Kunst und Gewerbe, die Leitung übernimmt Justus Brinckmann.

1878 Sozialistengesetze: Verbot der Partei und ihrer Presse bis 1890; Verhaftung und Ausweisung von Sozialdemokraten
Hamburg hat bereits 500000 Einwohner
Stadttheaterdirektor Bernhard Pollini erhält acht Jahre lang eine Subvention von 30000 RM für sein Theaterunternehmen.

1886	Alfred Lichtwark wird Leiter der Kunsthalle. Carl Benz erhält das erste Patent für ein benzinangetriebenes Automobil.
1888	Zollanschluß Hamburgs – Fertigstellung der neuen Speicherstadt (größter Lagerhauskomplex der Welt)
1889	Eröffnung des Circus Busch (später Schillertheater) am Neuen Pferdemarkt
1890	SPD stellt als Ergebnis der Reichstagswahlen alle drei Reichstagsabgeordneten Hamburgs, aber auf Grund des Hamburger Wahlrechts keinen einzigen Bürgerschaftsabgeordneten.
1891	Hamburg leistet einen Baukostenzuschuß in Höhe von 300000 RM zur Elektrifizierung des Stadttheaters.
1892	Choleraepidemie in Hamburg Gründung des ersten reichsweiten Dachverbands der Amateurtheater (Verband der Privat-Theatervereine Deutschland, heute Bund deutscher Amateurtheater)
1893	Gründung der Freien Volksbühne Hamburg-Altona
1894	Eröffnung des Varietés Hansa Theater am Steindamm in St. Georg Elektrische Straßenbahn in Hamburg
1895	Erste Großprojektion «lebender Bilder» in Heckels Concert-Saal in den Großen Bleichen
1896	Hafenarbeiterstreik
1897	Fertigstellung des heutigen Rathauses
1899	Die Patriotische Gesellschaft eröffnet die erste öffentliche Bücherhalle in den Kohlhöfen.
1900	Eröffnung des Deutschen Schauspielhauses an der Kirchenallee Hamburg hat 750000 Einwohner, und die Bevölkerung wächst bis 1914 weiter auf eine Million.

Zwischen Kunstanspruch und Kassenwirklichkeit – das Hamburger Stadttheater

Entwurf von Friedrich Schinkel für das Stadttheater (1826). «Eine an allen Fronten durchgeführte Bogenconstruction» sollte bei der erforderlichen Anzahl an Fenstern «ein kasernenmäßiges Aussehen» des Gebäudes verhindern (Schinkel).

Die Mitgliederliste der Stadttheater-Aktiengesellschaft setzt sich im wesentlichen aus bekannten Namen der Hamburger Kaufmannschaft und des Senats zusammen wie Abendroth, Amsinck, Hudtwalcker, Jenisch, Kellinghusen, Mönckeberg, Schmilinsky, Sieveking, Sillem, Sloman, Spalding, Warburg, Woermann u. a.

In der Geschichte des städtischen Theaterlebens gilt das 19. Jahrhundert im allgemeinen als Zeit des künstlerischen Niedergangs. Zu wenig engagierten sich die privatwirtschaftlichen Theaterunternehmer für die Verwirklichung der im 18. Jahrhundert begonnenen Theaterreformen. Nicht die Idee von der «moralischen Anstalt» (Schiller), sondern das Geschäft mit der Unterhaltung beherrschte die Theaterlandschaft. Es fand seine Voraussetzungen in den tiefgreifenden Umstrukturierungen der sozialen Verhältnisse, vornehmlich in den Städten, in einem umfassenden Wandel von Alltagskultur und Lebenspraxis.

Eine allmähliche Verkürzung der täglichen Arbeitszeit und der Rückgang des Einflusses der Kirche auf den öffentlichen und privaten Bereich führten dazu, daß immer mehr freie Zeit zur Verfügung stand, die die Menschen außerhalb des Hauses verbringen und frei gestalten konnten. Hinzu kam eine enorme Bevölkerungszunahme; die Einwohnerschaft Hamburgs verzehnfachte sich nahezu in diesem Jahrhundert. Die Nachfrage nach Unterhaltung und neuen Formen der Geselligkeit nahm rapide zu, und die Theaterunternehmer reagierten bereitwillig auf diese Situation. Das Theater wandelte sich vom vormals bürgerlichen Bildungsinstitut zur Unterhaltungseinrichtung für ein neues soziologisch breit gefächertes Massenpublikum.

Innerhalb der Stadt, das heißt in der Alt- und Neustadt unter

dem Wallring, wurden jedoch außer dem Stadttheater, das 1827 das alte Komödienhaus am Gänsemarkt in unmittelbarer Nähe ablöste, zunächst keine Theaterneugründungen vom Rat der Stadt genehmigt. Einzige Ausnahme: ein kleines «Winckelthea-

Das Hamburger Stadttheater von 1827, an der Dammthor-straße, heute Standort der Staatsoper. Aus Kostengrün-den wurde der angenommene Entwurf Schinkels für die Fas-sadengestaltung von Stadt-baumeister Wimmel so verän-dert, daß das Haus tatsächlich ein «kasernenartiges Ausse-hen» bekam. Nur der Innen-raum wurde nach Schinkels Entwurf realisiert. Der fast kreisrunde Zuschauerraum faßte 2800 Zuschauer.

«Mehrere angesehene Einwohner Hamburgs haben sich vereinigt, ein neues Theater zu bauen. Ist jetzt in unsern etwas nahrlosen Zeiten der rechte Zeit-punkt zu einer solchen Unternehmung? Wird diese Spekulation gute Zinsen tragen? Ist es gerathen, in einer Zeit, in welcher noch so viele nothwendige Ausgaben sind, daran zu denken, ein neues Theater zu bauen?...

Es scheint, daß man über folgende Punkte einig ist:

1) Ein anständiges Theater gehört zu den Bedürfnissen einer großen Stadt...

2) Ein anständiges Theater ist aber auch ein Erwerbszweig; es leben nicht nur eine Menge Leute davon, wenn 150 bis 200 000 Mark in eine häufigere, öftere und schnellere Circulation kommen, sondern es verdienen auch Wirthe, Handwerker und sonstige Einwohner dabei...

3) Ein anständiges Theater ist zwar keine Tugendschule oder ein morali-sches Besserungs- und geistiges Zuchthaus, aber in der Regel eines der un-schuldigsten und auch wohlfeilsten Vergnügungen, wenn die Leute einmal außer Haus sein wollen; kurz, ein anständiges Theater gehört nach dem jetzigen Zeitgeist zu den unerläßlichen Bedürfnissen einer großen Stadt und man würde manche nützliche Anstalt leichter entbehren können, als ein Theater» (*aus:* Ueber den Bau eines neuen Theaters in Hamburg. Hamburg 1822).

ter», das die Witwe Handje in ihrem Gasthof Hôtel de Rome am Valentinskamp betrieb. 1809 erhielt sie eine reguläre Theaterkonzession, die rund dreißig Jahre später die Gründung des Thalia Theaters ermöglichte. Darüber hinaus blieben bis zur Einführung der Gewerbefreiheit 1869 «theatralische Darbietungen» aller Art verboten. Auf Ersuchen der Stadttheaterdirektoren wurden außerdem «mimisch-plastische» Darstellungen, sogar Auftritte von Kunstreitern, Seiltänzer– und Jongleurgruppen u. ä. aus Konkurrenzgründen häufig untersagt oder zumindest zeitlich eingeschränkt. Trotzdem richteten immer mehr Gaststätten auch innerhalb des Stadtgebietes Bühnen für Vorführungen von reisenden Gesellschaften oder auch von Hamburger Laientheatern ein.

Theaterneugründungen wurden nur in den Vorstädten, in St. Georg und vor allem in St. Pauli, genehmigt, wo bis zum Ende des Jahrhunderts immer neue Einrichtungen für die verschiedenartigsten theatralischen Schauvergnügen entstanden: Theater- und Operettenhäuser, Circus, Varieté, mechanisches Theater, Schaustellungen mit den unterschiedlichsten technischen und künstlerischen Medien. Grundlage dieser vielfältigen und sich ständig verändernden Theaterszenerie war die ökonomisch bedingte enge Beziehung zwischen Theater und Publikum, das sich mehrheitlich von dem Vergnügen an Illusion, Spiel und Verwandlung, an Spannung, Exotischem und Sensation leiten ließ.

Vom Hamburger Stadttheater wurde dagegen immer wieder erwartet, daß hier «die erhabenen Gebilde der classischen Muse» dem Publikum «veranschaulicht» würden. Gemessen an dieser Aufgabe erschien dem Historiker des Stadttheaters, Hermann Uhde, die Geschichte dieses Hauses bis 1877 nur als ein «riesengroßes Sündenregister». Die Bühne, die das erste Kunstinstitut der Stadt hätte sein sollen – dem 1827 unter der Leitung von Friedrich Ludwig Schmidt eröffneten neuen Stadttheater war bis 1861 die Aufführung von ernstem Schauspiel, Tragödie und Oper vorbehalten –, galt ihm «vielfach» nur als «ein Denkmal der Schande» [1].

Tatsächlich bewegten sich die meisten Stadttheaterdirektoren gerade bezüglich des Schauspiels ständig in dem Widerspruch zwischen ökonomischen Erfordernissen und durch das Privileg unterstrichenen kulturellen Erwartungen, zwischen Kunstanspruch einerseits und Publikumswünschen andererseits.

Die Erfahrungen von F. L. Schmidt, der von 1827 bis 1841 als erster Direktor das Haus leitete (bis 1837 zusammen mit Carl August Lebrun) und als würdiger Nachfolger F. L. Schröders geachtet wurde, sind hierfür symptomatisch. Zu seiner Recht-

*Virginie Knebel, Publikums-
liebling der französischen
Kunstreitergesellschaft
Loisset*
*1834 beantragte die Stadt-
theaterdirektion ein Auftritts-
verbot für die Kunstreitergesellschaft Loissets. Kommentar des Polizeiherrn Hudtwal-
ker: «...habe nicht geahnt,
daß ein Kunstreiter dem Bil-
dungstheater Abbruch tun
würde...Ist es nun nicht
beunruhigend, ein solches Institut auf so schwachen Füssen
stehen zu sehen, daß die Vorstellungen von Kunstreitern
dasselbe zu stürzen drohen?»
Später gab Loisset Gastvor-
stellungen im Stadttheater
selbst.*

fertigung belegte Schmidt in seinen Aufzeichnungen [2] die Diskrepanz anhand der harten Fakten von Einspielergebnissen. In
der Spielzeit 1824/25, noch im alten Comödienhaus, brachten die klassischen Stücke nur ein Viertel bis ein Drittel
(250–330 Mark) der Einnahmen, die das französische «Schau-
ermelodrama» «Die beiden Galeerensclaven», das romantische
Schauspiel «Preciosa» oder die Zauberpantomime «Der bom-
badierte Harlequin» (jeweils ca. 1060 Mark) einspielten. «Wo
bleiben», fragte Schmidt ratlos, «diesen Zahlen gegenüber die
‹kunstbegeisterten› Vorsätze selbst des ästhetisch bestgesinnten
Directors?»

1832/1833 erzielte ein altes Schauspiel von Kotzebue «Die
silberne Hochzeit», worin der Direktor persönlich «als Amts-
verwalter Steckrübe auf die Lachmuskeln des Publicums» spe-
kulierte, bei der sechsten Vorstellung noch eine mehr als drcimal

Zwischen 1841 (Ende der Direktion F. L. Schmidt nach 14 Jahren) und 1874 (Beginn der
Direktion Pollini) gab es insgesamt zwölf verschiedene Stadt-
theaterdirektionen. Dauer der
Amtszeiten: zwischen zwei und
sechs Jahren.

Ludwig Devrient (1784–1832) als Shylock und Carl A. Lebrun (1792–1842) als Graziano in Shakespeares «Der Kaufmann von Venedig» – Hamburger Stadttheater, 5. Mai 1830

Sophie Schröder (1781–1868) gab häufig Gastspiele am Hamburger Stadttheater.

so hohe Einnahme wie Shakespeares Tragödie «König Johann». Diese historische Tragödie «ward... gar ausgegähnt; eine stumme Hinrichtung», die Schmidt für noch «viel martervoller» hielt «als Zischen, Pfeifen und Trommeln zusammengenommen».

Selbst Gastspiele berühmter Schauspielerinnen vermochten daran nichts zu ändern. Verzweifelt berichtet der fraglos «bestgesinnte Director» aus der Spielzeit 1837/38: «Außer dem Dichternamen ‹Schiller› bewirkte bei uns noch derjenige von ‹Goethe› und ‹Lessing› *unfehlbar* ein leeres Haus. ‹Iphigenie› mit Sophie Schröder in der Titelrolle erzielte... 448 Mark... Brutto-Einnahme; ‹Faust› mit Herrn Marr als Mephisto... brachte 424 Mark; ‹Nathan der Weise›... 200 Mark; die ‹Räuber›... 281 Mark... Lessings Name schien also das allerschlimmste Schreckmittel für das Publicum zu sein!» Dagegen fanden «schöne Possen» wie «Herr Hampelmann im Eilwagen» und

«Auch der Vorwurf, daß ich das klassische und höhere Drama vernachlässigt habe, ist ungerecht; der Monat September 1858 brachte an 16 dem Schauspiel gewidmeten Abenden neun klassische und drei größere Schau- und Lustspiele, der October an elf Abenden zwei klassische und sechs größere Schau- und Lustspiele... der November an 15 Abenden zwei klassische und 13 größere Stücke unter denen vier neu und eins neueinstudiert waren. Diese paar, vom klassischen Drama vorwiegend beherrschten Monate hatten durch ihre Klassicität der Kasse ein Defizit von 8337 Crt.Mark zuwege gebracht – ein Resultat, welches dem kühnsten Privatdirector doch wohl einige Klassicitätsscheu einflößen muß. Trotzdem versuchte ich es, wie gesagt, immer wieder und wieder aus angeborner oder anerzogener Vorliebe für das klassische und höhere Drama, dasselbe zur Geltung zu bringen...» Aber die «Theilnahme für Schauspiel» insgesamt «blieb auf dem Gefrierpunkt wie früher und die großen Geldkosten... waren umsonst gebracht. Das Schauspiel war und blieb ein Stiefkind – nicht der Direction... sondern – des Publikums...» (aus: Anton Wollheim, Das Hamburger Stadttheater. No. 1. Ein Wort an Hamburgs Bürger. Hamburg 1861).

Mit Opern- und besonders Ballettaufführungen konnte Wollheim die Defizite, die das Schauspiel verursachte, wieder ausgleichen. Dennoch forderte er, wie andere Direktoren vor ihm, Subventionen für das Stadttheater, um die Qualität von Oper und Ballett zu halten. Der Hamburger Senat begann aber erst ab 1873, das Stadttheater finanziell zu unterstützen.

Franziska Ellmenreich (1847–1931) als Jungfrau von Orléans am Hamburger Stadttheater 1877. – Die Protagonisten der klassischen Rollen waren Ludwig Barnay, Franziska Ellmenreich und Siegwart Friedmann.

«Herr Hampelmann auf der Landpartie nach Königstein» ein zahlreiches Publikum.

Shakespeare zählte 1839 noch immer zu den Autoren, die dem Hamburger Publikum «bis zum Widerwillen mißliebig» waren. Die Einnahme für «Julius Cäsar» betrug am ersten Abend ganze 440 Mark und am zweiten Abend 209 Mark. «War es ein Unrecht», versuchte Schmidt seine Spielplanentscheidungen nachträglich zu rechtfertigen, «wenn wir uns unter solchen Umständen den Luxus classischer Meisterwerke immer seltener gestatteten und lieber Stücke gaben, wie ‹Lumpacivagabundus› oder ‹Der Glöckner von Notre-Dame›, worüber alle Welt schimpfte, welche aber alle Welt besuchte?»

Diese ‹Wirklichkeit der Kasse› war es schließlich auch, die das Schauspiel insgesamt mehr und mehr aus dem Spielplan verdrängte. Gegen Ende des Jahrhunderts dominierte die Oper endgültig auf der Bühne des Stadttheaters.

1 Hermann Uhde, Das Stadttheater in Hamburg 1827–1877. Ein Beitrag zur deutschen Culturgeschichte. Stuttgart 1879.
2 Denkwürdigkeiten des Schauspielers, Schauspieldichters und Schauspieldirektors Friedrich Ludwig Schmidt (1772–1841). Nach hinterlassenen Entwürfen zusammengestellt und herausgegeben von Hermann Uhde. 2. Ausg., 2. Theil. Stuttgart 1878.

Das Thalia Theater –
«Eine Kreuzung der realistischen Schule mit französischer Bühnenkultur»

Das Thalia Theater am Pferdemarkt, dem heutigen Gerhart-Hauptmann-Platz, wurde am 9. November 1843 eröffnet. Der Zuschauerraum faßte 1800 Personen. Die Bühne war 69 Fuß breit, 60 Fuß tief mit 30 Fuß Spielraum und 62 Fuß hoch. Das Gebäude wurde erst 1912 durch einen neuen Bau auf der gegenüberliegenden Straßenseite gelegen ersetzt.

Obwohl der Stadttheaterdirektor Ludwig Herzfeld 1809 erfolgreich gegen die ihm bekannt gewordenen Auftritte von Laienbühnen in Gasthöfen und bei Privatpersonen beim Rat der Stadt interveniert hatte, schaffte es doch eine Wirtshausbetreiberin, die Witwe Handje, das drohende Verbot ihrer Bühne zu verhindern. Sie erhielt eine reguläre Theaterkonzession, zog 1814 mit ihrem Theater zunächst in das von den französischen Schauspielern verlassene Apollo-Theater an der Drehbahn, schräg gegenüber dem Stadttheater und eröffnete 1818 ein eigenes Theater für 600 Zuschauer in der Steinstraße, einer belebten Verkehrsstraße zwischen dem östlichen und dem westlichen Stadttor. Hier trat der aus Frankreich stammende Charles Maurice Schwartzenberger, gen. Chérie Maurice, 1831 in die

Direktion ein. Seit 1829 hatte er bereits das Sommertheater im Tivoli von St. Georg geleitet, das sein Vater 1827 übernommen hatte. Als die Witwe Handje 1842 kurz nach dem Hamburger Brand starb, bewarb Chérie Maurice sich um deren Theaterkonzession, die er unter der Bedingung erhielt, ein neues Theatergebäude zu errichten. 1843 eröffnete er sein Thalia Theater am Pferdemarkt, dem heutigen Gerhart-Hauptmann-Platz, das zwar kleiner war als das Stadttheater, aber immer noch für 1800 Besucher Platz bot.

Dieses zweite Theater in der Hamburger Innenstadt ging in die deutsche Theatergeschichte als «Musterinstitut für Konversationsstück und Bühnenkultur» [1] ein und entwickelte sich bald zu einer ernsthaften Konkurrenz für das Stadttheater.

Das Besondere an dieser Bühne ergab sich zunächst aus behördlichen Auflagen: Erlaubt waren anfangs nur Lustspiele, keine Schau- und Trauerspiele oder Opern. Zwischen 1855 und 1861 wurde die Konzession zum Schutz des Stadttheaters sogar zeitweise auf zweiaktige Lustspiele reduziert. Abgesehen von dieser besonderen Bestimmung, bot die eingeschränkte Konzession für das zweite Theater im übrigen trotz der von den Behörden festgesetzten niedrigen Eintrittspreise durchaus günstige ökonomische und, bei der notwendigen Spezialisierung, auch eigenständige künstlerische Möglichkeiten.

Seine Bedeutung und Anerkennung über Hamburg hinaus erreichte das Thalia Theater durch die konzeptionelle Ausrichtung, mit der der Direktor und Besitzer Chérie Maurice das Haus leitete. Maurice war, wohl nicht zuletzt aufgrund seiner französischen Herkunft, prädestiniert, auch das heitere Theatergenre ernst zu nehmen. Schon bei der Gestaltung des Spielplans des Steinstraßentheaters verlagerte Maurice das Schwergewicht von der Hamburger Lokalposse auf das französische Konversationsstück und Vaudevilles. Diese Linie setzte er am neugegründeten Thalia Theater fort. Berliner Lokalpossen kamen später hinzu.

Das Hauptgewicht seiner künstlerischen Arbeit legte Maurice auf die Förderung des Ensemblespiels. Während allgemein an den großen Bühnen das Star-Unwesen beklagt wurde, rühmte der Chronist R. Ortmann anläßlich des 50jährigen Jubiläums des Thalia Theaters die besondere Ensemblepflege unter Maurice' Direktion bereits am Theater in der Steinstraße: Das «vortreffliche Personal... erfüllte mit so großer und gewissenhafter Hingabe jede an seine Kraft gestellte Anforderung, daß die ungemein große Zahl der Novitäten und die Schnelligkeit, mit welcher dieselben oft aufeinander folgten, – es gab zum Beispiel im

Charles Maurice Schwartzenberger, gen. Chérie Maurice (1805–1891), Sohn eines französischen Unternehmers, der 1827 in der Hamburger Vorstadt St. Georg das Tivoli, ein sommerliches Vergnügungsetablissement, erwarb. 1829 eröffnete Chérie Maurice hier ein Sommertheater. 1831 trat er in die Direktion des Steinstraßentheaters ein. Ab 1843 Besitzer und Leiter des Thalia Theaters bis 1885 und noch einmal 1893/94.

Friederike Goßmann (geb. 1838) in ihrer wichtigsten Hamburger Rolle: als Fanchon in «Die Grille» von Charlotte Birch-Pfeiffer. F. Goßmann wurde von Maurice in Berlin entdeckt und zum Herbst 1855 am Thalia Theater engagiert. Bereits 1857 trat sie ihr neues Engagement am Burgtheater an.

Der Komiker August Meyer vom Steinstraßentheater der Witwe Handje

Frühjahr 1842 einmal in vierzehn Tagen sieben neue Stücke – niemals eine Störung in der Glätte und Sicherheit des Zusammenspiels hervorzubringen vermochten.»[2] In dieser Richtung arbeitete Maurice auch am Thalia Theater konsequent weiter, unterstützt durch Heinrich Marr, den er 1848 erstmals als Oberregisseur engagierte.

«Wie dirigierte auf der Bühne Marr bald mit Stentorstimme und bald durch Pantomime, wie ärgerte er sich, wenn die Brüder des Acosta, hoffnungsvolle Anfänger, es vergaßen, die großen Schlapphüte abzunehmen, als sie mit ihrer Mutter die elegante Jüdin besuchten, und wie unermüdlich winkte und brummte er: hierher! dorthin! feuriger! lauter!, ja kroch er nicht gar auf eine Lampenleiter hinter die Kulissen und dirigierte als Kapellmeister mit ungeheurer Papiertüte eine große Volksversammlung in Fröbels Republikanern, so daß sämtliche Choristen unheimlich schielten als aufgeregte Republikanermasse von Genf, mit einem Auge als trotzige Schweizer hinaus ins Publikum, mit dem andern Auge als ängstliche Kunstjünger nach der weißen Papiertüte!» (Gustav Freytag über Heinrich Marr, in: *Grenzboten*, 1849).

Heinrich Marr (1797–1871), Sohn eines Hamburger Gastwirtes, Schauspieler und Regisseur u. a. in Braunschweig, Leipzig, Weimar. 1848 bis 1850 und 1857 bis 1871 Oberregie und leitende Stellung am Thalia Theater.

Die Geschichte dieser Bühne wurde weniger durch klingende Autorennamen im Repertoire als durch die Ausstrahlungskraft seiner Schauspieler und Schauspielerinnen geprägt. Der Kritiker Paul Lindau trat 1872 kritischen Bemerkungen des Burgtheaterdirektors Laube über Maurice und das Thalia Theater mit dem Hinweis entgegen: «Fast alle Schauspieler, welche heutzutage in der Künstlerwelt einen klangvollen Namen haben, sind bei Maurice in die Schule gegangen und von ihm ausgebildet worden... Maurice ist der einzige Theaterdirektor Norddeutschlands, der mit Laube in einem Atem genannt werden darf.»[3]

Ausgezeichnete Leistungen, mit denen junge Schauspielerinnen und Schauspieler hier schon kurz nach ihrem Eintritt in das Ensemble auffielen, führten einige von ihnen sehr schnell wieder von Hamburg weg. So wurde das Thalia Theater für Marie Seebach (1853–1856), Friederike Goßmann (1855–1857), Helene Schneeberger (1864–1867), Charlotte Wolter (1861–1862) und Bogumil Dawison (1847–1849) zum Sprungbrett an das Wiener Burgtheater.

Besonders wichtig für die Lustspielbühne waren natürlich ihre Komiker wie Anton Reichenbach (nach 1860 bis 1873) oder Emil Thomas (1866–1875). Über ihn berichtet die Chronik

des Thalia Theaters: «In Emil Thomas besaß das Theater viele Jahre hindurch einen der hervorragendsten – wenn nicht den besten – Komiker unserer Zeit... Thomas verfügt, wie wohl wenige andere Schauspieler, über die Fähigkeit, durch seine virtuose Darstellung auch das schwächste Bühnenwerk über Wasser zu halten. Aus ganz verfehlten, blutlosen und marionettenhaften Figuren weiß er oft Charactere zu gestalten, in denen keiner, der das betreffende Bühnenwerk gelesen... seine schwächlichen alten Bekannten wiedererkennt; er allein weiß oft eine ganze Vorstellung zu beleben und einen schon verloren geglaubten Erfolg zu retten.» [4]

Die aus der Konkurrenzsituation zum Stadttheater entstan-

dene Festlegung des Thalia Theaters auf Lustspiel und Konversationsstück prägte das Profil dieser Bühne bis in die zweite
Hälfte des 20. Jahrhunderts.

Theater von Laien und Amateuren. Liebhabertheater, als Theater von
Laien, gab es in Hamburg bereits seit Ende des 18. Jahrhunderts. Im
19. Jahrhundert verbot die Polizei Laienaufführungen, wenn sie davon erfuhr, da «theatralische Darbietungen» dem Stadttheater vorbehalten waren. Wegen der Zunahme von Laienauftritten erließ der Senat am 9. Dezember 1853 ein allgemeines Verbot von Liebhaberaufführungen, das noch am
30. Dezember ausdrücklich bestätigt wurde. Dennoch fanden weiterhin
Auftritte von Laiengruppen in Gasthäusern statt. 1855 beschloß der Senat
noch einmal ein Dekret gegen Liebhaberaufführungen, diesmal «aus allgemeinen polizeilichen Gründen», ohne daß die Theaterbegeisterung von
Laien wirklich eingedämmt werden konnte.

Ab Mitte des 19. Jahrhunderts begannen sich die Laienspielgruppen in
Vereinen zu organisieren. 1867 schlossen sich die Theatervereine des Ham-
burger Raums zu einem ersten Dachverband zusammen. Gegen Ende des
Jahrhunderts gab es in Hamburg an die 80 Amateurtheater-Vereine. – Die
Volksspielbühne Thalia von 1879 e. V. besteht bis heute.

---

1 Max Martersteig, Das deutsche Theater im neunzehn-
  ten Jahrhundert. Eine kul-
  turgeschichtliche Darstellung. 2. Aufl. Leipzig 1924.
2 Reinhold Ortmann, Fünf-
  zig Jahre eines deutschen
  Theater-Directors. Erinne-
  rungen, Skizzen und Biographien aus der Geschichte des Hamburger Thalia
  Theaters. Hamburg 1881.
3 Paul Lindau, in: *Die Gegenwart*, 1872.
4 Reinhold Ortmann, a. a. O.

Lieblingsopern und Opernlieblinge – das Hamburger Opernpublikum im 19. Jahrhundert

Publikumsansturm auf das Stadttheater. Karikatur um 1830

Schonungslos ist das Urteil der zeitgenössischen Kritiker, wenn es darum geht, die Leistungen des Hamburger Stadttheaters auf dem Gebiet der Oper des 19. Jahrhunderts zu bewerten. Von einer bedrohlichen wirtschaftlichen und künstlerischen Dauerkrise ist dann ebenso die Rede wie von der Unfähigkeit der einander im raschen Wechsel ablösenden Direktoren, bedeutende Komponisten und Solisten ihrer Zeit an das Haus zu binden und ein niveauvolles und unverwechselbares Repertoire aufzubauen.

Schonungslos ist das Urteil der Kritiker aber auch in der Einschätzung des Publikums, das dem heruntergekommenen Musentempel, wenn auch zuweilen schwankend oder unter Protest, letztlich doch die Treue hielt. «Die Hamburger gehen eigentlich nur ins Theater, wenn man eine große Oper oder eine Tragödie gibt; sie schätzen es, wenn man laut brüllt und sich umbringt. ...Eine Komödie, die lediglich Geist und Frohsinn sprüht, langweilt sie, und es gibt keine Albernheit, die sie nicht zum Lachen brächte. Man sieht, das Besondere dieses Völkchens besteht darin, keinerlei Geschmack zu haben» (Jacob Gallois, frz. Schriftsteller und Lektor am Hamburger Johanneum, 1832).

Man könnte versucht sein, diesen massiven Vorwurf mit Ge-

Theodor Wachtel

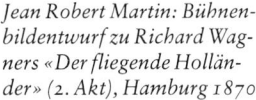

Henriette Sontag

nugtuung auch über das 19. Jahrhundert hinaus als berechtigt gelten zu lassen, findet man doch in der Theatergeschichte genügend Hinweise, die eine solche Annahme unterstützen. Betrachtet man jedoch die Entwicklung der Oper jener Epoche etwas genauer, so erhebt sich die Frage, ob nicht aufgrund der Mißbilligung einer verfehlten Finanz-, Spielplan- und Ensemblepolitik des Stadttheaters der Kunstgeschmack der Hamburger in einer kühnen kollektiven Abrechnung gleich mitverurteilt worden ist.

Was war eigentlich geschehen, das die Hanseaten in den Verruf brachte, ein Publikum ohne Kunstverständnis zu sein? Wie reagierten sie auf das vom Stadttheater gebotene Programm? Da waren zunächst die französische «opéra comique» und die «grand opéra», die Schreckens- und Rettungsopern, die sich trotz der zu Jahrhundertbeginn durchlittenen napoleonischen Okkupation großer Beliebtheit erfreuten. Hier wie andernorts auch wurden die Werke der Komponisten Daniel Auber, Adrien Boieldieu, Étienne Méhul, Jacques F. Halévy und Giacomo Meyerbeer begeistert aufgenommen. Man überhäufte Charles Gounod mit Ovationen, als er 1862 die 53. und 54. Aufführung von «Faust und Margarethe» persönlich dirigierte. Einige Jahre später machten die Operetten Jacques Offenbachs einen Großteil des Programms aus, und die Hamburger ließen es sich trotz des sich kritisch zuspitzenden Verhältnisses zu Frankreich gefallen.

Eine magische Anziehungskraft ging auch von den Werken italienischer Komponisten aus. Gasparo Spontini, Vincenzo Bellini und Gaetano Donizetti garantierten in den 30er und 40er Jahren stets ausverkaufte Vorstellungen, nachdem kurz zuvor

Jean Robert Martin: Bühnenbildentwurf zu Richard Wagners «Der fliegende Holländer» (2. Akt), Hamburg 1870

Gioacchino Rossini einen wahren Rausch unter den musikliebenden Hamburgern entfacht hatte. Bahnbrechend war der Beitrag der Hansestadt bei der Durchsetzung Guiseppe Verdis auf Deutschlands Bühnen. Die Begeisterung der Zuschauer siegte über eine zunächst kritische und empörte Presse.

Mit Carl Maria von Weber, Louis Spohr, Albert Lortzing und Heinrich Marschner hielt die deutsche romantische Oper Einzug auf der Hamburger Bühne, allen voran marschierte «Der Freischütz», der bei seiner Erstaufführung 1822 gleich 26mal wiederholt wurde und 1840 mit seinem «natürlichen Wasserfall» in der Wolfsschlucht einen besonderen Reiz bot. Lortzings «Zar und Zimmermann» (1839) hingegen mißfiel – eine Fehleinschätzung, die 23 Jahre zuvor auch Beethovens «Fidelio» zuteil geworden war; bis 1823 hatte er es auf ganze sieben Vorstellungen gebracht.

Wilhelmine Schröder-Devrient

Richard Wagners Einstudierung seines «Rienzi» (1844) war die Geburtsstunde der Hamburger Wagnergemeinde. Eine immer größer werdende Liebe zu den Musikdramen des Bayreuther Meisters erfaßte sie, während auch dieses Mal die öffentliche Kritik sich nur zögernd anzuschließen vermochte.

Als in der Zeit der Vereinigten Hamburger Theater (1849–1854) das Niveau des Spielplans immer weiter absank und die Direktion gar darauf verfiel, Teile aus verschiedenen Opern als Potpourri zu präsentieren, reagierten die Zuschauer mit Empörung und einem Schwund von rund 67 Prozent.

«Mustervorstellungen» unter C. F. A. Sachse, die sich durch Darstellerprominenz, Ausstattungsprunk und erhöhte Preise auszeichneten, brachten langfristig nicht den erhofften Anstieg der Besucherzahlen, offenbarten sie doch schmerzlich die Armseligkeit manch einer ‹normalen› Inszenierung. Weitaus mehr geschätzt wurden Virtuosen wie der «Teufelsgeiger» Niccolo Paganini, die Pianistin Clara Wieck, Johann Strauß Vater und Anton Rubinstein, die mit ihren Konzerten die großen Attraktionen außerhalb des üblichen Spielbetriebs bildeten. Kein geringerer als Franz Liszt wurde 1840 mit «Tusch und Jubelgeschrei» empfangen – und auf ebensolche Weise verabschiedet, hatte er doch sein gesamtes Honorar als Fonds für die Pensionskasse des Orchesters gestiftet.

Richard Wagner

Lokale, nationale und internationale Gesangsgrößen, die sich auffallend häufig auf der Bühne des Stadttheaters einfanden, ersangen sich mit schöner Regelmäßigkeit einen Platz im Herzen der ansässigen Opernliebhaber. Man hielt den Stars die Treue und verwöhnte sie mit Kränzen und Ovationen; doch wenn ihr Alter zu- und die Stimme abnahm, wurden sie mit Pfiffen und

Franz Liszt

Wir sind beglückt! wir sind entzückt! die Lind hat uns den Kopf verrückt.

Gustave Roger

Zwischenrufen zum Rückzug aufgefordert. Früher als nötig zog sich ein Idol zurück, dessen Verehrung alle bisher dagewesenen Liebesbezeugungen übertraf. Das erste Gastspiel der blonden «schwedischen Nachtigall» Jenny Lind im Frühjahr 1845 kam einer musikalischen Eroberung Hamburgs gleich: Fackelzüge, Alster-Feuerwerk, Ovationen, Blumenteppiche oder Huldigungsgedichte auf Extrablättern bestimmten tagelang das öffentliche Leben der «lindierten» Stadt. Die Opernfans liebten ihre Stars, hießen sie nun Wilhelmine Schröder-Devrient oder Theodor Wachtel, Jenny Lind oder Henriette Sontag, Adelina Patti oder Gustave Roger; vor ihren Gala-Vorstellungen schlug man sich schon mal eine Nacht um die Ohren.

Eine elitäre Institution war die Oper in dieser Zeit gewiß nicht. Musikfreunde aus ganz unterschiedlichen sozialen Kreisen fanden sich hier nach Feierabend ein. Man wollte unterhalten werden – und wurde es, mit der Kunst Verdis, Wagners und all jener Komponisten, die wir heute Klassiker nennen. Als sie den Hamburgern erstmals zu Gehör gebracht wurden, waren ihre Werke zumeist erst wenige Jahre alt. Unberührt von der Aura des Bewährten machten sie ein spontanes Urteil möglich und erforderlich.

Novitäten lösten wieder andere Novitäten ab – und das keineswegs auf Studiobühnen. Wie immer das Publikum sie bewertete, die Theatergeschichte zeigt, daß es größtenteils eben jenen Opern Beifall spendete, die sich bis heute im Repertoire gehalten haben.

Im Anschluß an ein Konzert in Hamburg im Jahre 1843 schrieb Hector Berlioz in einem Brief an Heinrich Heine: «Eine treffliche Aufführung, ein zahlreiches, verständiges und sehr warmes Publikum machten das Konzert zu einem der besten, die ich in Deutschland gegeben habe.» Für den Kritiker ein «Völkchen» ohne «Geschmack», für den Komponisten eine «verständige» Zuhörerschaft – kurzum, ein ganz normales Publikum.

Adelina Patti

Tanzimporte am Stadttheater

Marie Taglioni als Sylphide

Fanny Elßler in der Cachucha

Am 12. März 1832 öffnete sich in Paris der Vorhang zu «La Sylphide», ein Ballett, das den Sieg der Romantik im Tanz verkündete. Die Choreographie hatte Filippo Taglioni entworfen. Seine Tochter Marie tanzte die Hauptrolle – einen Part, durch den sie zum Inbegriff der romantischen Ballerina wurde. Der weiße Gazerock mit dem enganliegenden Mieder, Schultern und Hals freilassend, das in der Mitte gescheitelte Haar, der Spitzenschuh, die größte Neuerung des europäischen Theatertanzes, gehörten zu den Attributen, die ihrer Erscheinung geradezu ätherische Züge verliehen. Vom männlichen Tänzer in Drehungen und Sprüngen unterstützt, schien sie über die Bühne zu schweben, aller Erdhaftigkeit entbunden. Ein Idealbild romantischer Weiblichkeit war geboren, das in ungezählten Nachahmungen neue Verwirklichungen fand.

Daneben prägte auch eine realistischere Seite die Choreographien jener Zeit. Sie fand ihren Ausdruck in Volks- und Charaktertänzen verschiedener Nationalitäten, eingebunden in entsprechendes Lokalkolorit. Repräsentative Vertreterin dieses Stils war Fanny Elßler – Antipodin der Taglioni. Die spanische Cachucha wurde zu ihrem tänzerischen Markenzeichen.

Wie stellt sich nun die Tanzszene in Hamburg vor diesem Hintergrund thematischer und stilistischer Neuerungen dar? Seit der Ära Schröder gab es in der Hansestadt keinen Versuch mehr, die Ballettkunst als selbständige Gattung zu etablieren. Das Angebot am Stadttheater bestimmten Tänzer und Tanzgesellschaften, die in der nördlichen Handelsmetropole jeweils nur kurze Zeit als Gäste auftraten. Ein eigenes «Ballettpersonal» erhielt das Haus am Gänsemarkt erst unter der Direktion Schmidt/Mühling. Dank ihrer Bemühungen kam es 1838 zur Zusammenstellung eines Ensembles, das zunächst aus zwei Tänzern, einer Tänzerin und dem Ballettmeister Tescher bestand, der kurz darauf von Benoni abgelöst wurde. Die Choristinnen des Theaters mußten zur Anreicherung des Corps de ballet als Figuranten mitwirken. Das Engagement der Theaterleitung für das «neu urbar gemachte Kunstgebiet» konzentrierte sich allerdings weniger auf den Aufbau einer eigenen Balletttradition als vielmehr auf den Import international renommierter Persönlichkeiten und Repertoirestücke. Weder Mühen noch Kosten wurden gescheut, berühmte Tänzerinnen wie Marie Taglioni, Fanny Elßler, Carlotta Grisi, Fanny Cerrito oder Lucile Grahn zu Gastspie-

len an das Stadttheater zu verpflichten. Die Auftritte der Stars sicherten ein ausverkauftes Haus und setzten künstlerische Maßstäbe. Hermann Uhde bemerkte in seiner Geschichte des Hamburger Stadttheaters:

«Die genannten Künstlerinnen boten weder die nachmals beliebten trivialen Sprünge, Pirouetten und Entrechats, welche mit herausfordernder Geberde und pantomimisch ausgedrücktem ‹La› vor der Rampe endigen, noch fingen ihre Kleider oben zu spät an, um unten zu früh aufzuhören… jedes niedrig sinnliche Element war sonach ferngehalten; die Choreographie griff be-

«Nach ihrer Abschiedsrolle, bei welcher sie mit Gedichten und Kränzen überschüttet ward, ‹hätte der Wahnsinn ihr fast die Pferde ausgespannt und ihren Wagen nach Haus gezogen. Gegen Dummheit kämpfen Götter selbst vergebens.› Es war ein Zeitgenosse, der auf frischer That so urteilte; er setzte noch hinzu: es sei ein betrübender Gedanke, daß ‹eine so ungeheure Summe für den eitlen Tanz hingegeben ist, während so viele verschämte Arme nach Hilfe schmachten, ja, während noch alle unter den Folgen des Brandes leiden, und theure Miethen, schwere Abgaben bei geringem Erwerb dem rechtschaffenen Manne es sauer machen, sich und die Seinen zu erhalten.› Eine solche Stimme blieb jedoch die vox clamantis in deserto; nicht Hamburg allein, sondern zwei Welttheile waren wie berauscht vom Erscheinen Fanny Elßlers» (aus: Hermann Uhde, Das Stadttheater in Hamburg 1827–1877. Stuttgart 1879).

«Im April 1848 erschien Lucile Grahn. Weil Fanny Elßler wegen ihrer Eigenschaft als Wienerin kurz vorher in Mailand ausgezischt worden, erließ die Dänin im Inseratentheil der Hamburger Nachrichten vom 15. April eine ‹Bescheidene Anfrage an das verehrte Hamburger Publicum›: ob sie unter den herrschenden Zeitverhältnissen auftreten dürfe? Sie bat um ein Zeichen deshalb, und schon am 17. April konnte sie unter den Inseraten jenes Blattes zwei Antworten in Versen lesen, deren niedlichste lautete:
‹Die Kunst hat nichts mit Politik zu schaffen,
Sie ist erhaben ob des Tags Getöne;
Und ob auch nah und fern das Volk in Waffen,
Ist siegreich über alles doch – das Schöne.
Besieg die Herzen mit der Anmuth Waffen,
Wir harren Dein, Du Liebling der Kamöne;
Und tanzte Fanny Elßler Weltgeschichte –
So tanze Du den Dänenhaß zunichte!›» (aus: Hermann Uhde, Das Stadttheater in Hamburg 1827–1877. Stuttgart 1879).

ständig in das Gebiet der Pantomime über... Zustände, Conflicte und Ideen wurden durch kunstreich ausgebildete Mimik anschaulich gemacht; der Tanz war das zu schönem Gliederspiel verkörperte Wort.»

«Gott und die Bajadere», «La Gitana», «Giselle», «Catarina», «La Esmeralda», «La Sylphide» oder «Napoli» waren Ballette, in denen die erwähnten Tänzerinnen auftraten. Zudem beherrschten Tanz-Divertissements, Zauberpantomimen, komische Ballette ebenso den Spielplan wie Kinderballette, «militärische Evolutionen, Gefechte und Tänze» oder Darbietungen von Gymnastikern, Athletengruppen und Kunstreitergesellschaften.

Besondere Verehrung, die in einen wahren Kult mündete, wurde Fanny Elßler zuteil – ein Anlaß für sie, sich nach ihrem Abschied von der Bühne vorübergehend in Hamburg niederzulassen. Sie bezog 1849 eine Wohnung in der Alsterterrasse 1 am Dammtor, in der Nähe des Theaters, das sie mit ihrer Tochter regelmäßig besuchte.

Am 4. November 1855 trat Kathi Lanner, Solistin der Wiener Oper und Tochter des Walzerkomponisten, erstmals im Hamburger Stadttheater auf. Im Laufe der folgenden Jahre schuf sie als fest engagierte Solistin und hochbezahlte Ballettmeisterin eine Reihe aufwendig ausgestatteter Choreographien. Sie hielt «das über Klippen gefährlich dahinsegelnde Theaterschiff durch fabelhafte Tätigkeit mit den Beinen und ebenso gewandte Inscenierung anlockender Ballete» über Wasser, wie Uhde vermerkte.

Einen Rückschlag für die Entwicklung der Tanzkunst in Hamburg brachte der Direktionswechsel am Stadttheater im Jahre 1862. B. A. Hermann hatte die Leitung des Hauses übernommen. Ihm galt das Ballett nicht wie seinen Vorgängern als «wichtiger Selbstzweck», sondern «fast nur als Zier». Und was sich bereits in den letzten Spielzeiten von Kathi Lanner (1863–1865) ankündigte, wurde unter der Ballettmeisterin Marie Merjack in den 70er Jahren und ihrem Nachfolger Alfred Oehlschläger in den späten 90er Jahren zur Regel. Das Ballett sank zum bloßen Accessoire und zur stimmungsvollen Einlage in Opern und Singspielen herab. Zuletzt fand es seinen Platz nahezu ausschließlich in der Ausschmückung von Weihnachtsmärchen, die sich zwar großer Beliebtheit erfreuten, aber choreographischer Phantasie nicht unbedingt erschöpfenden Spielraum boten. Es bedurfte in Hamburg – und nicht nur hier – ganz neuer Impulse, damit sich der Bühnentanz aus seinem Randdasein befreien und zur eigenständigen Kunstform entwickeln konnte.

«Lumpereien» hinter schönen Fassaden – die Hamburger Oper unter Bernhard Pollini (1874–1897)

*Das Hamburger Stadttheater
nach seinem Umbau 1873*

Die neue Ära begann mit einem renovierten Haus: Die vormals strenge Front an der Dammtorstraße zierte jetzt eine prächtige Säulenattika, in der weiten Eingangshalle führten Freitreppen in elegante Foyers, der Zuschauerraum mit seinem neuen Deckengewölbe war ganz in Rot und Gold gehalten. Wer auf sich hielt und zahlungskräftig war, konnte eine der Ranglogen samt eigenem Salon mieten, in dem es sich auch während der Vorstellung ungestört plaudern ließ. Das Stehparkett war einer Verbreiterung der Sitze zum Opfer gefallen; billige Plätze gab es nur auf der Galerie. Bei diesem ‹würdigen› Rahmen erschienen die erhöhten Preise angemessen – eine soziale Auslese des Besucherkreises ergab sich da ganz von selbst.

In Hamburg hatte die Gründerzeit Einzug gehalten. Mit dem raschen Anwachsen der Bevölkerung und dem wirtschaftlichen Aufschwung war der Wunsch nach repräsentativen Baulichkeiten und Spielstätten unverkennbar, die dem Ansehen der Stadt sowie den gesellschaftlichen und kulturellen Bedürfnissen ihrer wohlhabenden Bürger entsprachen.

«Hier soll man den lichten Gei-
stern fröhnen,
Drum laßt mit diesem Spruch
das Haus mich weih'n:
Es soll allein des Wahren, Guten, Schönen,
Der Anmuth und des Friedens
Tempel sein!»
(aus dem Prolog anläßlich der
festlichen Einweihung des um-
gebauten Stadttheaters,
16. September 1874).

«Hamburg's Theaterpublikum
verlangt besonders viel Abwechslung und dadurch ein au-
ßergewöhnlich großes Repertoire, mein Repertoire ist das
größte von allen mir bekannten
Theatern der Welt» (aus dem
Subventionsgesuch Pollinis an
die Bürgerschaft, 1878).

1873 hatte eine Aktiengesellschaft das herabgewirtschaftete Stadttheater erworben und den Architekten Martin Haller mit dem Umbau beauftragt. Am 16. September 1874 erklangen im neueröffneten Haus Webers «Jubelouvertüre» und Wagners «Lohengrin», und die geladene Öffentlichkeit zeigte sich zutiefst beeindruckt: von der «Aristokratie seines Stils» und von seinem neuen Direktor, Bernhard Pollini. Für eine Jahrespacht von 32 000 Mark präsentierte der 1838 als Baruch Pohl geborene Kölner und vormalige Impresario der italienischen Oper zu Moskau und Petersburg von nun an allwöchentlich sieben Vorstellungen – viermal Oper, zweimal Schauspiel, einmal Operette oder Ballett. Dabei bewies er soviel kaufmännisches Geschick, daß er nicht nur zwei Jahre nach Amtsantritt das Stadttheater in Altona mitübernahm, sondern 1878 auch den Hamburger Senat dazu bewegen konnte, die Pacht auf 10 000 Mark zu senken, dem Theater eine jährliche Subvention von 30 000 Mark und ihm selbst ein Honorar von 15 000 Mark zu zahlen. 175 Opernerstaufführungen, darunter 51 Uraufführungen, volle Häuser und stattliche Überschüsse – so lautet die eindrucksvolle Bilanz, die Pollini in den 23 Jahren seiner Direktion vorweisen konnte. Die tragenden Säulen seines streng auf marktwirtschaftlichen Fundamenten errichteten Imperiums waren die Gesangssolisten. Sie lockte Pollini mit hohen Gagen, das Publikum mit ihren großen Namen: Max Alvary, Willy Birrenkoven, Heinrich Bötel, Leopold Demuth, Franz Diener, Bertha Förster-Lauterer, Ru-

Katharina Klafsky als Isolde

Max Alvary als Tristan

Theaterzettel zu Richard Wagners «Tristan und Isolde», 1894

Stadt-Theater.

(Direction: B. Pollini.)

Donnerstag, den 1. Februar 1894.

151. Abonnem.-Vorstellung. 22. Donnerst.-Vorstellung.

Tristan und Isolde.

Handlung in 3 Akten von Richard Wagner.

Regie: Herr Franz Bittong.

Dirigent: Herr Kapellmeister Gustav Mahler.

Tristan . . . . Hr. Alvary
König Marke . . . . Hr. Wiegand
Isolde . . . . Fr. Klafsky
Kurwenal . . . . Hr. Merkel
Melot . . . . Hr. Weidmann
Brangäne . . . . Frl. Ralph
Ein Hirt . . . . Hr. Landau
Ein Steuermann . . . . Hr. Lorent

Schiffsvolk. Ritter und Knappen.

Grosse Preise. 1. Rang, Parquet und Parquetloge ℳ 6.
2. Rang-Mitteloge und 1. Parterre ℳ 4. 2. Rang-Seitenloge und Sitz-
Parterre ℳ 3. 3. Rang-Mitteloge ℳ 2,70. 3. Rang-Seitenloge ℳ 2,10.
Steh-Parterre ℳ 1,50. Gallerie-Sitzplatz ℳ 1,20. Gallerie 75 ₰
Richtige mit dem Scenarium des Stadttheaters übereinstimmende Textbücher
sind an der Casse und Abends bei den Billeteuren zu haben.
Bestellungen per Telephon werden nicht angenommen.
Die Tagescasse ist täglich von 10—2½ Uhr geöffnet.

Casse-Oeffnung 6½ Uhr. Anfang 7 Uhr.
Ende nach 10½ Uhr.

Stadt-Theater.
(Direction: B. Pollini).

Herr Hofrath **P. v. Tschaikowsky,**
der nach Hamburg gereist war, um die Erstaufführung seiner Oper „**Eugen Onégin**"
persönlich zu leiten, fühlt sich etwas unpäßlich
und hat daher die Leitung der Vorstellung
Herrn Capellmeister **Mahler** übertragen, wird
derselben aber beiwohnen.

Hamburg, den 19. Januar 1892.

Hans von Bülow

Gustav Mahler

dolf Freny, Eugen Gura, Anna von Mildenburg, Ernestine Schu-
mann-Heink, Rosa Sucher, Katharina Klafsky und viele andere
mehr.

War jeder Auftritt der Stars schon eine Gala par excellence, so
gestalteten sich die Einladungen an hochgeschätzte Komponisten, unter ihnen Goldmark, Leoncavallo, Puccini, Saint-Saëns
und Tschaikowsky, zum musikalischen Ereignis für die ganze
Stadt, zumal die Künstler in der Regel die Dirigate ihrer Werke
selbst übernahmen.

Meisterhaft verstand es Pollini, jeden freudigen und traurigen
Anlaß für Festlichkeiten zu nutzen: Ob man nun im Mai 1876 an
das fünfzigjährige Bestehen des Hauses an der Dammtorstraße
erinnerte, 1888 die fünfhundertste, 1897 gar die tausendste
Wagner-Aufführung zelebrierte, 1894 in einer siebenstündigen
Trauerfeier im Michel des verstorbenen Dirigenten Hans von
Bülow gedachte, 1884 das zehnjährige, 1894 das zwanzigjäh-
rige Jubiläum der Pollini-Ära beging – immer feierte man nicht
zuletzt sich selbst, und in der Hamburger Gesellschaft gehörte es
zum guten Ton, dabei zu sein.

Den guten Ton zu wahren, scheint nicht die Absicht jener
Künstler aus den eigenen Reihen gewesen zu sein, die mit Kritik
und Indiskretionen mächtig an der schönen Fassade des Stadttheaters rüttelten. «Es ging so nichtswürdig lumpig in der heutigen Don Juan-Probe her, daß ich meinen Ekel an dieser Wirtschaft nicht länger zu bemeistern vermag», klagte Hans von
Bülow gegenüber seinem Konzertagenten. Sein Engagement an
die Dammtorstraße im Januar 1887 hatte ihm zwar die Vergöt-
terung der hanseatischen Musikfreunde, im Hause selbst aber
ein «häßliches operistisches Erwachen» beschert. Zu viele Dirigate, ein «abgetriebenes» Orchester, fehlender Ensemblegeist
und die Selbstherrlichkeit der Gesangssolisten, die seine Inter-
pretationen und Anweisungen schlichtweg ignorierten, waren
eine Quelle fortwährenden Verdrusses. Der Eklat ließ nicht
lange auf sich warten. Schon im November 1887, mitten in den
Proben zu Mozarts «Die Entführung aus dem Serail», legte Bülow sein Dirigat aus Protest nieder.

Ein längeres Martyrium durchlitt auch Gustav Mahler, seit
1891 erster Kapellmeister in Hamburg; kompromißlos wie Bülow, revoltierte er gegen den «Gewalthaber» Pollini und dessen
«Strafanstalt». Mit seinen modellhaften Aufführungen der
Werke Mozarts, Smetanas, Tschaikowskys, Verdis und einem
triumphalen Wagner-Gastspiel in London (1892) hatte Mahler
den Hanseaten hinreichend Beweise seiner Genialität geliefert.
Doch von einer angemessenen Arbeitssituation in der Hanse-

Bötel und sein Impresario.

Direktor Bernhard Pollini und sein beliebter Tenor Heinrich Bötel. Karikatur

stadt konnte keine Rede sein. «Der Teufel soll es holen, daß wir immer mit solchen Lumpereien uns herumschlagen müssen», schrieb er 1895 an Richard Strauß und spielte damit auf den erbärmlichen Zustand des hiesigen Opernorchesters an. Minderwertige Instrumente, unmenschliche Arbeitszeiten und Hungerlöhne waren die Gründe für die freudlose Pflichterfüllung seitens der Musiker, ein Dauerkrieg des tyrannischen Kapellmeisters mit seinem Orchester die Folgen.

Pollini war ausschließlich an guten publikumsattraktiven Stimmen interessiert; alles andere war für ihn «Beiwerk», und daran sparte er, wo er nur konnte: Klägliche Bühnenbilder, die obendrein mehrfach verwendet wurden, und eine völlig unzureichende Regieführung waren zwar andernorts ebenfalls die Regel, angesichts der künstlerischen Ansprüche, die Mahler an sich und alle Beteiligten stellte, jedoch der blanke Hohn. So wurde seine Konzeption eines Gesamtkunstwerks, in dem Musik und Szene einander erklären und durchdringen sollten, durchkreuzt und eine große Chance für die Hamburger Oper vertan.

1897 machte eine Berufung Mahlers an das k. k. Hofoperntheater Wien der Fron ein Ende. Pollini trennte sich sichtlich erleichtert von seinem unbequemen Kapellmeister. Mahler verließ ohne Bedauern «den Augiasstall, den», wie er schrieb, «selbst ein Herkules nicht auszumisten vermöchte». Zu einem Ersatz für ihn sollte es unter dieser Direktion nicht mehr kommen. Pollini starb am 26. November 1897.

Die Vorstädte und ihre Theater:
St. Pauli, St. Georg u. a.

Während in der Innenstadt die um 1800 gegebene Theaterstruktur mit zwei konzessionierten Bühnen im wesentlichen bis 1900 unverändert erhalten blieb, entstand in den Vorstädten St. Pauli und St. Georg eine eigenständige, neuartige Theaterlandschaft. Dieses Hamburger Vorstadttheater zeigte, neben seinen allgemeinen zeitbedingten Merkmalen, ein charakteristisches lokales Kolorit.

Der Hamburger Berg in der Vorstadt St. Pauli, westlich der Stadt gelegen, war schon gegen Ende des 18. Jahrhunderts als eine Art ganzjähriger Jahrmarkt das Eldorado der Hamburger Bevölkerung. Hier «feierten Seiltänzer, Kunstreiter, Gaukler, Tierbändiger ihre Triumphe, hier wurde auf Karren und in Krambuden alles Mögliche feilgeboten: Eßwaren, Früchte, Spielsachen, Manufacturen, Bücher, Curiositäten etc. und an jedem Sonntagnachmittag entstand hier ein lebhafter Markt...»[1]

Reeperbahnen mit Spielbudenplatz am Hamburger Berg vor 1840

Dieses Jahrmarkttreiben entwickelte mit Beginn der Dampfschiffahrt (1816 kam das erste Dampfschiff nach Hamburg, 1825 wurde der Linienverkehr mit London eingerichtet) seinen typisch hanseatischen Charakter, indem der Hamburger Berg nun auch Seemannsviertel wurde. Da die Dampfschiffe wegen Brandgefahr weit vor dem nahe der Stadtmitte gelegenen Segelschiffhafen anlegen mußten, die Seeleute aber von dort aus wegen der Torsperren zunächst keinen ungehinderten Zugang zur Stadt hatten, machten sie den Hamburger Berg zu ihrem Viertel, wo sie logierten, einkauften und ihre freie Zeit verbrachten.

Diese maritime Vergnügungsszene existierte zunächst in einfachen Holzbuden, ehe 1840 die Behörden die Erlaubnis zur Errichtung der ersten Steinhäuser für Theater und theatralische Vorführungen am Spielbudenplatz gaben. Etwa gleichzeitig wurde die Torsperrenregelung gelockert, so daß gegen Bezahlung das Stadttor auch nach Dunkelheit passiert werden durfte. Damit waren die Voraussetzungen gegeben, daß sich das abendliche Unterhaltungsgewerbe in der Vorstadt etablieren konnte. Als mit den Reformen von 1860 die Torsperrenregelung endgültig abgeschafft wurde, stand dem Aufstieg St. Paulis zum Vergnügungsviertel nichts mehr im Wege. Die in der traditionellen Jahrmarktsszene bereits vertretenen Tier- und Menschenschauen, Raritäten- und Kuriositätenkabinette, Akrobatik, Tanz, kurzes Schauspiel, Musik, Gesang, optische und mechanische Spektakel fügten sich zu einem bunten varietéhaften Nummernprogramm zusammen, wurden perfekter, professioneller, sensationeller. Die für das Publikum besonders interessanten und aufregenden Spektakel waren dabei jedoch weniger Theateraufführungen im engeren Sinne. Dem Theater entstand hier vielmehr eine mächtige Konkurrenz an Schauvergnügen, und viele Häuser stellten sich mit einer neuen Repertoiregestaltung auf die veränderte Situation ein. Das Schauspiel rückte an den Rand des Interesses.

Während Anfang der 40er Jahre am Spielbudenplatz drei neue Theater und ein attraktives Gebäude für Reitergesellschaften, der Circus Gymnasticus, entstanden, existierten Ende der 70er Jahre in St. Pauli nur noch das Varieté-Theater (vorher Urania- und Actien-Theater), das überwiegend Schauspiel bot, daneben mehrere Theater mit einem aus Schauspiel und Varieté gemischten Programm wie das Wilhelm-Theater, das Concordia-Theater, Wüllfken's Theater und das Kaiser-Theater, das bereits auf dem Gebiet von Altona lag, außerdem der Circus Renz mit einem prächtigen Bau, die Centralhalle (ehemals Circus Gymnasticus) als große Gastspielbühne und das sich zur Operet-

Singspielhallen. «(Dort) fällt der Zwang, den man sich im Theater antun muß, weg. Hinter dem Glase, mit der Cigarre im Munde läßt man sich Opernszenen und die pikantesten Couplets ohne die langweilige Zugabe der Dialoge bei Tabak- und Grogdunst, Gläserklirren und dem Geräusche Kommender und Gehender vorsingen. Hier liefert man den ‹Braten ohne die Kartoffeln›, nämlich das Couplet ohne den Dialog, ohne Ausstattung und Chöre, welche nur verteuern. Alle halbe Stunde hebt sich der Vorhang, und ein Vaudeville, ein einzelner Opernakt oder eine Operette zieht schnell an uns vorüber. Dazwischen wechseln kaleidoskopartig Akrobaten, Tänzerinnen, Nebelbilder und Zauberer. Hier findet die Versöhnung Thaliens mit dem Bänkelsang statt. Man genießt das Programm im Verein mit Butterbrot und Bier. Man liefert panem et circenses!» (*aus: Altonaer Nachrichten, 1868*).

tenbühne entwickelnde Carl Schultze-Theater. Vermehrt kamen Singspielhallen auf; das waren Lokale mit Restauration und einem aus Gesang, Tanz und optischen Attraktionen gemischtem abendlichen Nummernprogramm. Bis Anfang der 90er Jahre verschob sich das Verhältnis noch einmal. Das Ernst Drucker-Theater (vorher Varieté-Theater) hielt sich als nunmehr einziges Sprechtheater neben zahlreichen Singspielhallen, Varietés, Konzertsälen, zwei Operettenhäusern und dem Circus Busch (ehemals Renz).

Eines der ersten Steinhäuser am Spielbudenplatz bezog 1840 das Elysium-Theater, das sich als Hamburger Volkstheater bis 1868 halten konnte. Die Bühne stand in der Nachfolge des traditionsreichen Marionettentheaters von Johann Gottfried Ehrenfried Mattler, der schon ab 1822 in St. Pauli aufgetreten war. Unter dem Direktor Dannenberg, einem Hamburger Ausrufer, erlebte im Elysium das Volkstheater aus den Anfangsjahren des Spielbudenplatzes zwischen 1861 und 1868 noch einmal eine kurze Blütezeit. Neben Lokalpossen, aktuellen Mord- und Spektakelstücken, erschienen hier auch wieder Klassiker im Ein-Stunden-Rhythmus auf der Bühne. Außerdem war das Publikum in Dannenbergs Theater am Spiel immer unmittelbar beteiligt. Bei den Schlachtszenen der «Jungfrau von Orléans» flogen der Königin Isabeau «saftige Verwünschungen und ein paar Wurfgeschosse um die Ohren.»[2] In Goethes «Faust» erregten sich die Zuschauer besonders über Fausts Verhalten gegenüber Gretchen, sie diskutierten untereinander und mit den Schauspielern, und wieder flogen Äpfel, Kartoffeln, Zigarrenstummel auf die Bühne. War das Publikum allerdings mit einem Schauspieler besonders zufrieden, so wurde ihm auf offener Szene ein Getränk gereicht und mit ihm angestoßen. Gegen Ende der 60er Jahre liefen dann aber andere Attraktionen dem Volkstheater

Das Elysium-Theater, ein Volkstheater von 1840 bis 1868. Eintritt 1846: 6 ß «Das Theater war nicht groß und unterschied sich nicht von den Nachbargebäuden. Wenn aber gespielt wurde, dann war es kostümiert. An der Straßenwand hing ein riesiges Gemälde, die aufregendste Szene des Stückes darstellend, das gerade auf dem Spielplan stand. Auf der ‹Parade›, wie sie bei Jahrmarktsbuden üblich ist, stand ein Mann in glänzendem Ritteranzug: der Direktor Dannenberg. Nur zeitweise verschwand er, nämlich, wenn er selbst in dem Stück zu tun hatte» (aus: Julius Stinde, Treulieb, Hamburg 1873).

alten Stils endgültig den Rang ab, und Dannenberg mußte seine Bühne aufgeben.

Das älteste, heute noch erhaltene Theatergebäude Hamburgs, das St. Pauli-Theater, wurde 1841 als Urania-Theater am Ende des Spielbudenplatzes errichtet. Es sollte, wie seine Aktionäre 1847 formulierten, ein «selbst für höchste Herrschaften würdiger Erholungsplatz» werden; beabsichtigt war, das Theater, das 1600 Zuschauern Platz bot, zu «einem Volksbildungs-Institute

Das Urania-Theater, heute St. Pauli-Theater, gegründet 1841

emporzuheben». Zunächst wurde von Trauer-, Schau- und Lustspielen über Lokalstücke bis zur Oper alles gegeben. Namen wie Goethe, Schiller und Kleist, Birch-Pfeiffer, Kotzebue, Nestroy und Grillparzer standen ebenso auf dem Spielplan wie die der Opernkomponisten Bellini, Rossini oder Carl Maria von Weber. Zeitweise ähnelte der Spielplan dem des Stadt- und des Thalia Theaters, deren Stars hier auch immer wieder Gastspiele gaben. Ab 1885 aber wurde die eigentliche Domäne dieses Theaters das Hamburger Lokalstück, das vor 1840 im Steinstraßentheater, dem Vorläufer des Thalia Theaters, ein festes Domizil gehabt hatte und danach rund 40 Jahre auf den verschiedenen Bühnen St. Paulis gepflegt wurde.

Am Ausgang des Hamburger Bergs, in dem schon 1815 als «prachtvoll» bezeichneten Lokal Joachimsthal, entstand um 1860 ein Theater, das bis 1931 existierte und als Operettenbühne sich über Hamburg hinaus einen Namen machte. 1858 hatte der Schauspieler des Aktientheaters Carl Schultze (d. i. Carl August Martin Reimer) die Gaststätte Joachimsthal gepachtet und diese zunächst in ein unterhaltsames Tivoli umgestaltet, mit «Menagerie, Nähmaschinen(!), Policinell, Marionettentheater, Caroussel und Concert im Garten etc.» 1862 wurde für das Theater ein festes Gebäude errichtet, und ab 1864 nannte sich die neue Bühne Carl Schultze-Theater. Gut zehn Jahre lang bestimmte das Hamburger Lokalstück Spielplan und Charakter dieser neben dem Varieté-Theater wohl profiliertesten Vorstadtbühne. 1874 begann mit der Aufführung der «Fle-

Das Carl Schultze-Theater (gegründet 1858), Garten mit Theatergebäude um 1865. Das Theater lag am westlichen Ausgang des Hamburger Berges in der Nähe des Nobistors.

Carl Schultze 1862 als Deubel in dem Stück «Faust und Margarete», einer Parodie von Schöbel auf die Oper «Faust» von Charles Gounod. Premiere: 8. Juni 1862, 100. Aufführung: August 1864, 300. Aufführung: 1880

Mia Werber als Geisha in «Der Mikado» von W. Gilbert und A. Sullivan

dermaus» der Aufstieg dieses Theaters zu einer der ersten Operettenbühnen Deutschlands. 1883 wurde hier Millöckers «Der Bettelstudent» als reichsdeutsche Erstaufführung gegeben, und bis 1891 ging diese Operette in 300 weiteren Aufführungen über die Bretter dieser Vorstadtbühne. Die bedeutendsten Wiener Operettenkomponisten wie Strauß und Millöcker kamen nach Hamburg, um am Carl Schultze-Theater ihre Werke zu dirigieren.

Das ehemalige Flora-Theater im heutigen Stadtteil Eimsbüttel. Vorläufer des Flora-Theaters war ein runder Holzpavillon, der ab 1835 im Nordwesten der Stadt am Schulterblatt als Ausflugs- und Vergnügungslokal diente. Hier richtete der neue Besitzer 1857 einen Vergnügungsgarten mit einem Sommertheater ein und nannte sein Lokal Schmidt's Tivoli. Dieses wurde bereits 1862 als «Eldorado der eleganten Welt» gerühmt. Ende der 80er Jahre wurde der Holzbau abgerissen und 1889 in dem Garten das Concerthaus-Flora eröffnet. Zu dem neuen Etablissement, das sich 1895 Flora-Theater, 1896 Theater-Varieté-Flora nannte, gehörte ein Gebäude, das ein Wiener Café, ein Billardzimmer, ein Speiserestaurant, einen Ballsaal und eine Reihe weiterer kleiner Säle unter einem Dach vereinigte, sowie der Garten, der 6000 Besucher aufnehmen konnte und an dessen anderem Ende ein Konzertsaal lag. Als eine besondere Attraktion galt der Garten mit seiner Blumenpracht und einer «feenhaften» Beleuchtung durch unzählige kleine elektrische Lichter. Ein Teil des Gartens wurde mit einer Eisenkonstruktion überspannt und mit Glas überdacht; hier wurde eine eigene Bühne eingerichtet. Das Flora-Theater entwickelte sich in den 20er und 30er Jahren des folgenden Jahrhunderts zu einem der ersten Varietés in Deutschland. Nach dem Zweiten Weltkrieg existierte die «Flora» von 1946 bis 1953 als Operettentheater weiter. Danach diente das Gebäude einem Kaufhaus.

1988 erwarb die Stella GmbH des «Cats»-Produzenten Friedrich Kurz das stadteigene Gebäude, um an dessen Stelle ein modernes Musical-Theater zu errichten. Nach massiven Protesten aus der anwohnenden Bevölkerung wurde das Projekt gestoppt. Die bereits geleisteten ‹Vorarbeiten› waren allerdings nicht mehr rückgängig zu machen. Das alte Flora-Gebäude wurde bis auf das Vorderhaus zerstört.

St. Georger Tivoli-Theater,
gegründet 1829

Theater und Varieté in St. Georg. In der Vorstadt St. Georg gab es in der ersten Hälfte des 19. Jahrhunderts mehrere Theater, ein «Privilegiertes Theater zu St. Georg» an der großen Allee (heute Adenauerallee) ab 1803 bis zum Ende der 70er Jahre, drei Bühnen in Gasthöfen sowie das von Chérie Maurice 1829 eingerichtete Sommertheater im St. Georger Tivoli, ebenfalls an der großen Allee gelegen. Auf dem Gelände des Tivoli wurde 1907 das Volksschauspielhaus eröffnet. Hier zog Erich Ziegel 1918 mit seinen Hamburger Kammerspielen ein. Das Gebäude wurde 1928 abgerissen.

Hansa Theater

Enrico Rastelli

Hansa Theater. Zunächst Hansa-Concertsaal, ab 1894 Hansa Theater. Die Variété-Bühne bot 1500 Zuschauern Platz und ist heute das älteste Varieté Deutschlands. Bis 1988 traten hier an die 25000 Artisten in 42000 Veranstaltungen vor rund 35 Millionen Zuschauern auf – unter ihnen der Jongleur Enrico Rastelli, der Entfesselungskünstler Harry Houdini, der Zauberer Kalanag, die Tänzerinnen Saharet und Josephine Baker sowie der Clown Charly Rivel.

1 E. H. Wichmann, Der Hamburger Berg, Vorstadt St. Pauli. Historisch-topographisch dargestellt. Hamburg 1879.
2 Carl Holm, Domfahrt! Ein Kapitel aus dem lustigen alten Hamburg. In: *Hamburger Woche* 4 (1909), Nr. 148.

Populäre Schauvergnügen –
Panorama und mechanisches Theater

Prospekt des «Optischen Belvider» auf St. Pauli, 1827

Hatten sich die Theaterunternehmer vorangegangener Jahrhunderte immer schon mit der Konkurrenz der populären Schaustellerei von Jahrmarkt und Straße herumzuschlagen, so entstand ihnen im 19. Jahrhundert im Umfeld neuer technischer Entwicklungen und damit verbundener Schaubedürfnisse eine Konkurrenz besonderer Art in der Mechanisierung der Schauvergnügungen und der Entwicklung optischer Sensationen von bis dahin nicht gekannter Raffinesse. Das Theater als perfektes Illusionsmedium wurde abgelöst durch neue Medienformen, die am Ende des Jahrhunderts mit dem Aufkommen des Kinos ein neues Zeitalter des Unterhaltungsgewerbes einleiteten. Eine jener spektakulären Erfindungen, die die Schaulust des Publikums auf sich zogen, waren die Panoramen.

Am 17. Juni 1787 meldete der Ire Robert Barker ein entsprechendes Patent an: Zum erstenmal in der Geschichte der Malerei wurde eine Landschaft im vollen Rundumblick von 360 Grad realistisch dargestellt. Hamburg war nach Paris die zweite Stadt Europas, in der Panoramen gezeigt wurden. Eines der ersten, Barkers 1792 erstmals ausgestelltes Panorama von London, war

schon im September 1799 in Hamburg auf dem Großen Neu-
markt zu sehen.

Ein französisches Rundgemälde war bis zum 5. Juni 1803 am
Valentinskamp aufgestellt, bevor zur Fortsetzung der Vorstellungen ein neues Gebäude auf dem Zeughausmarkt errichtet wurde.
Anfang September wurden die Hamburger zu einer «Subscrip-
tion zum Panorama von Hamburg und dessen zwei reizendsten
Ansichten von der Elbe und Binnen-Alster, in einem Transparent
von 150 Fuß Rundung und 14 Fuß Höhe, 2100 Quadratfuß im
Ganzen» eingeladen. Es wurde im Jahr darauf in dem neuen Gebäude am Zeughausmarkt vorgeführt. Ein weiteres Hamburg-
Panorama folgte, ebenfalls auf dem Zeughausmarkt, ein Jahr
später. Die *Nordischen Miszellen* berichteten über die faszinie-
rende Illusion: «Auch unsere Stadt ist endlich à la hauteur gelangt, und sieht durch die Geschicklichkeit und den dreijährigen
Fleiß eines Mailändischen Malers namens Taragniola in ihren
Mauern ihr ganz natürlich Ebenbild; ein Unternehmen, welches
hier um so weniger mit Stillschweigen übergangen werden darf,
da alle gemachten Einwendungen und selbst den Schaden erwo-
gen, welchen diese Schaustellungen durch den begünstigten Hang
zur leidigen Illusion (Verwechslung grober sinnlicher mit der
Kunst-Täuschung) stiften, dennoch das Panorama zu den interessantesten Erfindungen unserer Zeit gehört.»

Dem gesteigerten Bedürfnis nach Bildern kamen gerade in
Deutschland Maler und Unternehmer auf eine Weise entgegen,
die das kaufmännische Risiko erträglich halten ließ, die Zim-
merpanoramen, auch Kleinpanoramen genannt, wurden erfun-

*Panorama einer Reise von
Hamburg nach Altona und zu-
rück. Lithographie, 1823 bei
Gebr. C. C. P. Suhr erschie-
nen, Gesamtlänge 495,9 cm
(Ausschnitt)*

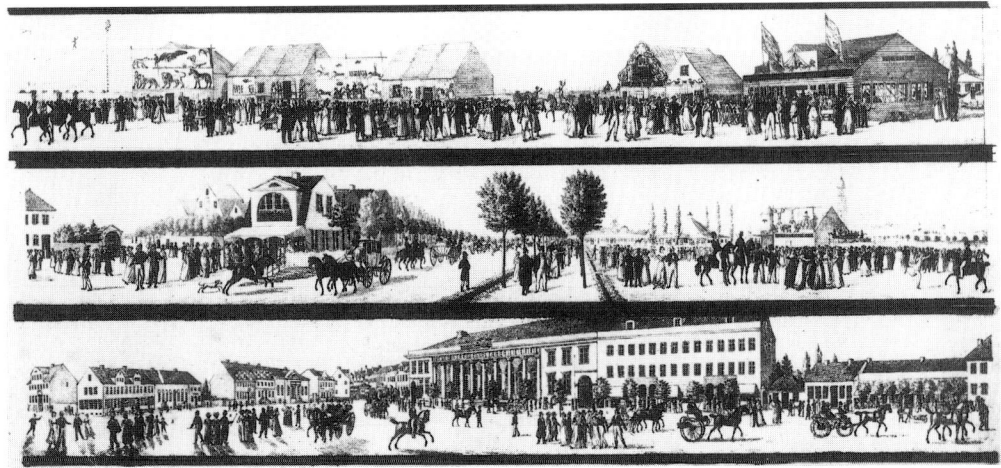

Ansicht der Röper-Bahn, des Erfrischungs-Pavillons und eines Theils von Altona und des Hamburgerbergs, von dem Müllern Thore aus.

den, eine Art Zwitter aus Guckkasten und Panorama. Die Gemälde waren auf eine leicht transportable Größe verkleinert, die Malkosten geringer, es genügte ein Maler zur Anfertigung, und der Verschleiß bei Transport, Auf- und Abbau blieb in Grenzen. Zu den bekanntesten der unzähligen Kleinpanoramisten, die in der ersten Hälfte des 19. Jahrhunderts ganz Europa bereisten, zählten die Hamburger Gebrüder Suhr. Unsere Vorstellung vom Hamburg der Biedermeierzeit ist von ihren Gemälden, Lithographien und Panoramen geprägt.

Von 1815 bis 1857 häuften sich die Panoramen-Anzeigen in Hamburger Zeitungen. Um 1850 erwuchs den Herstellern der Kleinpanoramen eine mächtige Konkurrenz. Aufwendige Riesen-Cycloramen, aus den USA importiert, fesselten das Interesse des großen Publikums. Dem immer schon auf Abwechslung bedachten Angebot des Unterhaltungsgewerbes entsprechend, wurden die Panoramen meist zusammen mit traditionellen Genres der Schaustellerei gezeigt, mit Phantasmagorien, Camera Obscuras, mit Wachsfiguren-, Raritäten- und Abnormitätenkabinetten, mit mechanischen Theatern, szenischem Spiel, Menagerien, Darbietungen von Akrobaten usw. Diese bunt gemischten Programme hießen dann «optisch-mechanisches Kabinett», «Panopticon», «Theatrum Mundi», «Circus Gymnasticus»,

«Die Figuren des mechanischen Theaters (‹Morieux›) liefen auf ‹Bahnen› und wurden von unten, also unter der Bühne gehandhabt. Es gab feststehende Figuren, die sogenannten Statisten, und Handfiguren. Während die Statisten nur eine Bewegung, etwa die des Laufens machten, konnten die Handfiguren mehrere Bewegungen ausführen. Zur Bedienung der Figuren waren hinter oder unter der Bühne rund zwanzig Personen in Tätigkeit... Das Theater (‹Merveilleux›), ein Zeltbau von 25 m Länge und elf m Tiefe, konnte 1200 Zuschauer fassen. Für die musikalische Umrahmung sorgte ein Orchester» (*aus:* Fritz Peters, Freimarkt in Bremen. Bremen 1962).

Mechanisches Theater
Morieux, Werbezettel 1895

«optisch-transparente Illusionen», «physikalisch-pittoreske Ansichten», «malerische Zimmerreise» oder ähnlich.

Nachdem es spätestens um 1860 um die Panoramenmalerei still geworden war, begann um 1880 in Deutschland eine zweite Phase, in deren Verlauf die deutsche Panoramenproduktion, was die Quantität anbetraf, sogar führend wurde. Panoramen-Aktiengesellschaften wurden gegründet, und in den deutschen Großstädten entstanden allerorten Panoramengebäude, drei in Hamburg. Das erste davon wurde 1882 am Millerntor an der Südseite des Heiligengeistfeldes errichtet und erst 1902 wieder abgebrochen. Kurz darauf kam das «Dammtor-Panorama» am zoologischen Garten. Schließlich wurde im April 1888 an der Nordseite der Glacischaussee ein sogenanntes «Hochsee-Panorama» eröffnet, das bis zu seinem Abriß 1919 ein Marinepanorama, gemalt von Hans Petersen, beherbergte. Mit dem Aufkommen der «lebenden Photographien», den legitimen Erben der Panoramen, gingen diese unter.

Der Verein Freie Volksbühne Hamburg-Altona (1893–1900)

Angeregt durch die Gründung der Freien Bühne (1889) und der Freien Volksbühne (1890) in Berlin, konstituierte sich im April 1893 auch in Hamburg, der «Hochburg der sozialdemokratischen Arbeiterbewegung», der Verein Freie Volksbühne Hamburg-Altona. Sozialdemokraten, unabhängige Sozialisten und Freidenker waren führend daran beteiligt. Im ersten Jahr gewann der Verein 700 Mitglieder, die gegen einen Beitrag von nur 50 Pfg. monatlich eine Theatervorstellung der Volksbühne besuchen konnten; zudem sollte der Vereinsstatus vor politischer Überwachung schützen und die Teilnahme von Frauen ermöglichen. Der Verein brachte zunächst vor allem Stücke der zeitgenössischen Moderne, der Naturalisten, zur Aufführung, so von Gerhart Hauptmann («Vor Sonnenaufgang», «Die Weber», «Biberpelz» als Hamburger Erstaufführungen und «Einsame Menschen»), Max Halbe, Otto Erich Hartleben und Johannes Schlaf sowie sozialkritische Dramen, u. a. von Ludwig Anzengruber, Bjönsterne Björnson, Friedrich Hebbel, Henrik Ibsen und Ernst Reuter. Arthur Schnitzlers «Liebelei» und «Freiwild» waren in diesen Vereinsaufführungen in Hamburg zum erstenmal zu sehen. Zu den Vorstellungen gab die Freie Volksbühne bis Oktober 1896 regelmäßig Begleithefte mit erläuternden Texten heraus, organisierte Vorträge zu kulturellen und kulturpolitischen Fragen und Vereinsfeste.

Anders als in Berlin, wo sich ein großer Kreis fortschrittlicher Literaten und Theaterleute für das Projekt einsetzte, wurden der Freien Volksbühne in Hamburg erhebliche Schwierigkeiten bereitet, Bühnenräume anzumieten und Schauspieler für ihre Aufführungen zu finden. Der übermächtige Stadttheaterdirektor Pollini, die politische Polizei und schließlich das preußische Militär setzten Theaterdirektoren und Schauspieler, die mit der Volksbühne kooperierten, zunehmend unter Druck, so daß die Volksbühnen-Aufführungen nur außerhalb der Stadt zustande kamen, und dort auch nur auf einfachen Saalbühnen. Nur die erste Aufführung – G. Hauptmanns «Vor Sonnenaufgang» am 22. Oktober 1893 – konnte in einem professionell ausgestatteten Theater, dem Carl Schultze-Theater in St. Pauli, stattfinden. Wegen zu hoher Kosten mußte die Volksbühne in einen Saal nach Altona ausweichen. 1895 gelang es dem Theaterverein, einen dreijährigen Vertrag mit dem Ernst Drucker-Theater am

*Zeitungsannonce der Freien
Volksbühne Hamburg-Altona
von 1893*

Spielbudenplatz abzuschließen. Ab 1898 waren Aufführungen
kaum mehr möglich. Die preußische Militärkommandantur von
Altona und Wandsbek verhängte mehrere Male einen Militär-
boykott, das heißt ein Theaterverbot für Soldaten, gegen jene
Theater, die die Volksbühne auch nur zu unterstützen beabsich-
tigten. Der Verein geriet dadurch in immer größere finanzielle
Schwierigkeiten und war zwei Jahre später gezwungen, sich
selbst aufzulösen.

Gegen vielfache Behinderungen war es der Freien Volksbühne
in den sechs Jahren ihres Bestehens dennoch gelungen, für junge
zeitgenössische Autoren den Weg auf die Hamburger Bühnen zu
öffnen.

«Das Theater war gut besucht.
Die Besucher bestanden anscheinend fast ausnahmslos
aus Arbeitern, Handwerkern
und deren Frauen, wohl ausschließlich Socialdemokraten.
Angehörige der bessern Stände
waren anscheinend wenig oder
gar nicht vertreten» (*aus:* Poli-
zei-Bericht über die Aufführung
im Ernst Drucker-Theater, Ludwig Fulda «Die Sklavin» vom
19. August 1895).

Zwischen
Popularität und
Moderne –
1900 bis 1933

Daten zur Geschichte

1900   Eröffnung des Deutschen Schauspielhauses an der Kirchenallee
Knopf's Lichtspiele beginnen mit der täglichen Vorführung «lebender Bilder».

1902   Gründung des Vereins Niederdeutsche Bühne (heute Ohnsorg
Theater)

1904   Das Neue Operettentheater eröffnet im bisherigen Theater der
Centralhalle (1920 Operettenhaus, 1935 Edentheater, 1939 Theater an der Reeperbahn, 1945 zerstört, heute steht an gleicher Stelle
das Operettenhaus).

1905   Das Schillertheater (die spätere Schilleroper) eröffnet im Gebäude
des Circus Busch am Neuen Pferdemarkt.

1906   Wahlrechtsänderung durch Senat und Bürgerschaft (Zweiklassenwahlrecht zu ungunsten der SPD)

1907   Eröffnung des Museums für Hamburgische Geschichte

1908   Fertigstellung der vom Reeder Carl Heinrich Laeisz gestifteten Musikhalle
Die Stadt Hamburg beginnt die Subventionierung der «Volksvorstellungen der Patriotischen Gesellschaft», um «minderbemittelte
Kreise» in den Genuß von «Meisterwerken der dramatischen
Kunst» zu bringen.

1910   Umbau des 1887 entstandenen Konzerthauses Hamburg, Reeperbahn 98, zum Deutschen Operettentheater (1914 Neue Oper, 1917
Volksoper)

1911   Eröffnung des ersten Elbtunnels

1912   Der Neubau des Thalia Theaters eröffnet gegenüber dem alten
Standort am Pferdemarkt (heute Gerhart-Hauptmann-Platz).
Umwandlung der seit 1798 bestehenden Vergnügungsabgabe in
eine allgemeine zehnprozentige Lustbarkeitssteuer, die nun auch
wieder den «Kulturtheatern» abverlangt wird.
Fertigstellung des ersten U-Bahn-Rings

1914   Beginn des Ersten Weltkriegs, der 1918 nach der deutschen Kapitulation und der Novemberrevolution mit der Abdankung der Monarchie und der Ausrufung der Republik endet.

1918   Erich Ziegel eröffnet die Hamburger Kammerspiele am Besenbinderhof.

1919   Einführung des allgemeinen, gleichen Wahlrechts für Männer und
Frauen. Die SPD erreicht die absolute Mehrheit in der Weimarer
Nationalversammlung und in der Hamburger Bürgerschaft. Die
Nationalversammlung verabschiedet die Verfassung der Weimarer
Republik.
Politische Unruhen (Hamburger «Sülze-Skandal»). Reichswehr
unter General Paul von Lettow-Vorbeck rückt in Hamburg ein und
reorganisiert Polizei und paramilitärische Sicherheitskräfte.

Einführung der obligatorischen vierklassigen Grundschule und der Berufsschulpflicht in Hamburg. Verbesserungen des Zugangs zu höherer Bildung. Gründung der Hamburger Universität.
Gründung der Besucherorganisation Hamburger Volksbühne
Die Genossenschaft deutscher Bühnenangehöriger setzt den Normalvertrag Solo für künstlerisches Personal durch, der Regelungen über Arbeits- und Ruhezeiten, Urlaub, Krankmeldung und Kündigungsfristen enthält.

1920 Kapp-Putsch in Berlin
Die Stadt Hamburg kauft die Hälfte der Aktien des Stadttheaters (der heutigen Oper) und subventioniert den von nun an «gemischtwirtschaftlichen» Betrieb mit jährlich einer halben bis schließlich 1,8 Mio RM. Dafür stellt die Stadt die Hälfte der Aufsichtsratsmitglieder, den Vorsitzenden des Aufsichtsrats und einen Staatskommissar mit Vetorecht.
Gründung der Hamburger Volkshochschule

1921 «März-Aktion» der Hamburger KPD: Besetzung der Werften, Aufruf zu Generalstreik und Umsturz. Die Aktion scheitert innerhalb eines Tages.

1922 Rechtsradikaler Terrorismus der «Organisation Consul» gipfelt in der Ermordung des Reichsaußenministers Walther Rathenau. Französische Besetzung des Ruhrgebiets. Beginn der Hochinflation bis 1924.
Gründung der Schule Hamburger Bewegungschöre Rudolf von Laban

1923 Oktoberaufstand der Hamburger KPD (Stürmung von 17 Polizeiwachen) gescheitert
Hitler-Ludendorff-Putsch in München gescheitert

1924 Die Norddeutsche Rundfunk AG (Norag) beginnt ihre Sendungen.

1925 Paul von Hindenburg wird Reichspräsident.

1926 Der sicherheitspolizeilich vorgeschriebene Umbau des Stadttheater-Bühnenhauses kostet die Stadt fast sechs Millionen RM.

1927 Einführung der gesetzlichen Arbeitslosenversicherung

1928 Abriß des Gebäudes der Hamburger Kammerspiele. Die Kammerspiele beziehen das Kleine Lustspielhaus in den Großen Bleichen.

1929 Beginn der Weltwirtschaftskrise. Die Depression zerstört die Stabilität der Demokratie. Die Arbeitslosigkeit in Hamburg erreicht bis 1933 beinahe 40 Prozent. NSDAP und KPD werden zu Massenbewegungen.

1930 Bruch der Großen Koalition aus SPD, Zentrum, BVP, DDP und DVP markiert das Ende der parlamentarischen Republik.

1931 Das Carl Schultze-Theater wird zum Kino umgebaut.

1932 NSDAP wird stärkste Partei in der Bürgerschaft. Der Minderheitensenat aus SPD und Staatspartei bleibt bis zum Ende der Weimarer Republik geschäftsführend im Amt und regiert mit Notverordnungen. Deutschland hat sechs Millionen Arbeitslose.
Erich Ziegel übernimmt die Leitung des Thalia Theaters. Sein Theater heißt von nun an Kammerspiele im Thalia Theater.

Enrico Caruso in der Rolle des Herzogs in Giuseppe Verdis «Rigoletto»

Enrico Caruso als Bajazzo in der gleichnamigen Oper von Ruggiero Leoncavallo

Im Jahre 1897 übernahmen der Regisseur Franz Bittong und der ehemalige Freund und kaufmännische Berater Pollinis Max Bachur die Leitung des Hamburger Stadttheaters. Die folgenden sieben Jahre waren durch wirtschaftliche Schwierigkeiten und nur wenige künstlerische Erfolge gekennzeichnet. Die Opern Wagners und Mozarts, von Arthur Nikisch dirigiert, waren die wichtigsten Garanten für glanzvolle Theaterabende. Eugen d'Albert, Gustave Charpentier und Siegfried Wagner waren bei der Erstaufführung ihrer Werke anwesend, Richard Strauss dirigierte seine «Feuersnot» (1904).

Nach dem Tode Bittongs (1904) führte Bachur das Theater allein weiter und entwickelte sich dabei zu einem Pollini im Mini-Format. Auch in seinem Spielplan dominierte Richard Wagner, dessen Sohn Siegfried war gern gesehener Gast, und Hamburger Sänger präsentierten sich auf der Bayreuther Bühne, so daß das Stadttheater zeitweilig «das Bayreuth des Nordens» genannt wurde. Die Erstaufführungen von Richard Strauss' «Salome» (1907), «Elektra» (1909) und «Der Rosenkavalier» (1911) gehörten zu den bedeutendsten musikalischen Ereignissen der Epoche. 1907 wurde die Inszenierung von Eugen d'Alberts «Tiefland» zu einem gewaltigen Erfolg für den Komponisten. 1908 konnte man die Uraufführung von Siegfried Wagners «Sternengebot» und Leo Blechs «Versiegelt» erleben. In diesem Jahr wurden auch Puccinis «La Bohème» und «Madame Butterfly» hier erstmals auf die Bühne gebracht. Mit Gustav Brecher und Otto Klemperer waren zwei Dirigenten engagiert, die sich um die Hamburger Oper unter der Direktion Bachur außerordentliche Verdienste erwarben. Zum Ensemble gehörten so herausragende Kräfte wie Edith Walker, Katharina Fleischer-Edel, Ottilie Metzger, Max Lohfing, Willy Birrenkoven und Alois Pennarini.

Angesichts der zunehmenden finanziellen Probleme und der hartnäckigen Weigerung der Stadt, das Theater mit einer dringend benötigten regelmäßigen Subventionierung zu unterstützen, legte Max Bachur 1912 sein Amt nieder.

«So ein Tenor!» –
Caruso in Hamburg

Bereits Wochen vor seiner Ankunft prangte sein Name in großen Lettern von den Litfaßsäulen. Das «Fremdenblatt» räumte ihm in dieser Zeit eine ständige Rubrik ein, und allerorts erklangen aus den Grammophontrichtern die Arien des Canio, des Radames oder des Cavaradossi in unnachahmlichem Belcanto. Die Hansestadt befand sich in fiebriger Erwartung eines begnadeten italienischen Tenors von noch nie dagewesener Virtuosität und Ausstrahlung: Enrico Caruso. «Er lag in der Luft wie ungeborene Musik», beschrieb Ferdinand Pfohl 1912 die Situation, «und als nun dieser berühmte, a priori geliebte, ahnungsvoll vergötterte Sänger endlich kam, da gab es an dem Vergötterten nichts zu entgöttern.»

Für Hamburg war die Geburtsstunde des «Sonnenkindes, das eingefrorene Herzen auftaut», der Abend des 16. Oktober 1906. Verdis «Rigoletto» stand auf dem Programm des Stadttheaters, und Caruso betrat die Bühne in der Rolle des herzoglichen Verführers. Neben ihm in der Titelrolle Max Dawison, als Gilda Aenne Hindermann. Direktor Max Bachur kamen angesichts des nur halb gefüllten Hauses noch gewisse Bedenken, ob er die Eintrittspreise zu Recht um das Drei- bis Vierfache erhöht hatte; doch mit dem Sturm der Begeisterung, der dem Gast am Ende der Vorstellung entgegenschlug, war auch der letzte Zweifel fortgefegt.

Zwei Tage später war das Theater bis auf den letzten Platz gefüllt. Man gab «Carmen», und hinter der Gestalt des Don José trat ein funkelnder Don Juan in Erscheinung, dem Hamburg von Stund an ebenso bedingungslos erlegen war wie vordem London, New York, Paris, Berlin und Wien.

Der liebenswürdige, im Umgang mit Menschen bescheidene, im Umgang mit Geld verschwenderische Künstler kam bis kurz vor Ausbruch des Ersten Weltkriegs nun regelmäßig zur Herbstzeit für zwei oder drei Opernabende an das Stadttheater, und er tat es, wenn man der Fama glauben darf, besonders gern – sei es aus Sympathie für den Direktor oder die zahllosen Verehrerinnen und Verehrer, sei es aus Sentimentalität, weil ihn die Hansestadt, wie sein Biograph Emil Ledner schreibt, vielleicht an seine Heimat Neapel erinnerte.

«Der Bajazzo», «Rigoletto», «Aida», «Tosca» und «La Bohème» sind nur einige der Opern, in denen Caruso vor dem ver-

«Und die Leutchen wären es zufrieden gewesen, wenn der gefeierte Gast den ganzen letzten Akt hindurch nichts anderes gesungen hätte als sein ‹la Donna e mobile›. Sie waren wirklich sehr mobil, die Frauen und Männer und des Jubels war kein Ende» (*Hamburger Fremdenblatt* zu Carusos Interpretation des Herzogs in Verdis «Rigoletto», 15. Oktober 1907).

Profil-Selbstkarikatur Carusos.
Auf einer Speisekarte gezeichnet für Fräulein
Marie Ferron.

*Selbstkarikatur Enrico
Carusos*

zauberten Publikum das Wunder seiner dramatischen und gesanglichen Meisterschaft vollführte.

Karikaturist aus Passion, Kettenraucher aus Lampenfieber, Inkarnation seiner Bühnengestalten durch persönliches Leid, war er schon zu Lebzeiten ein Mythos – und ein gehorsamer Schüler seiner Regisseure und Dirigenten. Das erfuhr im Jahre 1910 der gerade an das Stadttheater verpflichtete Otto Klemperer, als er anläßlich des Caruso-Gastspiels «Rigoletto», «Martha» und «Carmen» musikalisch leiten durfte. Der Star befolgte die Interpretation und Anweisungen seines erst 25jährigen Kapellmeisters aufs Wort und war schließlich von dessen Temperament und Sensibilität so beeindruckt, daß er Direktor Bachur zu einem Extrabonus für den Dirigenten überreden konnte.

Nicht überreden, überzeugen ließ sich Richard Strauss, dessen Werke «Salome», «Elektra» und «Der Rosenkavalier» in diesen Jahren in Hamburg erstmals und mit großer Wirkung zur Aufführung kamen. «Ah, gehn's, für so an Tenor!», mokierte sich der Komponist über den ausufernden Caruso-Rummel. Doch das sollte nicht sein letztes Wort sein. Der Besuch einer einzigen Vorstellung von Verdis «Aida» mit dem Star als Radames genügte – und aus der Herablassung wurde noch vor der Pause glühende Bewunderung: «Caruso singt die Psyche der Melodie!»

Am sumpfigen Untergrund scheiterte der Plan, ein neues Theatergebäude auf der Moorweide zu errichten. So begann 1912 die Direktion Dr. Hans Loewenfelds (1874–1921) im renovierten alten Stadttheater an der Dammtorstraße. Im Laufe dieser siebenjährigen Ära wurden trotz schwierigster politischer und wirtschaftlicher Bedingungen ein solides klassisches Repertoire und zahlreiche Novitäten präsentiert. 1914 erlebten die Hamburger Opernfreunde den ersten «Parsifal» außerhalb Bayreuths und Franz Schrekers «Der ferne Klang». Auf dem Spielplan standen auch die Werke des Wunderkindes Erich Wolfgang Korngold: «Der Schneemann» (1912), «Violanta» und «Der Ring des Polykrates» (1917) und als Uraufführung «Die tote Stadt» (1920). Eine der letzten, vielbeachteten Regieleistungen Loewenfelds war 1921 die deutsche Erstaufführung von Puccinis Einaktern «Der Mantel», «Schwester Angelica» und «Gianni Schicchi».

Sabine Kalter, Rose Ader, Vera Schwarz, Heinrich Hensel, Carl Günther und Paul Schwarz sind nur einige der populärsten Solisten, Otto Klemperer, Felix Weingartner und Egon Pollak die bedeutendsten Dirigenten dieser Epoche. Ihre Leistungen, besonders der herausragende Inszenierungsstil Loewenfelds, machten das Stadttheater zu einem der führenden Opernhäuser Deutschlands. Trotz einer technisch veralteten Bühne gelangen hier szenische Lösungen, die, die bisher üblichen stereotypen Bewegungsabläufe oder die Zurschaustellung virtuoser Soli an der Rampe vermieden und im Sinne eines modernen Regietheaters das Werk als Ganzes in den Mittelpunkt des künstlerischen Interesses stellten.

Die verspätete Moderne –
Leopold Jeßner und Carl Hagemann
an den beiden großen
Hamburger Schauspielbühnen

Leopold Jeßner am Thalia Theater (1904–1915)

Mit der Berufung Leopold Jeßners an das Thalia Theater veränderte sich in den Jahren zwischen Jahrhundertwende und Erstem Weltkrieg vorübergehend das Profil dieser Bühne, die bis
dahin vor allem als Lustspieltheater galt. Der Sozialdemokrat
Jeßner brachte vermehrt naturalistische und realistisch-sozial-
kritische Stücke von Henrik Ibsen, Gerhart Hauptmann, Arno
Holz, Maxim Gorki und Leo Tolstoi auf den Spielplan und
setzte sich für moderne Autoren wie Leonid Andrejew, Maurice
Maeterlinck und vor allem Frank Wedekind (mit fünf Inszenierungen) ein. Neben Berlin wurde Hamburg damit die Stadt,
in der Wedekind, wie er selbst schrieb, die weitaus größte künstlerische Förderung erfuhr.

Der Stil der Jeßnerschen Inszenierungen reichte von einer
ganz dem Naturalismus verpflichteten Reproduktion von Mi-
lieus und Charakteren bis zur äußersten Abstraktion der Szene
durch symbolistische Figurenführung, Farb- und Raumstilisie-
rung. Jeßners Regieführung arbeitete mit einer an diesem Haus
unüblichen Konsequenz und mit kritischem Engagement die in-
haltlichen Grundideen der Stücke heraus. Bei der Einführung
der Werke Frank Wedekinds («Erdgeist», 1906; «Frühlingserwachen», 1907) entschied sich Jeßner mit Rücksicht auf das
Publikum freilich noch für eine eher traditionelle Bühnenrealisa-
tion, die einige als anstößig geltende Szenen und deren sozialen
Anklagecharakter abschwächte.

Erstmals bei Maeterlincks «Pelleas und Melisande» (1908)
stellte Jeßner die Gestaltung eines «Grundmotivs», das er «aus
der Partitur des Werkes las», ins Zentrum seiner Inszenierung.
Grundmotiv bei diesem Stück war für ihn die «Sehnsucht», die
durch Pathetik im Ton und in der Bewegung der Schauspieler
zum Ausdruck kommen sollte. Jeßner: «Die großen Bewegungen beanspruchen lange Gewänder und in Überperspektive aus-
geführte Dekorationen.» Dabei stand der Schauspieler für Jeßner nach wie vor im Zentrum der inszenatorischen Arbeit:
«Nicht ein Farbenton im Ensemble der Dekoration» sollte dieser

Leopold Jeßner (1878–1945),
zunächst Schauspieler, ab 1901
auch Regietätigkeit,
1904–1915 als Regisseur am
Thalia Theater in Hamburg,
1915–1919 Direktor in Königsberg, 1919–1930 Intendant des
Staatstheaters Berlin, Gastin-
szenierungen in den 20er Jahren am Altonaer Stadttheater,
1933 Emigration.

*Frank Wedekind «Erdgeist».
Regie: Leopold Jeßner, 1906
Käthe Franck-Witt als Lulu*

Thalia Theater, Neubau 1912 am Pferdemarkt gegenüber dem alten Gebäude

Am 1. August 1912 wurde der Neubau des Thalia Theaters am Pferdemarkt eröffnet. Bis auf das Bühnenhaus, das am Ende des Zweiten Weltkriegs zerstört worden war, ist das Gebäude im wesentlichen unverändert geblieben.

Direktoren und Intendanten des Thalia Theaters seit 1843

1843–1885:	Chérie Maurice	1932:	Friedrich Lobe
1885–1887:	Chérie Maurice und Bernhard Pollini	1932–1934:	Erich Ziegel
		1934–1936:	Paul Mundorf
1887–1893:	Gustav Maurice	1936–1942:	Ernst Leudesdorff
1893–1894:	Chérie Maurice	1942–1945:	Robert Meyn
1894–1897:	Bernhard Pollini	1945–1964:	Willy Maertens
1897–1904:	Franz Bittong und Max Bachur	1964–1969:	Kurt Raeck
		1969–1980:	Boy Gobert
1904–1915:	Max Bachur	1980–1985:	Peter Striebeck
1915–1932:	Hermann Röbbeling	ab 1985:	Jürgen Flimm

Jeßners Wedekind-Inszenierungen in Hamburg:
27.9.1906: «Erdgeist»
19.9.1907: «Frühlingserwachen»
9.3.1911: «König Nicolo oder So ist das Leben»
23.4.1911: «Die Büchse der Pandora»
25.5.1914: «Marquis v. Keith»

sein, «sondern der Ton, der die Farbe für die Dekoration bestimmt.» [1] Auch in anderen Inszenierungen ging es Jeßner um die Überwindung der naturalistischen Bühnengestaltung. Für Büchners «Dantons Tod» (1910) wurde die malerische Dekoration der Bühne bestimmend: Einfarbige Flächen und nur wenige charakteristische Architekturteile konstituierten hier den Bühnenraum. In Wedekinds Drama «So ist das Leben» (1911) ließ Jeßner die Schauspieler vor dunklen Kulissen agieren, auf die je eine weinende und eine lachende Maske gemalt waren. Leben sollte nicht mehr illusionistisch abgebildet, sondern als Idee versinnbildlicht werden. Bei der Inszenierung von Wedekinds «Marquis von Keith» (1914) ging Jeßner in der Entmaterialisierung der Szene noch weiter. In einer Kritik der Aufführung heißt es: «Man sah keine eigentliche Zimmereinrichtung, sondern nur gleichförmig rote und gelbe Wände, einen kahlen Raum, der außer den absolut erforderlichen Möbeln und Ausstattungsstücken nichts enthielt.»

Allerdings gingen Jeßners Vorstellungen von einem modernen Schauspielstil sehr viel weiter, als dies mit dem auf eine eher traditionelle Arbeitsweise eingestellten Thalia-Ensemble und unter den Arbeitsbedingungen dieses Hauses, insbesondere den kurzen Probenzeiten, zu realisieren war. Seine Ansätze zu einer Bühnenreform fanden nach seinem Weggang, sieht man von einzelnen Regiearbeiten wie von Karl-Heinz Martin (Georg Kaisers «Von morgens bis mitternachts», 1917) oder Erich Ziegel (1916–1917) ab, am Thalia Theater keine Fortsetzung. Neue künstlerische Impulse waren auf Hamburger Bühnen erst wieder ab 1918, an den Kammerspielen Erich Ziegels, erkennbar.

Von 1911 bis 1914 übernahm Jeßner die künstlerische Leitung der Volksschauspiele, die von der Zentralkommission für das Arbeiterbildungswesen der Gewerkschaften in den Sommermonaten veranstaltet wurden.

Maurice Maeterlinck «Pelleas und Melisande» (Centa Bré und Tom Farecht). Regie: L. Jeßner, 1908

Anton Tschechow «Onkel Wanja». Regie: Leopold Jeßner, 1913

*Deutsches Schauspielhaus,
gegründet 1900*

Nachdem sich im 19. Jahrhundert das Stadttheater zur eigentlichen Opernbühne entwickelt hatte und das Thalia Theater auf seine Lustspieltradition festgelegt blieb, konstituierte sich im Juni 1899 eine «Aktiengesellschaft Deutsches Schauspielhaus», um in Hamburg ein neues Theater für das repräsentative Schauspiel zu errichten. Zu den Gründungsmitgliedern dieser Aktiengesellschaft zählten auch Schauspieler wie Ludwig Max, Robert Nhil, Ludwig Wagner und die Schauspielerin Franziska Ellmenreich. Der Bau des Hauses wurde den Wiener Architekten Fellner und Helmer übertragen. Das Deutsche Schauspielhaus wurde am 15. September 1900 mit Goethes «Iphigenie auf Tauris» unter der Leitung des Wiener Literaturprofessors Alfred Freiherr von Berger eröffnet. Sein Programm, das er im April 1899 dem Gründungsausschuß vorgetragen hatte, lautete:

«Möchten mir die deutschen Dichter und Schriftsteller recht viele Stücke bescheren, an denen das Hamburger Publikum seine Freude haben könnte: gesunde gemütvolle, ernste oder heitere, immer aber unterhaltende Stücke, welche spannende Schicksale tüchtiger erfreulicher Menschen vorführen... Ein exzentrischer Trieb zum Krankhaften und Peinlichen, oder zum Dunklen und Rätselhaften beherrscht heute die dramatische Dichtung, ätzende geistige Gifte werden nicht selten von der Bühne herab kredenzt. Darüber kommt das Bedürfnis zu kurz, auf welchem das Theater und seine Bedeutung als Genuß- und Bildungsfaktor beruht, das Unterhaltungsbedürfnis. Das Tiefste und Höchste zu gewähren, indem man nur zu unterhalten scheint, das ist das Geheimnis wahrer dramatischer Kunst.»

Das Repertoire wurde in Bergers Direktionszeit (bis 1910) durch Shakespeare und die deutschen Klassiker sowie durch die besondere Pflege der Dramen Hebbels bestimmt. Von den lebenden Schriftstellern hatte Berger zahlreiche Dramatiker unter Vertrag genommen, um sich die Erstaufführungsrechte ihrer neuen Stücke zu sichern, neben Oskar Blumenthal, Georg Kadelburg und Franz von Schönthan auch Gerhart Hauptmann, Felix Philippi, Ludwig Fulda, Hermann Sudermann, Otto Ernst und Max Halbe.

Franziska Ellmenreich

Robert Nhil

Der unter Berger gepflegte Inszenierungsstil orientierte sich an dem prächtig-prunkvollen Illusionismus des Burgtheaters und dem Regiestil der Meiningerschen Hofbühne.

Die wichtigsten Mitglieder des neuen Schauspielhausensembles waren zunächst die vier Sozietäre Franziska Ellmenreich und Carl Wagner (beide vorher Stadttheater) sowie Robert Nhil und Ludwig Max (vorher Thalia Theater). In der Folgezeit gewann Berger darüber hinaus so namhafte Künstler wie Adele Doré, Alex Otto und Max Montor für sein Ensemble.

Carl Hagemann am Deutschen Schauspielhaus (1910–1913)

Die um die Jahrhundertwende einsetzende Theaterreformbewegung, die mit ihrer Ablehnung des naturalistischen Inszenierungsstils die ästhetische Autonomie des Theaters wiederzugewinnen suchte, erreichte mit Carl Hagemann vorübergehend auch das Deutsche Schauspielhaus. Als neuer Direktor war Hagemann zwischen 1910 und 1913 bestrebt, den hier noch immer vorherrschenden Meiningerschen Bühnenrealismus zurückzudrängen und zugleich das Repertoire für die literarische Moderne zu öffnen.

Carl Hagemann (1871–1945), Sohn eines Hamburger Baumeisters, Journalist, Intendant des Mannheimer Nationaltheaters, 1910–1913 Direktor des Deutschen Schauspielhauses in Hamburg, 1915 wiederum Intendant in Mannheim, ab 1920 in Wiesbaden. Lehrauftrag am Theaterwissenschaftlichen Institut Berlin ab 1930.

Bereits in seiner ersten Hamburger Inszenierung, Shakespeares «Viel Lärm um nichts» (1910), gab er ein Beispiel für das von ihm angestrebte «stilvolle Kunsttheater». Die Kritik be-

107

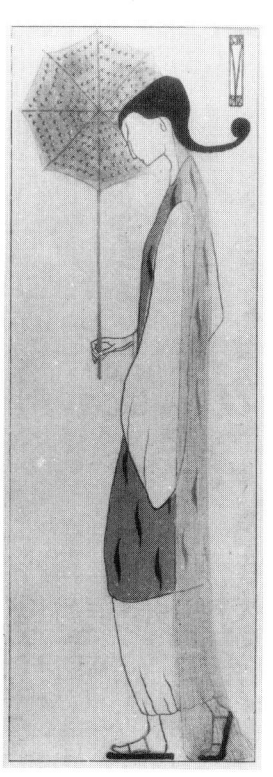

Zu Carlo Gozzi «Turandot»: eine Sklavin. Kostümskizze von Ralf Voltmer, Hamburg 1912

scheinigte Hagemann einen «eminenten Sinn für Stil, Farbe und szenische Wirkungen» und damit ein «tiefes Verständnis für die Forderungen der modernen Bühne»[2]. Auch die Inszenierung von Goethes «Götz von Berlichingen» (1912) hob sich erkennbar von der Handschrift seines Vorgängers, des Barons von Berger, ab. Die wenigen hier verwendeten Ausstattungsgegenstände waren so gewählt, «daß sie scharf accentuiert und bezeichnend wirkten und für das auf ihnen ruhende Auge des Zuschauers den jedesmaligen Schauplatz schärfer charakterisierten, als dies ein verwirrender Überfluß an Details vermochte.»[3] Statt naturalistischer Wirklichkeitsillusion galt Hagemann «die Stimmung als das Primäre»[4], wie er es zum Beispiel in seiner Inszenierung von Strindbergs «Ostern» (1912) zu realisieren versuchte. Die Kritik war begeistert. Die Aufführung sei «ganz und überall Poesie und Stimmung. Und gerade darum eindrucksvoll, um nicht zu sagen unvergeßlich.»[5]

Trotz solcher zum Teil sehr positiven Reaktionen in der Presse vermochte Hagemann insgesamt mit seinen Bemühungen um ein «modernes Kulturtheater» das Hamburger Publikum nicht zu überzeugen. 1913 scheiterten die Verhandlungen um eine Verlängerung seines Vertrags am Deutschen Schauspielhaus. Hagemann ging daraufhin nach Mannheim und übernahm dort die Intendanz des Nationaltheaters.

1 Leopold Jeßner, Die künstlerische Verantwortung des Regisseurs, seine Rechte und Pflichten (1913). In: ders., Schriften. Berlin (DDR) 1979.
2 *Hamburger Fremdenblatt*, 15. September 1910.
3 *Hamburgischer Correspondent*, 23. März 1911.
4 Carl Hagemann, Regie. 4. Aufl. Stuttgart/Berlin 1916.
5 *Hamburgischer Correspondent*, 9. April 1912.

Expressionistisches Theater 1918 bis 1923 – die Hamburger Kammerspiele und die Kampfbühne

Die Hamburger Kammerspiele

Die Gründung der Hamburger Kammerspiele durch Erich Ziegel (1876–1950) und seine Frau Mirjam Horwitz im Jahre 1918 steht am Anfang einer künstlerischen Aufbruchstimmung, die gegen Ende des Ersten Weltkriegs auch in der Hansestadt alle Kunstbereiche erfaßt hatte. Zahlreiche Hamburger Künstler schlossen sich der Bewegung des Expressionismus an, die für eine «Umwertung» der durch den Krieg endgültig desavouierten Lebens- und Kunstwerte des wilhelminischen Bürgertums kämpfte: 1919 konstituierten sich die Hamburgische Sezession, der Werkbund geistiger Arbeiter und ein Ortsverein der in Berlin von Kurt Hiller inspirierten Novembergruppe. Literarisch-künstlerische Zeitschriften mit expressionistischem Profil wurden gegründet. Die Künstlerfeste im Curio-Haus, als «Gesamtkunstwerke» gestaltet, brachten die explosive Kreativität jener Zeit besonders deutlich zum Ausdruck.

Erich Ziegel (1856–1950), geb. 1876 in Schwerin a. d. Warthe, 1894 Debüt als Schauspieler am Meininger Hoftheater, 1903–1916 Berlin, 1913–1916 Leitung Münchner Kammerspiele, 1916–1918 Thalia Theater und Deutsches Schauspielhaus Hamburg, 1918–1926 Leitung der Hamburger Kammerspiele, 1926–1928 Direktion Deutsches Schauspielhaus Hamburg, 1928–1932 Leitung Hamburger Kammerspiele im Kleinen Lustspielhaus, Große Bleichen, 1932–1934 Direktion des Thalia Theaters, 1934 Wien, von Gründgens 1938 ans Berliner Staatstheater geholt. 1945 Schauspieler und Regisseur am Wiener Theater Die Insel. Am 30. 11. 1950 stirbt Ziegel in München.

In dieser aufblühenden Kunstszene nahmen die Kammerspiele als neue literarische Bühne einen wichtigen Platz ein. Die von Erich Engel in Heft 1 des *Freihafen*, den *Blättern der Hamburger Kammerspiele*, formulierte Zielsetzung war eine der ersten expressionistischen Programmerklärungen, die – freilich gegenüber der Metropole Berlin um ein Jahrzehnt verspätet – in Hamburg veröffentlicht wurden: «Die Hamburger Kammerspiele wollen dem lebendigen Geist dienen. Wollen in einer Zeit, da die vom Stofflichen Bestimmten sich grauenvoll ad absurdum führen, Forderung und Weltvision der Wertvollsten zu eindringlicher Gestaltung bringen... Diese hohe Aktualität, dieses Bestreben, ohne philologische Experimentiersucht und dienerische Verbeugung vor ehrwürdiger Patina an der Formung des neuen Weltbildes tätigen Anteil zu nehmen, ist einzige Norm, die anerkannt wird... Dreifach bejaht die Schöpfung der Welterfüllten.»

Dennoch war Erich Ziegel im eigentlichen Sinne kein Parteigänger des Expressionismus. Als er, vierzigjährig, von den Münchner Kammerspielen 1916 zunächst an das Thalia Theater in Hamburg wechselte, galt er als Wedekind- und Strindberg-Spezialist. Als Theaterleiter verstand Ziegel sich wesentlich auch

Mirjam Horwitz
(1882–1967). Schauspielerin,
Regisseurin und Theaterleite-
rin
M. Horwitz kam 1916 mit ih-
rem Mann Erich Ziegel nach
Hamburg. Engagement am
Deutschen Schauspielhaus bis
1918. 1918 Gründung der
Hamburger Kammerspiele zu-
sammen mit E. Ziegel,
1926–1928 Leitung der Kam-
merspiele in der Zeit von Zie-
gels Direktion am Deutschen
Schauspielhaus. M. Horwitz
inszenierte an den Kammer-
spielen u. a. von Ferdinand
Brucker «Krankheit der Ju-
gend» (Uraufführung), Paul
Kornfeld «Kilian oder die gel-
be Rose», Klabund «Das
Kirschblütenfest».
1928–1932 Zusammenarbeit
mit Ziegel an den Kammer-
spielen im Kleinen Lustspiel-
haus, 1932–1934 am Thalia
Theater. M. Horwitz und
Erich Ziegel gingen 1934 nach
Wien; der Versuch, von dort
aus zu emigrieren, scheiterte.
1938 folgte M. Horwitz ihrem
Mann nach Berlin. Nach 1945
Inszenierungen am Jungen
Theater Friedrich Schütters in
Hamburg. M. Horwitz stirbt
1967 in Lütjensee.

als Förderer zeitgenössischer Autoren. Zwischen 1918 und 1923 kamen an seiner Bühne Stücke von Hanns Johst, Carl Sternheim, Reinhard Goering, Paul Kornfeld, Georg Kaiser, Ernst Toller, Arnolt Bronnen, Fritz von Unruh und Bertolt Brecht zur Aufführung. Der expressionistischen Bewegung stand Ziegel aus einem gemeinsamen ethischen Grundanliegen nahe, ohne daß er sein Theater jedoch in den Dienst einer bestimmten Idee oder Kunstauffassung gestellt hätte. Aus dem Hamburger Kreis der Expressionisten arbeiteten Schriftsteller wie Hans Harbeck und Artur Sakheim an den Kammerspielen ebenso wie Karl Goldfeld, der Herausgeber der *Allgemeinen Künstlerzeitung*. Herausragende Ereignisse expressionistischer Bühnenkunst wurden die zwischen 1919 und 1921 von dem jungen Hamburger Erich Engel (1891–1966) geleiteten Aufführungen. Engel war 1918 von Ziegel als Dramaturg und Regieaspirant an die Kammerspiele engagiert worden.

Ein erster künstlerischer Höhepunkt wurde Engels Inszenierung von Kaisers «Gas I» (1920). Der Kritiker Hans W. Fischer hob «die huschende Unheimlichkeit der Anfangsszene… die fieberhafte Steigerung bis zur Explosion hin…» hervor und betonte, daß es Engel «von Anbeginn (gelang), die Handlung der gemeinen Wirklichkeit zu entrücken…» Im vierten Akt «war mit gar nicht vielen Menschen der Eindruck ungeheurer Massen erreicht, man ahnte die Unsichtbaren in der schwarzen Tiefe des Hintergrundes…» Das von Johannes Schröder gestaltete Bühnenbild beschränkte sich «zumeist auf Raumsuggestion mit Hilfe von Licht und Finsternis».

Die Aufführung von Tollers «Die Wandlung» (1920) galt als Engels «zweites Regiemeisterstück». Engel habe «jedem Worte des Dichters, der geringsten seiner Eingebungen nachgespürt und nachgefühlt, er läßt es widerklingen wie aus letzten Seelentiefen. Da ist alles innerstes Aufgerütteltsein, da ist Klanggewebe, geschaffen von pulsierender Rhythmik, da werden auf einer Liliputbühne Massen in formvollstem Gleichmaß bewegt.»

Auch für «Gas II» (1920) erntete Engel «höchstes Lob»: «Wie dieser geistvolle Führer dynamisch und rhythmisch zu gliedern versteht, aus vielen, noch dazu ungeübten Einzelpersonen *eine* Masse mit *einer* Bewegung, *einer* Geste, *einem* Laut zu formen weiß, das muß selbst diejenigen Zuschauer zur Anerkennung zwingen, die im übrigen mit solcher expressionistischen Vorstellungsweise nichts anzufangen wissen.»

Von Ziegel selbst sind in den Anfangsjahren zwei Uraufführungen von Barlach (1919 und 1921) als besondere Regielei-

Eine der großen Entdeckungen Erich Ziegels wurde Fritz Kortner (1892–1970). Er war von Oktober 1918 bis Juli 1919 an den Kammerspielen engagiert. In dieser Zeit spielte er acht zentrale Rollen. Der junge Kortner beeindruckte durch die Kraft und Leidenschaftlichkeit seines Spiels. Als Schigolch in Wedekinds «Büchse der Pandora» (1919) wurde er als «ein Dämon in ‹Fleisch›» bezeichnet, als «die eigentliche Wedekindfigur». Sein Herr *** in Kaisers «Brand im Opernhaus» (1918) «hatte Augenblicke erschreckender Dämonie». In Wedekinds «Franziska» (1919) schien der von Kortner verkörperte Veith Kunz «in eine Atmosphäre höhnischer Dämonie» getaucht. 1919 ging Kortner nach Berlin an das von Leopold Jeßner geleitete Staatstheater.

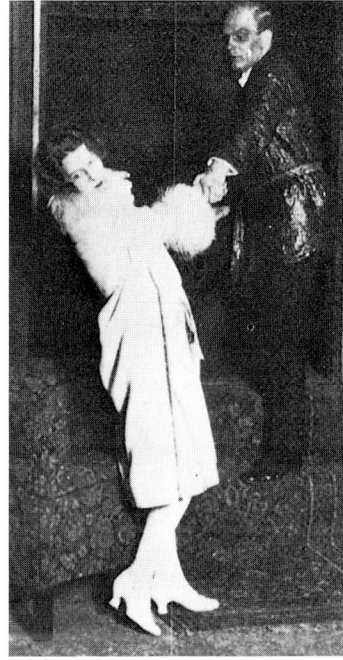

Fritz Kortner als Schigolch (mit Mirjam Horwitz als Lulu) in Frank Wedekinds «Die Büchse der Pandora». Hamburger Kammerspiele 1919

Gustaf Gründgens mit Herta Windschild in Lothar Rewalts «Duell am Lido». Hamburger Kammerspiele 1926

1923 holte E. Ziegel Gustaf Gründgens (1899–1963) an die Hamburger Kammerspiele, wo er sich zu einem der wichtigsten Schauspieler und Regisseure dieser Bühne entwickelte. Als er 1928 von Hamburg nach Berlin ging, schrieb der Kritiker Otto Schabbel:

«Auch Gründgens sieht man ungern ziehn. Prototyp dekadenter Jünglinge und Neurastheniker, hat er sich aus einer gewissen Einseitigkeit zu einem immer größeren Radius entwickelt – von Palme, dem Ewig-Gekränkten bis gar zu Hamlet. Das Morbide, Brüchige des modernen Nervenmenschen bekam immer mehr Farbe in seiner technisch von Mal zu Mal reiferen Gestaltung. Und auch als Regisseur zeigte er nicht bloß Sinn für parodistische Einfälle, Geist und Geschmackskultur drückte sich in allen seinen Inszenierungen aus» *(aus: Hamburger Nachrichten, 1928)*.

111

stungen für einen bis dahin noch unaufgeführten Autor hervorzuheben. H. W. Fischer schrieb 1923 rückblickend über die beiden Inszenierungen: Ziegel habe «nicht nur große Strindbergwerke bewältigt (‹Traumspiel›, im verflossenen Winter ‹Nach Damaskus I›), sondern auch – und dies war eine der größten Ruhmestaten des letzten Bühnenjahrzehnts – die gewaltigen, vorher unbezwungenen Türme der beiden Barlach-Dramen ‹Der arme Vetter› und ‹Die echten Sedemunds›; an das erste hat sich seitdem niemand wieder, an das zweite nur Jeßner gewagt... Man steht also nicht vor der Wahl zwischen einem naturalistischen und einem ekstatischen Stil, sondern muß die Ekstase aus der Wirklichkeit emportreiben, und zwar auf andere Weise als bei Strindberg, da bei Barlach keine ethische Formel zu Hilfe kommt, sondern das Metaphysische unmittelbar erfaßt werden muß. Daß man es zutiefst spürte, macht die beiden Aufführungen unvergeßlich...» [1]

Darüber hinaus setzte Ziegel in seinen Wedekind- und Shakespeare-Inszenierungen zusammen mit dem Bühnenbildner Johannes Schröder, mit dem er von 1918 bis 1934 in Hamburg arbeitete, Akzente, die von Anfang an die literarische wie die künstlerische Spannbreite der Kammerspiele markierten.

Georg Kaiser «Gas I». Hamburger Kammerspiele 1920

Wedekind-Inszenierungen waren das eigentliche Markenzeichen der Hamburger Kammerspiele. Erich Ziegel eröffnete sein Theater 1918 in Erinnerung an den gerade verstorbenen Dichter mit einer Wedekind-Woche. Eine seiner erfolgreichsten Wedekind-Inszenierungen wurde «Die Büchse der Pandora» im Jahre 1919.

«Dieses Drama in seiner vollen Kraßheit zu bringen, ist heute noch ein Wagnis. Erich Ziegel zeigte sich ihm gewachsen. Er rückte den ersten und dritten Akt in ein ungewisses Zwielicht, gegen den der zweite strahlte wie ein Collier von Taits Diamanten. Dem dritten gab er ganz spukhafte Kreatur; ein Stück Pantomime war darin, ein Schuß Zirkus, ein Quäntchen selbst Kolportageroman...» (Hans W. Fischer, in: *Hamburger Nachrichten*, 1919).

Die Kampfbühne

Lothar Schreyer (1886–1966) – Regieassistent und Dramaturg am Deutschen Schauspielhaus in Hamburg, ab 1916 Mitglied des Berliner Sturm-Kreises um Herwarth Walden und Lehrer der Bühnenklasse der Kunstschule *Der Sturm*, 1917 Vorstandsmitglied im Verein *Sturmbühne* und 1921 Leiter der Bühnenklasse am Weimarer Bauhaus – gründete 1919 in Hamburg den Verein *Die Kampfbühne*: «eine Versuchsbühne für expressionistische Bühnenkunst.» Mit dieser Bühne, die Schreyer bis 1921 leitete, erstrebte er «das Einheitskunstwerk, in dem alle Mittel der Bühnengestalt, also Wort, Ton, Bewegung, Farbform zur Ganzheit und Einheit einer in sich geschlossenen Kunstgestalt erhoben sind». Das Theater sollte auf seine kultischen Ursprünge als «Gemeinschaftshandlung» zurückgeführt werden. Schreyers Darsteller waren ausnahmslos Laien, die häufig als übermannsgroße «Ganzmasken, durch die das Wesen der menschlichen Person hindurchtönte», auftraten.[2] Proben und Aufführungen – nur mit und vor Vereinsmitgliedern – fanden in der Regel in der Kunstgewerbeschule am Lerchenfeld statt. Die Kampfbühne erarbeitete insgesamt acht Aufführungen nach Werken von Schreyer selbst, von August Stramm, Herwarth Walden, Hölderlin und einem Text aus dem 16. Jahrhundert.

«Das Theater als Kunststätte überwindet das Geschäftstheater und das Kulturtheater. Die Kunststätte ist die Kultstätte» (*aus:* Lothar Schreyer. Das Bühnenkunstwerk. In: «Sturm» VII, H. 5).

1 Hans W. Fischer, Hamburger Kulturbilderbogen. München 1923.
2 Lothar Schreyer, Expressionistisches Theater in Hamburg: «Die Kampfbühne». In: Hamburger Jahrbuch für Theater und Musik 1947–1948. Hamburg 1947.

«Wedekind winkt mit der Galgenleiter» – das literarische Kabarett Die Jungfrau

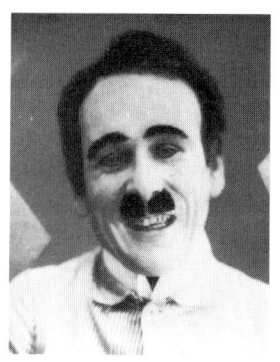

Paul Kemp als Charly Chaplin

Neben den Hamburger Kammerspielen war Anfang der 20er Jahre auch die Bühne des literarischen Kabaretts *Die Jungfrau* ein gemeinsamer Wirkungsort der künstlerischen Avantgarde in der Hansestadt. Hans Harbeck, der Dramaturg der Kammerspiele, führte als Conférencier durch das Programm; sein Nachfolger wurde der Publizist Hans W. Fischer, der Hamburger «Mentor der Moderne», der sich als Kritiker (1909 bis 1923 Leiter des Feuilletons der *Neuen Hamburgischen Zeitung*) vehement für die künstlerischen Experimente jener Jahre engagierte. Von den Kammerspielen traten Mirjam Horwitz, Paul Kemp und Erika Meingast in der *Jungfrau* auf. Aus dem Kreis der expressionistischen Schriftsteller beteiligten sich Wilhelm Schlichtkrull (Mitarbeiter des Berliner Sturm-Kreises) und Mynona (d. i. Salomo Friedländer) an der Programmgestaltung; auch Joachim Ringelnatz und Hans Reimann traten hier auf. Es tanzten Ursula und Gertrud Falke, Elsbeth Baack, Lavinia Schultz und Walter Holdt sowie der Maler und Tänzer Et*Bauer. Die Bühnenbilder schuf der junge Hamburger Edgar Ende. Andor Weininger, der Bauhaus-Künstler, stand zeitweise als Pianist und musikalischer Unterhalter auf dieser Bühne. Peter Kreuder, der spätere Schlager- und Filmkomponist, war bereits als fünfzehnjähriger zusammen mit Erik Schönsee, später Professor an der Hamburger Musikhochschule, für den musikalischen Teil des Programms zuständig.

1923 berichtete *Die Weltbühne* über einen Kabarettabend, an dem u. a. das kurz vorher an den Kammerspielen gegebene russische Gastspiel von Jushni «Der Blaue Vogel» parodiert wurde: «In einem kunterbunten Gemach, leuchtefroh und gar sehr expressionistisch empfing die Jungfrau ihre Gäste... Springtiere hüpften, grellbemasket, über die enge Bühne, am Flügel jaulte es von grotesken Disharmonien, vor Transparenten, dem russischen Mütterchen verwandt, pantomimte man orientalisch, fabelhaft echt kommt Charlie Chaplin (Paul Kemp von den Kammerspielen), uns in Tränen zu baden, Hans Reimann macht einen Text, Mynona in persona einen Besuch, zwischen allem sagt Hans Harbeck, den Sonettenkranz im buschigen Haar, Wedekindliches, was er von Freund Mühsam grad im Gedächtnis hat und Eigenes...» (*Die Weltbühne*, 19.Jg., 8.Februar 1923).

Idee einer mechanischen Bühne. «In Hamburg arbeitete ich mit einer Bühne, wo lebende Menschen sangen, rezitierten, tanzten oder Gitarre spielten... Die Entdeckung kam eines Nachts, als ich im Theater saß... Ich hatte ein Stück Papier bei mir, und ich begann zu skizzieren – ein Netz von horizontalen und vertikalen Linien. Das war die erste Skizze – die Richtung der Bewegung. Dann kam das zweite Stadium – Flächen, sich bewegende Flächen, Flächen, die sich hintereinander bewegen. ... Dann schaute ich mir unsere kleine Bühne an und machte Skizzen von Flächen, die sich aufwärts, abwärts und rückwärts auf der Bühne bewegen...» (Andor Weininger in einem Gespräch 1983; zit. nach: Wechselwirkungen – Ungarische Avantgarde in der Weimarer Republik. Ausstellungskatalog, Kassel 1986).

Andor Weininger (1899 in Karacs, Ungarn, geboren; 1986 gestorben in New York) ging 1921 nach Weimar, wo er sich am Bauhaus einschrieb. 1923 kam er nach Hamburg, wo er fünf Jahre lang blieb und zeitweise mit dem literarischen Kabarett Die Jungfrau zusammenarbeitete. Er schrieb für das Kabarett mehrere musikalische Sketche und trat selbst jeden Abend auf der Bühne auf.

Die Bühne als Tribunal –
Politisches Theater und Kabarett

Proletarisches Laientheater

In der Tradition des frühen sozialdemokratischen Arbeitertheaters entstanden nach 1919 auch in Hamburg zahlreiche politische Theatergruppen. Im November 1922 trat bei einer Revolutionsfeier im Zirkus Busch erstmals die *Proletarische Bühne* mit dem Stück «Die Kanaker» von Franz Jung auf. Regie führte Erich Schönlank, KPD-Mitglied und Regisseur an den Hamburger Kammerspielen. Die Proletarische Bühne, in der Kommunisten, Sozialdemokraten und Unabhängige zusammenarbeiteten, wirkte insbesondere bei der Gestaltung politischer Feste und Feierlichkeiten mit.

1927, nach einem Gastspiel der russischen Agitproptruppe *Blaue Blusen*, trennten sich die kommunistischen Mitglieder von der *Proletarischen Bühne* und gründeten eine eigene Agitproptruppe, *Die Nieter*. Ihr Leiter war der Lehrer und Kritiker der *Hamburger Volkszeitung* Hans Käbnick. Man wollte sich absetzen von dem «alten, lächerlichen ‹Liebhaber-Schmierentheater›», nicht mehr dramatische Handlung geben, sondern in

Die Nieter, 1930. Szene zur Erinnerung an den Giftgasskandal bei der Firma Stoltzenberg 1928

kurzen «Nummern» aktuelle Tagesereignisse «klar, kraß und
eindeutig den Zuhörern vor Augen führen» (*Hamburger Volkszeitung*, 28. Dezember 1928). Themen der satirischen Nieter-
Programme waren u. a. der § 218, das Wohnungselend und die
drohende Kriegsgefahr. Die Nieter unterstützten die Veranstaltungen der KPD und traten vor allem vor Arbeitern der Hamburger Großbetriebe auf.

Weitere proletarische Spielgruppen waren *Die Proleten*, der
Rote Ring und *Die rote Kolonne* (Spielgruppe des KJVD). Ende
der 20er Jahre entstand auch *Lachen links*, ein sozialdemokrati-
sches Kabarett.

Kollektiv Hamburger Schauspieler

Angeregt durch die Tätigkeit der proletarischen Agitproptrup-
pen und der Kollektive arbeitsloser Schauspieler in Berlin und
Stuttgart, entstand 1932 auch in Hamburg eine Theatergruppe
von Berufsschauspielern, die sich *Kollektiv Hamburger Schauspieler* nannte. Initiator des Kollektivs war Gerhard Hinze,
Schauspieler am Deutschen Schauspielhaus. Mitwirkende waren u. a. Axel von Ambesser, Edmund von der Meden, Mira Ro-

sovsky von den Hamburger Kammerspielen und Hanus Burger, seit 1931 Dramaturg und Regisseur am Thalia Theater. Das Kollektiv wollte durch politisches Theater insbesondere für ein proletarisches Publikum unmittelbar in die Tagespolitik eingreifen. Am 8. Mai 1932 trat die Gruppe erstmals in der Hamburger Volksoper auf. Titel des Abendprogramms: «Unser Schaden am Bein», eine zeitkritische Revue nach einem Stück von Jan Mangels Prigge. Da die Mitglieder des Kollektivs mehrheitlich noch Engagements an Hamburger Theatern hatten, ergaben sich erhebliche Schwierigkeiten mit den jeweiligen Theaterdirektoren (mit Ausnahme von Erich Ziegel) wegen kommunistischer Propagandaarbeit. Einige Mitglieder trennten sich deswegen bald von der Gruppe. Im März 1933 nahm die letzte Aufführung des Kollektivs schließlich ein blutiges Ende: «Ein Trupp Nazischläger brach eine blutige Saalschlacht vom Zaun, es gab Verwundete im Saal und auf der Bühne. Einen der Schauspieler stürzten die Nazis aus dem Fenster, er wurde schwer verletzt.» [1]

1 Klaus Pfützner, Kunstanspruch und politisches Theater. In: Theater der Kollektive. Hrsg. v. L. Hoffmann. Berlin (DDR) 1980, Bd. 2.

Tanz im Aufbruch

Wandervogel- und Jugendbewegung, Freikörperkultur und Lebensreform waren Strömungen, in denen sich in den beiden Jahrzehnten um 1900 ein neues Lebensgefühl Bahn brach, das aus der Auflehnung gegen Autoritäten und Spießertum seine Impulse erhielt. Diese neue Mentalität drückte sich vor allem in einer verstärkten Hinwendung zum Körper aus, in einem neuen Körperbewußtsein, das auf dem Gebiet des Tanzes zu einer revolutionären Neuorientierung führte. «Rückkehr zu der ursprünglichen Kraft und den natürlichen Bewegungen» lautete das Postulat der Amerikanerin Isadora Duncan (1877–1927), der Protagonistin und Verkünderin jenes Tanzstils, der sich in Deutschland unter der Bezeichnung «freier Tanz», «moderner Tanz» oder Ausdruckstanz gegen das damals stagnierende Ballett und seine Ästhetik richtete und zugleich gegen erstarrte bürgerliche Konventionen revoltierte. Isadora Duncan tanzte «sich selbst». Barfüßig, des Korsetts entledigt, in ein durchsichtiges tunikaähnliches Gewand gehüllt, trat sie vor ihr Publikum und gab zu Musik, die bislang allein für den Konzertsaal bestimmt war, ihren Gefühlen und seelischen Empfindungen tänzerischen Ausdruck. 1904 gastierte sie erstmals in Hamburg, im Saal bei Sagebiel. Ihre Ideen fanden in der Elbmetropole schnell Resonanz, und es bildete sich ein Verein zur Förderung ihrer Bestrebungen. Bei der Lehrerin Minna Radczwill erhielten zunächst Volksschulkinder und Volksschullehrerinnen Unterricht nach der Duncanschen Methode. Minna Radczwill gehörte dem Kreis um Alfred Lichwark (1852–1914) an, dessen kunstpädagogische Neuansätze auf die Volksbildung, insbesondere die Kunsterziehung in Hamburg Einfluß nahmen.

Gertrud und Ursula Falke

Im Bannkreis dieser Reformbemühungen stand auch die Volkstanz-Arbeit von Anna Helms (1877–1963) und Julius Blasche. Sie riefen 1908 die Geestländer Tanzkreise ins Leben und begründeten damit eine überregionale Volkstanzbewegung, die eine breite Schicht jugendbewegter Laientänzer ansprach.

Auf dem Gebiet des künstlerischen Tanzes setzten die Hamburgerinnen Gertrud und Ursula Falke Maßstäbe. Beide absolvierten ihre Ausbildung bei Émile Jaques-Dalcroze in Hellerau und nahmen Unterricht bei Mary Wigman und Rudolf von Laban auf dem Monte Veritá bei Ascona. 1913 trat Gertrud Falke – die ältere der Schwestern – erstmals solistisch im Curiohaus auf, dem Forum für junge, freischaffende Tanzkünstler in

«Die Kunst der Maskentänzer (Lavinia Schulz und Walter Holdt) ließ sich mit dem traditionellen Ballett nicht vergleichen. Sie machten zwar ausgezeichnet Spagat, aber verachteten die klassische Spitzentechnik und die Ästhetik des Leichten, des Vogelflugs, der ikarischen Himmels-Sehnsucht. Ihr Element war der Kampf des Körpers als gleichberechtigter Partner der Schwerkraft. Lavinia Schulz gab ihren Tänzen Namen wie ‹Die Spirale aus Mann und tote Frau› oder ‹Das Gewürge›» (Hans Heinrich Stuckenschmidt, *aus:* «Zum Hören geboren», 1982).

«Der Bewegungschor ist ein Gebilde ureigener Art, entstanden aus dem Strom tänzerischer Bewegungsfreude der Jetztzeit… Er ist ein selbständiger Organismus, dessen Aufgabe es ist, Mittler zu sein, zwischen wirklicher Tanzkunst und der Bewegungsfreude, dem tänzerischen Empfinden des Laien: der Bewegungschor ist die sinn- und wesensgemäße Form der Laien-Bewegungskunst. Es handelt sich also hierbei nicht oder zumindest nicht in erster Linie darum, wie die tänzerische Körperbildung dem Bühnenspiel dienen soll oder kann, sondern gerade umgekehrt um die Auswertung der Kräfte, welche die ästhetische Körperbildung oder tänzerische Bildung aus der Einstudierung und Aufführung chorischer Bewegungswerke zu gewinnen vermag» (Rudolf von Laban, *aus:* «Tanztheater und Bewegungschor»).

der Hansestadt. Als die Falkes um 1916 in der Rothenbaumchaussee die erste Schule für modernen künstlerischen Tanz eröffneten, war damit eine Ausbildungsstätte geschaffen, in der alle Richtungen des modernen Tanzes zusammenflossen: die rhythmisch-musikalische eines Dalcroze, die theoretisch-philosophische eines Laban und die expressionistisch-individualistische einer Mary Wigman. Aus der Falke-Schule gingen u. a. Grete Jung und Elsbeth Baack hervor. Sie gehörten zeitweise zu der sogenannten Münchner Gruppe, die sich unter der Leitung von Andreas P. Scheller und der Tänzerin Jutta von Collande um 1920 in Hamburg formiert hatte. Mit diesem Ensemble trat neben den damals vorherrschenden Podiumstanz – der nicht zuletzt durch die regelmäßigen Auftritte der Wigman in Hamburg sein hohes Niveau erlangt hatte – der Gruppentanz. Hildegard Troplowitz, Gertrud Zimmermann, Manya Haack gehörten zu denen, die als Gäste und vorübergehende Mitglieder der Münchner Gruppe angehörten. Ihren Lebensunterhalt verdienten sie nahezu alle als Tanzpädagoginnen. Viele gründeten eigene Schulen, andere unterrichteten an denen ihrer Kollegen oder Kolleginnen.

Zu den herausragenden, aber wenig bekannten Tänzerpersönlichkeiten der Hansestadt zählten die Maskentänzer Lavinia Schulz (1896–1924?) und Walter Holdt. Sie arbeiteten (1918–1920) für die Kampfbühne von Lothar Schreyer und traten mit ihren selbstgebauten Ganzkörpermasken, die Figuren aus dem Sagenkreis der nordischen Götterwelt nachgebildet waren, mehrfach auf den alljährlich stattfindenden Künstlerfesten in Hamburg auf.

Vor ganz anderem geistigen Hintergrund entstanden die Tänze der gebürtigen Hamburger Sigurd Leeder (1902–1981) und Jean Weidt (alias Hans Weidt) (1904–1988). Leeder hatte ursprünglich ein Graphikstudium in Hamburg begonnen, merkte aber, daß sein eigentliches Medium die Bewegung war. Bereits während seiner Ausbildung an der Kunstgewerbeschule entwarf er für sich und seine Kommilitonen kleine Choreographien. Tanz bedeutete für den bewegungsbegabten, damals 18jährigen Studenten, der sich autodidaktisch seine tanztechnischen Fertigkeiten aneignete, Ausdruck eigener Gedanken und Gefühle. Als Kurt Jooss mit Rudolf von Laban 1922 nach Hamburg übersiedelte, begann die 23jährige enge Zusammenarbeit zwischen Jooss und Leeder.

Das Anliegen Jean Weidts hieß: politisches Engagement im Tanz, Engagement für die durch Armut, Ausbeutung und Krieg Unterdrückten. Er wurde Mitglied der KPD, für die er auch mit

seiner Tanzgruppe auftrat. Weidt war Sohn einer Hamburger Arbeiterfamilie und gelernter Gärtner. Tanzunterricht erhielt er vorübergehend bei Sigurd Leeder, löste sich aber sehr bald von seinem Lehrer und gab eigene Tanzabende. Das Curiohaus und die Kammerspiele Erich Ziegels, denen sowohl Leeder als auch Weidt nahestanden, gehörten u. a. zu ihren Auftrittsorten, bevor sie ihren künstlerischen Weg außerhalb ihrer Heimatstadt fortsetzten.

Als Rudolf von Laban (1879–1958) sich 1922 mit einer 50köpfigen Tänzerschar in Hamburg niederließ, war der Boden für die Umsetzung seiner Ideen schon bereitet. Es gab eine lebendige Tanzszene auf der Ebene des professionellen und auf der des Laien-Tanzes. In der Ernst-Merck-Halle des Zoologischen Gartens, Tiergartenstraße 2, erhielt Laban Räume für die Einrichtung von Ausbildungsklassen. Damit war die Zentralschule «Hamburger Bewegungschöre Rudolf von Laban» gegründet. Für den Tanztheoretiker und -philosophen Laban, dem es um die Ergründung des Wesens tänzerischer Bewegung ging, stand von Anfang an der Gruppentanz im Mittelpunkt seiner theoretischen Überlegungen. Die praktische Durchführung der chori-

Maske «Technik» von Lavinia Schulz und Walter Holdt

Sigurd Leeder

121

Chorische Studie der Hamburger Bewegungschöre Rudolf von Laban

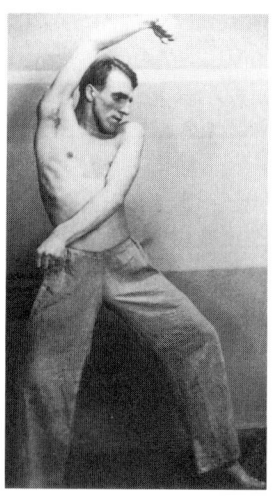

Jean Weidt – «Gesicht eines Arbeiters», Hamburg 1926

schen Idee gelang ihm im eigentlichen Sinne aber erst während der Hamburger Jahre. In der Hansestadt war das Interesse an Labans Bewegungslehre so groß, daß Laienkurse eingerichtet wurden, aus denen dann die Bewegungschöre hervorgingen, die den chorischen Stil des Laientanzes prägten.

Eine Reihe von Labans Choreographien gelangten in den 20er Jahren an unterschiedlichen Spielorten zur Aufführung. Kurt Jooss, Edgar Frank, Jens Keith, Pino Mlakar, Gertrud Loeszer und Karl Bergeest gehörten damals zum Tänzerkreis der Tanzbühne Rudolf von Labans. Bergeest war Hamburger und über die Laientanzkurse der «Hamburger Bewegungschöre» zum Ausbildungsschüler avanciert. Viele, die mit oder nach ihm studiert hatten, gründeten eigene Schulen in Hamburg wie Erika Milee, Lola Rogge oder Anneliese Sauer. Karl Bergeest selbst und seine Kollegen Jens Keith (alias Otto Pecht) und Pino Mlakar begannen nach ihrer Hamburger Zeit eine Tänzer- und Choreographenkarriere.

Operetten und Revuen in und um St. Pauli

Vorreiter für den Operettenboom ab 1900 war das Carl Schultze-Theater, das dieses neue Genre in Hamburg eingeführt hatte; das Operettenzentrum der Hansestadt lag somit in St. Pauli. In wenigen Jahren wurde diese leichte Form des Musiktheaters so beliebt, daß sich einige Bühnen ganz auf einen Operettenspielplan umstellten. Eine von vielen war das 1864 gegründete Theater der Centralhalle, das 1904 unter veränderter Direktion als Neues Operetten-Theater eröffnet wurde. Es ist der Vorläufer des heutigen Operettenhauses am Spielbudenplatz.

1910 wurde ein Konzertsaal am Millerntor zum Theater umgebaut und als Deutsches Operettentheater betrieben. Auch das Schiller-Theater, 1905 durch den Umbau eines leerstehenden Zirkusgebäudes in Altona entstanden, zeigte zwischen Theaterstücken (man spielte die Werke des Namenspatrons des Hauses, daneben Birch-Pfeiffer, niederdeutsches Theater und Hamburger Lokalpossen) gelegentlich Operetten.

Programm des Neuen Operetten-Theaters, um 1905

Neben diesen Bühnen, die sich kurzfristig auf den neuen Trend eingestellt hatten, zeigte das Carl Schultze-Theater weiterhin, wenn auch mit Unterbrechungen, ein von der Operette dominiertes Repertoire. Hier gab es 1903 auch erstmals in Hamburg ein Stück von Lehár zu sehen: «Der Rastelbinder» – heute kaum noch bekannt, zu Lehárs Lebzeiten aber ein erfolgreiches Werk, das dem früheren Militärkapellmeister den Durchbruch als Operettenkomponist verschafft hatte.

Mit dem «Rastelbinder» begann eine lange Serie von Lehár-Aufführungen; aber auch andere Komponisten wie Leo Fall, Oscar Straus oder Emmerich Kálmán wurden von den Hamburger Bühnen gespielt. Nach 1910 kam die sogenannte Berliner Operette von Jean Gilbert und Walter Kollo auf und fand bald ihren festen Platz im Repertoire. Währenddessen blieben aber die mittlerweile schon klassischen Werke von Offenbach und Johann Strauß weiterhin die Zugstücke.

Die Operette war so beliebt, daß sie es in den großen Häusern in St. Pauli mit durchweg über tausend Plätzen zu außerordentlichen Aufführungsserien brachte. Lehárs «Eva» wurde zwischen Februar und Oktober 1912 genau zweihundertmal in der Volksoper aufgeführt, andere Werke brachten es auf ähnliche Zahlen. Die Theaterleiter waren auf diese Erfolge angewiesen,

Grete Sedlitz. Neues Operet-ten-Theater 1925

betrieben sie doch ihre Häuser ohne jeglichen staatlichen Zu-schuß. Operetten-Inszenierungen waren aber in der Ausstattung besonders kostspielige Produktionen. Einnahmen aus der Wer-bung ergänzten den Etat. An der Gestaltung der Programmhefte war diese Praxis ablesbar; sie enthielten zahlreiche Annoncen, aber kaum Textbeiträge zum Stück, wie das zuvor üblich gewe-sen war, sondern meist nur noch die Besetzungsliste und Bilder von Künstlern und dem Komponisten. Das Konterfei Lehárs er-schien zwischen einem «Spezial-Geschäft» für Orientteppiche und einer Anzeige für «Beckers Hustenbonbons». Auch Leihga-ben für einzelne Inszenierungen wurden «mit Dank» vermerkt: «Die Hunde sind von der Firma ‹Schafflands Hundepark›, Altona, Münzmarkt gestellt.»

Geschickte Wirtschaftsführung, klangvolle Künstlernamen und ein populärer Spielplan verhalfen dazu, daß sich einige Di-rektoren über Jahre hinweg halten konnten. Allerdings war das Theatergeschäft voller Risiken. So leicht das Geld mit einem Er-folgsstück verdient war, so rasch konnte es mit einem Mißerfolg verspielt sein. Jean Gilbert, der 1926 an der Spitze eines Gilbert-Konzerns gleich zwei Theater in St. Pauli, nämlich die Volksoper und das Carl Schultze-Theater, betrieb, mußte schon nach weni-gen Wochen Konkurs anmelden.

Seit 1913 hatte St. Pauli mit der Volksoper am Millerntor ein Haus, in dessen Repertoire die Oper vorherrschte. Man zeigte zwar immer auch einige Operetten, hauptsächlich aber populäre Spielopern von Mozart, Lortzing und Weber und Werke von Beethoven und Verdi. Sehr beliebt waren ferner die Opern Ri-chard Wagners. Die Volksoper wagte sich 1920 an den «Parsi-fal» und zeigte fünf Jahre später erstmals in Hamburg Wagners Frühwerk «Das Liebesverbot».

Dem populären Spielplan von Oper und Operette wurden zu-sätzlich Glanzlichter aufgesetzt durch die Gastspiele berühmter Sänger. Stellvertretend für viele andere seien hier nur zwei ge-nannt: Fritzi Massary feierte 1925 im Carl Schultze-Theater Triumphe in «Teresina» von Oscar Straus. Sie war hier bereits 1900/01 als junge Anfängerin engagiert gewesen. Richard Tau-ber kam über Jahre hinweg regelmäßig nach St. Pauli. Er sang in Opern – immer wieder: «Carmen» und Kienzls «Evangelimann» –, besonders häufig in Léhars Operetten.

In den 20er Jahren schwappte die Welle der Revuen von Berlin auch nach Hamburg über und erfuhr hier eine besondere Aus-prägung. Es entstanden zahlreiche Revuen mit Hamburger Lo-kalkolorit. In Paul Möhrings Stück «Hamborg – hest du di ver-ännert!» zum Beispiel kehrt das Paar Wilhelm und Guste aus

Fritzi Arco und Franz Pázmán in «Bub oder Mädel» von Bruno Granichstaedten. Neues Operetten-Theater 1909

«Hortense – Sie haben sich für das Vaterland ausgezogen!», Postkarte zu «Puppchen» von Jean Gilbert. Carl Schultze-Theater 1913

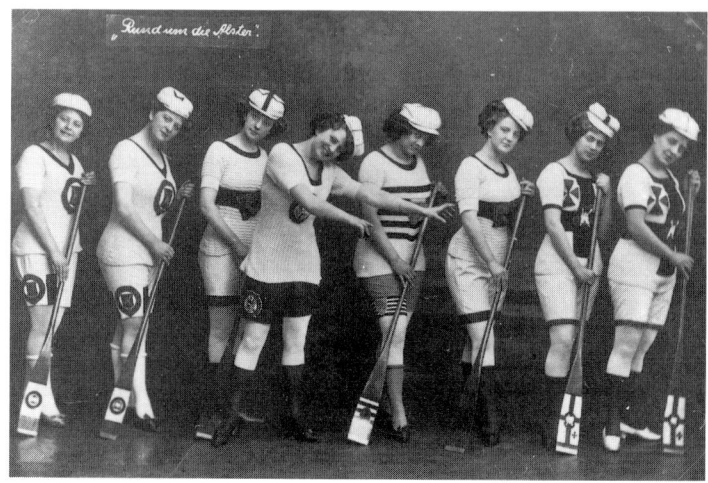

Alfred Müller-Förster und Josef Bendiner «Rund um die Alster», Musik von Rudolf Baron. Neues Operetten-Theater 1911/12 – ein früher Vorläufer der in den 20er Jahren populären Hamburg-Revue

dem Himmel in seine Heimatstadt zurück und erlebt die neue Zeit «In der Linie 26», «Auf der Reeperbahn» und «Im Ballhaus ‹Zauberflöte›, St. Pauli» – so die Titel der einzelnen Nummern der Revue.

Bei aller Operettenseligkeit darf man jedoch nicht übersehen, daß Hamburg überregional als Aufführungsort für Operetten nicht in der ersten Reihe stand. Innovative Impulse für das Genre kamen nicht aus der Hansestadt; die wichtigen Uraufführungen und deutschen Erstaufführungen wurden immer noch in Wien und Berlin herausgebracht. Eine typisch Hamburger Operette mit Ausstrahlung über die Stadt hinaus gab es nicht.

Auf der Höhe des Zeitgeistes – Ernst Kreneks «Jonny spielt auf» im Hamburger Stadttheater

Dieser Abend des 3. Juni 1927 war für viele ein unvergeßliches Erlebnis. Auf dem Programm des Stadttheaters: Ernst Kreneks «Jonny spielt auf», mit Maria Hussa, Aida Montes, Hans Reinmar, Gunnar Graarud und Josef Degler in den Hauptrollen. Regie: Leopold Sachse, musikalische Leitung: Egon Pollak.

Die Handlung hat Herz und Tempo. In einsamer Gletscherwelt verlieben sich Max, ein deutscher Komponist, und Anita, eine erfolgreiche Sängerin. Auf den ersten Treueschwur folgt die erste Trennung; Anita reist zu einem Gastspiel nach Paris. Dort erliegt sie für eine Nacht dem virtuosen Geiger und Verführer Daniello, Max erfährt davon und flieht tief verletzt in die Berge. Durch diese Liebesgeschichte wirbelt Jonny, ein schwarzer amerikanischer Jazzbandgeiger, der in jener fatalen Nacht Daniellos kostbare Amati stiehlt und damit eine wilde Verfolgungsjagd auslöst. Das Finale findet in einem Bahnhof statt: Anita bricht zu einer Amerika-Tournee auf, Max folgt ihr nach schweren inneren Kämpfen, Daniello, immer noch auf der Jagd nach seiner Geige, gerät unter den einfahrenden Zug. Zurück bleibt Jonny mit der Amati.

Kein Zweifel, hier werden alle Register der klassischen Intrigenkomödie gezogen: die Höhen und Tiefen der Liebe, Treue

Ernst Krenek «Jonny spielt auf». Hamburger Stadttheater 1927, Szenenbild

und Verführung, Raub und Verfolgung. Im Bühnenbild wechseln romantische Gletscherpanoramen mit sachlichen Hotelkulissen; vom Auto über Telefon und Staubsauger bis zum Lautsprecher werden die technischen Wunderwerke des modernen Zeitalters mobilisiert. Beim Schlußbild gehen den Zuschauern die Augen über: Eine Lokomotive fährt schnaufend auf die Bühne, der Bahnhof versinkt bei offener Szene, und Jonny schwingt sich auf die Bahnhofsuhr, die sich zum Globus wandelt. Dort oben greift er zur Geige, um den Erdbewohnern zum Tanz aufzuspielen.

Dem bunten Wechsel der Bilder entspricht der musikalische Stil. Er erweist sich als eine raffinierte Mischung aus puccinesken Kantilenen und frechen Jazznummern, lyrischen Passagen und grellen Dissonanzen, Tangorhythmen, Blues und Shimmy. Aphoristisch, teilweise homophon, ist er weder linear noch konsequent atonal.

Revue, Jazzoper, Operette, von jedem ist etwas dabei; mit Oper der gewohnten Art hat das alles nur wenig zu tun. Gleichwohl, den meisten Anwesenden gefällt es; sie bringen Regie und Sängern wahre Ovationen. Für die anderen ist dieser Abend des

---

Rund sechs Billionen Mark gab der Hamburger Opernbesucher 1923 für ein Billett im 1. Rang Mitte aus; erwarb er dazu ein Programmheft, legte er nochmals sechzig Milliarden Mark drauf. ‹Nur› rund sechs Millionen Mark zahlte drei Jahre später die Stadt für den gesamten Neu- und Umbau des Hauses an der Dammtorstraße. Diese beträchtliche Differenz hatte jedoch weniger mit übertriebener hanseatischer Sparwut als vielmehr mit der Stabilisierung der Reichsmark nach der vorangegangenen Inflation zu tun. In diesen Jahren wurde das inzwischen nur noch für Opern genutzte Stadttheater von Leopold Sachse (1880–1961) geleitet, der während seiner Amtszeit 40 Erstaufführungen und 51 Neuinszenierungen herausbrachte und, unterstützt von Hamburgs erstem Generalmusikdirektor Ernst Pollak, pro Saison mit rund 65 Werken aufwarten konnte.

Sachse bewies sein vielseitiges Talent mit prachtvoll ausgestatteten Mozart- und Verdi-Aufführungen und entstaubten, vorbildhaften Wagner-Inszenierungen. Die Wegbereiter der Moderne, allen voran Richard Strauss, aber auch Busoni, Janácek, Pfitzner, Ravel, gehörten ebenso zum Spielplan wie unpopuläre zeitgenössische Komponisten, selbst wenn sie, wie es bei Hindemith und Strawinsky der Fall war, über eine Vorstellung nicht hinauskamen.

Die Konkurrenz von Volksoper, Schilleroper und den Kinopalästen spielte bei dem vermehrten Angebot von Operetten seit Beginn der 30er Jahre eine entscheidende Rolle. Daß am 30. Januar 1933 ausgerechnet Jacques Offenbachs «Banditen» in der Inszenierung von Gustaf Gründgens gegeben wurde, war ein denkwürdiger Zufall. Weniger zufällig hingegen war das unfreiwillige Ausscheiden Leopold Sachses am 31. März 1933 und seine Emigration in die USA.

3.Juni 1927 eine ungeheuerliche Provokation, werden doch mit den beiden männlichen Protagonisten zwei diametral entgegengesetzte Lebensphilosophien auf die Bühne gebracht. Der heitere, amoralische Windhund Jonny entpuppt sich als der eigentliche Held und Lebenskünstler, während Max, dieser empfindsame, von der Wirklichkeit enttäuschte Künstler und Träumer, mehr aus Zufall denn aus eigener Kraft, statt vom Gletscher in letzter Minute auf den fahrenden Zug springt. Das «happy ending» kann die Gemüter nicht besänftigen: Der Geigendieb kommt ungestraft davon, und ob Max mit Anita, die schon einmal statt ihrem Treueschwur der Stimme der Natur gehorcht hat, das große Glück beschieden ist, bleibt selbst beim letzten Vorhang offen.

Hans Reinmar als «Jonny»

Anstoß erregt auch die Musik, die sich vom ernsten Repertoire wie vom Unterhaltungsgenre gleichermaßen inspirieren läßt. Für die Bewunderer des bislang zur Avantgarde zählenden Komponisten bedeutet sie Rückschritt, Anbiederung und Verrat am Atonalitätsprinzip, für die konservativen Musikexperten die Schmähung europäischen Kulturgutes durch die Heilslehre des schwarzen Jonny-Antichrist. Dem *8 Uhr Abendblatt* erscheint Kreneks Oper als das Zeugnis einer Zeit, «wo die Vernegerung so weit gediehen ist, daß die Leute glauben, mit dieser primitiven Rhythmik aus schwarzen Gehirnkästen könne gar unsere Symphonik, das Produkt des Wachsens durch Jahrhunderte, aufgefrischt und angeregt werden.»

Im Namen der aufgebrachten Moralisten fragt der *Hamburgische Correspondent*: «Was soll uns der ganze Zivilisationskehricht, die geile, Szenen von vollendeter Schamlosigkeit umspielende Jazzmusik?»

Für den 27jährigen Autor und Komponisten ist es vor allem ein vergnügliches «Spiel», in dem es gilt, die szenischen, musikalischen und technischen Möglichkeiten des Theaters bis an die Grenzen auszuschöpfen. Doch als Spiel allein löst «Jonny» den vehementen Protest nicht aus. Was die Gegner auf den Plan ruft, ist vielmehr der Verdacht, hier werde die Opernbühne für die Verherrlichung der Neuen Welt mißbraucht. Der Intention des agent provocateur entspricht ein solches Vorhaben nicht, verbirgt sich doch in seinem Spiel eher eine Persiflage auf die Epoche und ihre Widersprüche wie Hoffnung und Skepsis, Pessimismus und Fortschrittsglaube, Amerikanismus und Europakritik.

Unter dem Spiel wird noch ein Weiteres sichtbar: die Revolte einer jungen Musikergeneration gegen die restaurativen Tendenzen der Oper und ihren schönen Schein. Die Überväter Wagner und Strauss sind vom Sockel gestoßen; Literatur-Oper, Pa-

JONNY Mir gehört alles, was gut ist in der Welt. Die alte Welt hat es erzeugt, sie weiß damit nichts mehr zu tun.
Da kommt die neue Welt
Übers Meer gefahren mit Glanz.
Und erbt das alte
Europa durch den Tanz.
Zu Yvonne Du hörst von mir, Yvonne! Jetzt good bye! *Er entfernt sich, wie er gekommen, mit Geige und Hut, blitzschnell durchs Fenster.*
Yvonne steht versteinert.
Man hört Jonny von draußen singen.
ANITA *tritt plötzlich, unruhig, auf* Was ist hier los? War hier jemand? Wo ist Max? (*aus: Ernst Krenek, «Jonny spielt auf»*)

thos und Gefühle werden verspottet oder mit Alltagsfloskeln, Banalitäten und Unterhaltung bunt gemischt. Die neue Kunst sieht sich als Spiegel einer Zeit, in der tradierte Normen, Moralprinzipien und Harmoniegesetze ebenso fragwürdig sind wie der Anspruch auf «Zukunftsmusik».

Für das Publikum ein spannendes Vergnügen, für die Hüter von Sitte und Kultur eine Herausforderung, für die musikalische Avantgarde eine Enttäuschung, wird die Oper bis Ende des Jahrzehnts in 18 Sprachen übersetzt, an über hundert Bühnen aufgeführt und zu einem der größten musikalischen Erfolge des 20. Jahrhunderts. Doch dann wird das Spiel über den Zeitgeist von der Zeitgeschichte überrollt. Von den Nationalsozialisten auf die Verbotsliste gesetzt, gelingt dem Werk in den Nachkriegsjahren trotz mancherlei Versuche kein Comeback. Heute ist «Jonny spielt auf» für viele ein vergessenes Erlebnis.

«Bildgewordene Musik» nannte Leopold Sachse die Arbeiten des griechischen Bühnenbildners Panos Aravantinos (1885–1930), der in den 20er Jahren mit seinen Ausstattungen am Stadttheater wahre Triumphe feierte. Ein Gegner der historisierenden und naturalistischen Kulissenbühne, schuf Aravantinos für die Werke Mozarts, Wagners und Verdis stilisierte Räume und Naturbilder, die nicht nur eine romantische Wunderwelt entstehen ließen, sondern immer auch die Symbiose von Musik und Szene bedeuteten.

Auf der Suche nach Ausdrucksmitteln, die die Oper vor der musealen Erstarrung bewahren sollten, beschritt Heinz Daniel (1893–1960) einen ganz anderen Weg: Abstrakte Aufbauten, Treppen und geometrische Körper stellten die wesentlichen Elemente seiner plastischen Bühnenräume dar, in denen mit der fließenden Veränderung von Farben, Formen und Licht die rhythmische Einheit von Mensch, Raum und Klang vollzogen und eine neue visionäre Realität vorgeführt wurde.

Die Konkurrenz
der Lichtspieltheater

Als Folge der Mechanisierung der populären Schauvergnügen, später auch ihrer Industrialisierung, kommt Ende des 19. Jahrhunderts die Kinematographie auf. Schon in den «Nebelbildern», die um die Mitte des 19. Jahrhunderts in den großen Theatern der Stadt gezeigt wurden, konnte Bewegung in Bildern sichtbar gemacht werden. In den Panoramen und Circusveranstaltungen wurden im letzten Drittel des 19. Jahrhunderts dramatisch-szenische Darbietungen mit Varieté und Tierdressur gemeinsam präsentiert.

Die ersten «Lebenden Photographien», wie die Filme der Frühzeit genannt wurden, griffen die Themen dieser Programme auf. Edisons Kinetoskop, ein Apparat mit Gucklöchern in Gehäusen, in denen 50 Fuß perforierten Films abrollen konnten, wurde 1895 in den europäischen Metropolen vorgeführt. Auch in Hamburg zeigte die Deutsch-Oesterreich-Edison-Kinetoskop-Compagnie in den «elegant ausgestatteten Parterreräumen des Hauses Gänsemarkt Nr. 2» am 16. Mai 1895 das Kinetoskop.

Die Großprojektion «lebender Photographien» von Ottomar Anschütz war ebenso in Hamburg zu sehen (vom 29. Mai 1895 an in Carl Heckel's Concert-Saal, Große Bleichen 32) wie das «Bioskop» der Gebrüder Max und Emil Skladanowsky (am 21. Dezember 1895 im Concerthaus Hamburg). Keine dieser Erfindungen aber konnte sich durchsetzen gegen den technisch überlegenen «Kinematographen» der Gebrüder Lumière aus Lyon, die ihr Produkt schon nach modernen Marketingmethoden zu lancieren verstanden. Der «Kinematograph Lumière» war vom 24. Mai 1896 an in den Ausstellungsräumen der Automatengesellschaft Kobrow & Co. in den Parterreräumen und der ersten Etage des Hauses Kaiser-Wilhelm-Straße 11–15 zu sehen. In den folgenden Jahren gehörten kinematographische Vorführungen zum Repertoire der Hamburger Varietés und Gesellschaftshäuser, dem «Hamburg Tivoli», dem «Flora-Theater», «Carl Schultze-Theater» und dem «Sagebiel».

Als frühester Kinounternehmer Hamburgs gilt Eberhard Knopf, der schon seit Februar 1900 in seinem «Wirthschaftslocal mit Biermusik» am Spielbudenplatz 21 «Lebende Photographien» gezeigt haben soll. Um 1906 wird schon von sieben Theatern berichtet, die in Hamburg und Altona «lebende Photo-

«Nebelbilder, engl. Dissolving Views, waren eine optische Belustigung, die, in England erfunden, auch in Deutschland sehr bekannt wurden. Es waren Laterna Magica-Bilder, die infolge der Anwendung starker Linsengläser und der sehr intensiven Hydrooxygengas- oder elektrischen Beleuchtung in bedeutender Größe und Deutlichkeit auf einer Wand erschienen. Schon um 1798 brachte Robertson in Paris mittels einer eigens konstruierten magischen Laterne, die der bildauffangenden Wand unhörbar genähert oder davon entfernt werden konnte, die Bilder zum nebelhaften Verschwimmen oder Verschwinden und umgekehrt zum allmählichen oder plötzlichen Erscheinen» (aus: Brockhaus, 1988).

graphien» vorführten. Die frühen Kinos lagen, wie in anderen
Großstädten auch, meistens in den Amüsiervierteln, meist in unmittelbarer Nähe der Theater und an belebten Geschäftsstra-
ßen: am Spielbudenplatz, an der Reeperbahn, am Steindamm,
Schulterblatt und Gänsemarkt, an der Hamburger Straße und
der Wandsbeker Chaussee. Gut besuchte Kinos boten täglich bis
zu 8000 Personen Platz. Die «Lebenden» erfreuten sich großer
Beliebtheit bei Arbeitern und kleinen Angestellten, Hausfrauen
und Kindern, die das preisgünstige Medium schnell für sich entdeckten, während das Bürgertum die Kinematographie noch
lange als «Theater der kleinen Leute» verachtete.

Dem Ziel, sich vom Stigma des Unterschichtsvergnügens zu
befreien, kamen die Kinematographenbesitzer jedoch bald mit
der Einrichtung «gesellschaftsfähiger Kinos» deutlich näher. Die
räumliche Trennung von Kinosaal und Ausschank, die Einführung von Parkett und Rängen mit samtbezogenen Polstersesseln,
die Ausstattung mit luxuriösen Foyers, prachtvollen Fassaden
und Stuckverzierung setzten sich durch. Als im September 1909
im früheren «Klett's Gesellschaftshaus» in der Wexstraße 5 das
«Tonbild-Theater, Reform-Kino» eröffnete, versprach die Direktion: «Die Aufführungen bewegen sich in wesentlich anderen
als den üblichen Bahnen und bieten den Beweis, auf welche
künstlerische Höhe sich das lebende Bild bringen läßt.» Zur
Eröffnung so «hocheleganter» und «vornehmer» Kinos wie des
«Waterloo-Theaters» in der Dammtorstraße 14 (November

1909), des Metropol-Theaters am Glockengießerwall (September 1910), des «Elite-Theaters» am Steindamm (November 1910) erschienen Künstler vom Stadttheater und Mitglieder der Bürgerschaft. Als das 1250 Plätze bietende «Lichtschauspielhaus am Millerntor» im April 1912 mit dem Largo von Händel, dem Vortrag der Weberschen Jubelouvertüre und einem feierlichen Prolog, von einem Ensemblemitglied des Deutschen Schauspielhauses gesprochen, eröffnet wurde, berichteten die Altonaer Nachrichten: «Beim Eintritt in das Gebäude glaubt man zuerst wirklich, in einem erstklassigen Theater zu sein.» Als «Vornehmster Lichtspiel-Palast Hamburgs» rühmte sich das «Lessing-Theater» am Gänsemarkt unter der Geschäftsleitung von «Schriftsteller» F. W. Fehse.

Die Versuche, das Kinematographenwesen durch die Orientierung am theatralischen Vorbild zu «heben», wurden ab 1910 von Theaterleitern in Zusammenhang mit einem Rückgang der Besucherzahl der Theater gebracht. Als 1911 schließlich 22 Theater in Deutschland schließen mußten, einzelne gar in Kinematographentheater umgewandelt wurden, mündete das Stadium offener Feindseligkeiten in eine Kriegserklärung der Theaterverbände und ihrer publizistischen Lobby an die Adresse der Kinobranche. Das Präsidium des Deutschen Bühnenvereins gründete eine Kommission zur Beratung von Maßnahmen gegen das Überhandnehmen der Kinematographentheater. Auf der Generalversammlung des Bühnenschriftstellerverbandes am 18. März 1912 wurde beschlossen, sich mit dem Deutschen Bühnenverein (dem Verband der Theaterdirektoren) und der Genossenschaft Deutscher Bühnenangehöriger (der Gewerkschaft der Schauspieler) in Verbindung zu setzen, um die Filmproduktion gemeinsam zu boykottieren.

Aus der Perspektive der Kinobranche, die sich um eine Verschärfung von baupolizeilichen, gewerbeamtlichen und Zensurvorschriften sorgte, war es «kein Wunder, daß sich der Theaterdirektor, dessen Ensemble vor einem halbleeren Haus spielt, darüber ärgert, wenn nebenan im Kino sich die Menge stundenlang Kopf an Kopf drängt».

Ende 1912 gelang es der Filmindustrie, mit berühmten Autoren wie Gerhart Hauptmann, Hermann Sudermann oder Arthur Schnitzler erfolgreich über die Verfilmungsrechte ihrer Werke zu verhandeln. Es folgte eine Art Waffenstillstand zwischen Bühne und Kino. Der ‹Autorenfilm›, bei dem die Beteiligung renommierter Schriftsteller und Bühnenstars wie Wegener und Bassermann dem Kino die ersehnte Respektabilität verschaffen sollte, wurde aus der Taufe gehoben. Mittlerweile gab es in Hamburg

«Lessing-Theater» (erbaut 1912/13) am Gänsemarkt

61 Kinos mit insgesamt 30 000 Sitzplätzen, denen acht Thea-
terbühnen, 13 Spezialitätentheater und ein Zirkus gegenüber-
standen.

Die Inflation der Nachkriegszeit brachte den Aufstieg der
deutschen Filmindustrie mit sich. Deutsche Filme wurden für
das Ausland so konkurrenzlos günstig, daß sich plötzlich Ex-
portchancen eröffneten, von denen man nie zu träumen gewagt
hatte. In der von Paul Möhring herausgegebenen Hamburger
Theater-Rundschau wurde geklagt, daß Theater schließen und
500 ernstzunehmende Schriftsteller Not leiden müßten, während Pola Negri 20 Millionen Mark jährliche Gage erhielte. Jedoch fanden sich schon bald Anzeigen der Filmindustrie, in der
Theater-Rundschau, und ab 1920/21 nannte man sich *Zeitschrift für Theater, Literatur, Musik und Film.*

Die Theaterbranche selbst klagte weiter über Krise und Kino-
konkurrenz, und dies nicht ohne Erfolg. Als im September 1922
die Hamburger Kinos für vier Wochen streikten, um ihrer Forderung nach Anpassung der (50prozentigen) Lustbarkeitssteuer an
die Inflation Nachdruck zu verleihen, erforschte der Chef der
staatlichen Pressestelle Zinn die Auswirkungen des Streiks auf
die Abendkassen der Theater und stellte eine spürbare Verbesserung fest. «Die Situation ist ganz klar», meldete er dem zuständigen Senator, «alles was der Senat tut, um den Kinos das Leben zu
erleichtern, erschwert das Leben der Theater.»

Daß die bei Theaterleitern und Senat beliebte Sündenbock-

theorie zu einfach war, zeigte die mit Vehemenz geführte De-
batte um die Spielpläne der Theater selbst. Auch ihnen wurde
vorgeworfen, spekulativ auf den Amüsierbetrieb umzustellen,
um Kino, Kabarett, Varieté und Sportveranstaltungen durch
Operette, Revue, Sittenstück und Sensationsdrama aus dem
Felde zu schlagen. Erich Ziegel, Leiter der Hamburger Kammerspiele, sprach sich für das «künstlerische Universaltheater» aus:
«Ich lehne jede Einseitigkeit entschieden ab: von Sophokles bis
Georg Kaiser, von ‹Aristophanes› bis, meinetwegen, ‹Charleys
Tante›!» Wie Ziegel den «Saisonschlager, das Stück, über das
man spricht», verteidigte, so wollte auch Hermann Röbbeling,
der Direktor des Thalia Theaters, auf populäre Zugstücke wie
«Die weiße Fracht», «Stiefmama» oder «Zweimal Oliver» nicht
verzichten.

Während Hamburg 1926 zwölf Millionen Kinozuschauer
(Berlin 50 Millionen, Köln sechs Millionen) hatte, kamen 1928
2,5 Millionen Besucher in die Theater. «Hat Hamburg zu viele
Theater?» fragte Paul Möhring im *Hamburgischen Correspon-
denten* vom 12. Februar 1926 und stellte fest, daß auf 100 Leute
nur ein Theaterplatz pro Abend käme. Nicht nur der Vergleich
mit Berlin zeigte, «daß eine Großstadt im Range Hamburgs
entschieden viel mehr Theatersitze für seine Bevölkerung zur
Verfügung haben muß». Die Anzahl der Kinoplätze lag dagegen
Anfang der 30er Jahre so hoch, daß von einer Kinoüberflutung
gesprochen wurde. Mit «UFA-Palast» am Gänsemarkt, «Schauburg» am Millerntor und «Emelka-Palast» waren Großkinos
mit bis zu 2800 Plätzen eröffnet worden. Die offizielle Weihe der
«Schauburg» zur «Pflegstätte kultivierter Filmkunst» wurde
durch einen Vortrag eines Ehrenmitglieds des Deutschen Schauspielhauses eingeleitet, und als Conférencier des glanzvollen
Abends fungierte ein Schauspieler des Thalia Theaters. Die Anwesenheit veritabler Vertreter der Behörden, bekannter Persönlichkeiten des hamburgischen Wirtschaftslebens und der Gesellschaft verstand sich mittlerweile von selbst.

Theater,
Oper und Tanz
1933 bis 1945

Daten zur Geschichte

1933   Beginn der ‹Machtergreifung› Adolf Hitlers nach dessen Reichs-
        kanzlerschaft. Die letzte Reichstagswahl bringt der Rechtskoali-
        tion fast 52, in Hamburg nur 47 Prozent der Stimmen. Das Er-
        mächtigungsgesetz ermöglicht die Auflösung der Parteien und
        Parlamente. Einrichtung von Konzentrationslagern.
        Der Reichspropagandaminister Joseph Goebbels unterstellt die
        deutschen Bühnen und ihre Angehörigen der Reichstheaterkam-
        mer. Auflösung von Bühnengenossenschaft und Bühnenverein.
        Aufbau einer Hamburger Verwaltung für Kulturangelegenheiten.
        Verstaatlichung von Stadttheater (ab 1934 Hamburgische Staats-
        oper) und Deutschem Schauspielhaus (ab 1933 Staatliches Schau-
        spielhaus). Bis 1935 Entlassung der jüdischen Mitarbeiter an den
        Staatstheatern. Zwangsgründung des Jüdischen Kulturbundes.
        Auflösung des Dachverbandes der Volksbühnenkunst und Grün-
        dung des Rings der Volksspielbühnen Groß-Hamburg e. V.
        Der Staatskommissar und aus Theaterleidenschaft faktisch als Ver-
        waltungsdirektor am Stadttheater fungierende jüdische Staatsrat
        Leo Lippmann, der sich seit 1920 unermüdlich für die Subventio-
        nen und die sie motivierenden sozialen Verbesserungen am Opern-
        betrieb eingesetzt hatte, wird aus allen seinen Ämtern entlassen.
        Bedroht von der Deportation, begehen Lippmann und seine Frau
        1943 Selbstmord.

1934   Lola Rogge übernimmt die Hamburger Bewegungschöre Rudolf
        von Laban, die mit ihrer Altonaer Labanschule fusionieren.

1935   Reichstheaterfestwoche in Hamburg

1936   Verbot der «subjektiven» Kritik durch das Reichspropagandami-
        nisterium: Nur noch «objektive» Kunstbetrachtung ist erlaubt.
        Die Niederdeutsche Bühne (Ohnsorg Theater) bezieht das Haus in
        den Großen Bleichen.

1937   Groß-Hamburg-Gesetz: Bisher preußische Gebiete, wie Altona,
        Harburg-Wilhelmsburg oder Wandsbek, werden mit Hamburg
        vereinigt. Die Zahl der Einwohner steigt um 40 Prozent auf 1,7
        Millionen.
        Verstaatlichung des Thalia Theaters. Die Stadttheater von Altona
        und Harburg werden hamburgisch; damit unterhält Hamburg sie-
        ben Jahre lang fünf staatliche Bühnen.

1938   «Reichskristallnacht». Beginn der Judendeportationen. Juden
        werden vom Besuch öffentlicher Kunst- und Unterhaltungsveran-
        staltungen ausgeschlossen. Jüdischen Künstlern wird die Auffüh-
        rung von Werken der deutschen Nationaldichtung verboten.

1939   Der deutsche Angriff auf Polen entfesselt den Zweiten Weltkrieg.

1940   Gründung der Hamburger Theatersammlung durch Paul Theodor
        Hoffmann.

1941   Verbot der zwangsgegründeten Jüdischen Kulturbünde, die als
        Vorzeige-, Sammel- und Überwachungsorganisation ausgedient

haben. Das Haus des Hamburger Jüdischen Kulturbundes in der Hartungstraße, das auf Geheiß der Gestapo vom Bauverein der Anthroposophischen Gesellschaft gekauft und zum Theater ausgebaut worden war, wird geschlossen. 1943 Ankauf durch die Hansestadt Hamburg und Wiedereröffnung als Thalia-Kammerspiele.

1943 «operation gomorrha»: Britische und amerikanische Bomberwellen entfachen orkanartige Feuerstürme in Hamburg. In einer Woche hat Hamburg ca. 35 000 Tote und 100 000 Verletzte zu beklagen.

1944 Im Zuge der totalen Kriegsführung ordnet Joseph Goebbels zum 1. September die Schließung aller Theater an.

Theaterpolitik 1933 bis 1945. Im März 1933 wurde das «Reichsministerium für Volksaufklärung und Propaganda» unter Joseph Goebbels als zuständigem Minister eingerichtet. Die Theaterabteilung des Ministeriums beschäftigte sich mit allen personellen, finanziellen und rechtlichen Fragen des deutschen Theaters, überwachte die gesamte dramatische Produktion und kontrollierte die Spielpläne. Ein Jahr später wurde die zentrale Machtposition des Propagandaministeriums in einem «Theatergesetz» festgeschrieben.

Ebenfalls 1933 kam es zur Gründung der Reichskulturkammer; auch hier lag die Leitung bei Goebbels. Wichtige Theaterverbände wie der Deutsche Bühnenverein oder die Genossenschaft Deutscher Bühnenangehöriger wurden in die Reichstheaterkammer eingegliedert. Die Mitgliedschaft war für jeden Theaterschaffenden Voraussetzung für die weitere Beschäftigung am Theater; Nichtmitglieder der Kammer durften von keinem Theater engagiert werden.

In Hamburg war das Theater bis 1933 in die Zuständigkeit verschiedener Behörden gefallen. 1933 wurden diese Kompetenzen in einer neu gegründeten «Behörde für Kirche und Kulturangelegenheiten» zusammengefaßt, die dem örtlichen Reichsstatthalter der NSDAP und dem Propagandaministerium in Berlin unterstand. Aus dieser Behörde ging – nach mehreren Umbenennungen – 1946 die Kulturbehörde hervor, die noch heute für alle Theaterangelegenheiten zuständig ist.

Fast gleichzeitig mit der Einrichtung dieser zentralen Hamburger Kulturverwaltung kam es zu einer Änderung der Trägerschaft der beiden größten Hamburger Bühnen: Hamburgisches Staatstheater (= Oper, Intendant: Heinrich K. Strohm, seit 1933) und Deutsches Schauspielhaus (Intendant: Karl Wüstenhagen, seit 1932) wurden mit Beginn der Spielzeit 1933/34 verstaatlicht; das Thalia Theater (Intendant: Paul Mundorf, seit 1934) folgte 1937. Erste theaterpolitische Großveranstaltung der neuen Machthaber in Hamburg war die Reichstheaterfestwoche, die in Anwesenheit von Goebbels 1935 eröffnet wurde.

Repräsentativ
für das «Deutsche Tor zur Welt» –
die Hamburgische Staatsoper

Die Bedeutung der Oper in Hamburg war im Rahmen der faschistischen Kulturpolitik festgeschrieben: «eine repräsentative Oper für das Deutsche Tor zur Welt». Die Verstaatlichung dieser Bühne – sie wurde 1933 in Hamburgisches Staatstheater, ein Jahr später in Hamburgische Staatsoper umbenannt – war nicht nur ein Akt der allgemeinen Gleichschaltungspolitik, sondern wurde zugleich als «Rettung» des Hauses ausgegeben. Wegen ihrer ungesicherten finanziellen Grundlage war diese Bühne seit Jahren ein Sorgenkind der Stadtregierung, die ihre Beamten und Angestellten immer wieder zur Unterstützung der Oper durch den Erwerb eines Abonnements aufforderte. Beide Maßnahmen trugen dann auch sehr bald zur wirtschaftlichen Konsolidierung des Hauses bei.

Neben der Staatsoper gab es in den 30er Jahren noch ein weiteres privat betriebenes Opernhaus: Das frühere Schiller-Theater in Altona wurde nach einem Umbau im Jahre 1932 zur Schiller-Oper. Der Spielplan war hier insgesamt operettenlastiger als in der Staatsoper, man wagte sich gelegentlich jedoch auch hier an die Opernklassiker. Viele Sänger, die an der Oper in der Dammtorstraße auftraten, gastierten auch in Altona, so Mathieu Ahlersmeyer oder Helge Roswaenge.

Die Arbeit der Oper in der Zeit von 1933 bis 1945 war wie die der Schauspielbühnen gekennzeichnet durch zahlreiche Ungereimtheiten und Widersprüche. Der Intendant Heinrich K. Strohm vertrat zwar die offizielle Linie, stellte sich aber zusammen mit seinem Verwaltungsdirektor Albert Ruch immer wieder schützend vor die gefährdeten jüdischen Ensemblemitglieder. Trotzdem mußte neben der Sopranistin Rose Book auch der Tenorbuffo Paul Schwarz im Mai 1934 die Hamburger Bühne nach 21 Jahren verlassen, obwohl sein Vertrag zwei Monate zuvor noch verlängert worden war. Mitarbeiter der staatlichen Behörden halfen ihm, sich in Sicherheit zu bringen. 1935 wurde Sabine Kalter, eine der ersten Altistinnen Europas und beim Publikum überaus beliebt, aus ihrem 20jährigen Engagement an der Hamburger Oper entlassen und emigrierte nach England. Sie erhielt allerdings noch bis Kriegsbeginn, ebenso wie der vormalige Intendant Leopold Sachse, eine Pension. Die Sängerin Hedy Gura, eine Halbjüdin, wurde 1933 engagiert und konnte bis 1945 auftreten.

Giuseppe Verdi «Macbeth». Hamburgische Staatsoper 1933. Sabine Kalter als Lady Macbeth, Mathieu Ahlersmeyer in der Titelrolle

Im Spielplan dominierten, ähnlich wie heute, die Werke Verdis, Wagners, Mozarts, Puccinis und Strauss'. Als Ergebnis der deutschen Ostpolitik vor Kriegsbeginn fand die Förderung der slawischen Musik ihren Ausdruck in der Aufführung der Werke Moniuszkos, Mussorgskys, Borodins und Janáčeks; selbst Strawinsky kam auf diese Weise mit mehreren Balletten zur Aufführung. Zu den anerkannten modernen Komponisten zählten

Pfitzner, Egk, Orff und Graener. Die Werke Zoltán Kodálys waren zugelassen, die Musik seines Landsmannes Béla Bartók wurde dagegen nicht gespielt. Hindemiths Oper «Mathis der Maler» mußte während der Proben abgesetzt werden; «Das Opfer» von Winfried Zillig fand zunächst wegen seines «heldischen» Themas (Kapitän Scotts Südpolexpedition) Anklang bei den staatlichen Stellen, wurde 1937 uraufgeführt und noch weitere viermal gezeigt. Dann setzten die Behörden das «neutönerische» Stück des Schönberg-Schülers mit dem Libretto des expressionistischen Autors Reinhard Goering auf den Index. Aus dem Operettenrepertoire verschwanden die Werke des jüdischen Komponisten Jacques Offenbach.

Neben dem laufenden Spielbetrieb bot die Oper zahlreiche Gastspiele sowie Festvorstellungen, u. a. anläßlich der «Reichstheaterfestwoche» (1935) oder der «Deutsch-Italienischen Kunstwoche» (1941–43). Hitler wurde einmal, Goebbels mehrfach mit allen Ehrenbezeugungen in der Oper empfangen, wobei das Publikum Künstler wie die jüdische Sängerin Sabine Kalter oder den Dirigenten Wilhelm Furtwängler (er hatte sich kurz vor seinem Auftritt in der Oper für das Werk Hindemiths engagiert) demonstrativ mehr bejubelte als die anwesenden Vertreter des NS-Regimes.

Künstlerisch wurde die Intendanz von H. K. Strohm durch den «Hamburger Opernstil» geprägt, den die Bühnenbildner Wilhelm Reinking und Gerd Richter kreiert hatten. Als Kombi-

Richard Wagner «Der Flie-
gende Holländer». Hamburgische Staatsoper 1937. Bühnenbild: Wilhelm Reinking.
Die Titelrolle sang Hans
Hotter.

nation aus historisierender Prospektmalerei und plastischen Ele-
menten wirkt er aus heutiger Sicht in seiner Monumentalität be-
drohlich und in seiner hyperrealistischen Detailstrenge phanta-
sietötend. Der «Hamburger Opernstil» manifestierte sich u. a. in
den Inszenierungen von Wagners «Lohengrin» und «Der Fliegende Holländer», Gounods «Margarete», Glucks «Orpheus
und Eurydike» und Mozarts «Die Zauberflöte».

1940 verließ Reinking gemeinsam mit H. K. Strohm die Hamburger Oper. Der neue Intendant, Alfred Noller, engagierte als
Nachfolger Reinkings den ehemaligen Brecht-Mitarbeiter Caspar Neher und traf damit eine Wahl, die politisch mutig war und
in künstlerischer Hinsicht einen deutlichen Gegenpol zum Stil
seines Vorgängers bildete. Die anti-illusionistischen, phantasie-

vollen und Phantasie freisetzenden Arbeiten Nehers zu Verdis «Macbeth», Mozarts «Don Giovanni» und Orffs «Carmina Burana» sind dafür Beispiele.

In Oscar Fritz Schuh hatte die Oper einen begabten jungen Regisseur gefunden, der sich auf die Analyse der psychologischen Motivationen seiner Bühnengestalten verstand und in sei-

144

ner Regiekonzeption viele Elemente des später von Felsenstein und Rennert realisierten Musiktheaters vorwegnahm. Mit einem hochqualifizierten Ensemble, zu dem u. a. Herta Faust, Gusta Hammer, Ilse Koegel, Martina Wulf, Erna Schlüter, Theo Herrmann, Hans Hotter, Willy Frey und Mathieu Ahlersmeyer gehörten, wurden künstlerische Leistungen vollbracht, die über die Grenzen Hamburgs hinaus Beachtung fanden.

Im August 1943 wurde das Zuschauerhaus der Oper bei einem Bombenangriff weitgehend zerstört, so daß die neue Spielzeit nicht im Opernhaus beginnen konnte. Die Vorstellungen wurden deswegen ab Oktober 1943 fünfmal wöchentlich im Thalia Theater gegeben, das man durch bauliche Veränderungen für den Opernbetrieb behelfsmäßig hergerichtet hatte. Das Ensemble das Thalia Theaters wich auf eine Kammerspielbühne in der Hartungstraße aus. Später fanden auch Opernaufführungen in der Musikhalle statt, für die – erzwungen durch die kleineren Räumlichkeiten – neue Formen der szenischen Realisation gefunden werden mußten.

Auch nachdem Goebbels im August 1944 den «totalen Krieg» ausgerufen hatte, spielte die Staatsoper auf Anordnung des Gauleiters und Reichsstatthalters Kaufmann in geschlossenen Vorstellungen für Soldaten und Angehörige einzelner Betriebe weiter. Die letzte Vorstellung vor Kriegsende war eine Aufführung von Puccinis «Madame Butterfly» am 9. April 1945.

W. A. Mozart «Don Giovanni». Hamburgische Staatsoper, Aufführung in der Musikhalle, 1943. Bühnenbild und Kostüme: Caspar Neher

145

Tanz in Hamburg

Der einzig anerkannte Fachverband für Tanz innerhalb der
Reichstheaterkammer war der Deutsche Chorsänger- und Tän-
zerbund, der im März 1936 in die Fachschaft Bühne übergeleitet
und ab 1. April 1936 zu einer eigenständigen Fachschaft Tanz
innerhalb der Reichstheaterkammer umstrukturiert wurde. Im
August 1933 gab Rudolf Bode, der Leiter der Fachgruppe «Körperbildung und Tanz» des Kampfbundes für Deutsche Kultur,
«Die geistigen Grundlagen für Körperbildung und Tanz im
Nationalsozialistischen Staat» als Richtlinien heraus. Alles «Zu-
viel, alles Überflüssige» müsse vermieden werden und das «Ein-
fache und Echte zum Ausdruck kommen», hieß es in einer Zu-
sammenfassung. «Rassefremde Einflüsse» hätten das «lebendig
sich Ausdrückende in der Bewegung weitgehend geschwächt»;
der Tanz würde erst dann wieder zu «gesunden und lebensvollen
Formen zurückfinden, wenn alle Schaffenden die Weltanschau-
ung des deutschen Nationalsozialismus in ihrer Totalität wirklich erfaßt hätten».

Die jüdische Hamburger Tänzerin und Pädagogin Erika Milée
(geb. 1907) mußte Deutschland verlassen, ebenso ihr Kollege

Jean Weidt, der kommunistisches Parteimitglied war und inzwischen in Berlin arbeitete. Sigurd Leeder emigrierte mit den Ballets Jooss, deren Mitglied er war, nach England. Die Tänzerin, Pädagogin und Choreographin Lola Rogge (geb. 1908) blieb in Hamburg. Als ehemalige Labanschülerin und langjährige Assistentin von Albrecht Knust übernahm sie am 1. April 1934 die Leitung der «Hamburger Bewegungschöre Rudolf von Laban». Knust selbst hatte einen Ruf an die Tanzabteilung der Folkwangschule in Essen erhalten. Die «Hamburger Bewegungschöre» fusionierten mit Lola Rogges 1927 gegründeter «Altonaer Labanschule Lola Rogge». Während der Hitler-Diktatur brachte die 27jährige Schulleiterin zwei große Tanzschauspiele im Deutschen Schauspielhaus zur Uraufführung: «Die Amazonen» (1935) und «Die Mädcheninsel» (1939). Beide Choreographien waren chorische Werke, ganz auf die Scharen ihrer Laientänzer in den Bewegungschören zugeschnitten. Laienspiele und kultisch-chorische Schauspiele, in denen Tanz, Pantomime und Massenaufzüge als Darstellungsmittel eingesetzt wurden, gehörten zu jenen bevorzugten Ausdrucksformen, die den kulturpolitischen Zielsetzungen des NS-Staates dienlich schienen und sich in die Programmatik einer «neuen völkischen Tanzkunst» integrieren ließen.

«Die Mädcheninsel» von Lola Rogge

«Es war wie ein Symbol: Ende Juni 1939 war die Mädcheninsel aufführungsreif – und als wir die Uraufführung im Schauspielhaus erlebten, ahnten wir nicht, daß sich hier in einem tänzerischen Gleichnis von fast prophetischer Aktualität unser Abschied vom Frieden vollzog. Wie Achill den schützenden Kreis der Mutter und die Geborgenheit auf der weltabgeschiedenen Insel verliess, so brach ein Volk auf, um sich in einen Krieg von beispiellosem Ausmaß zu bewähren» (Hugo Sieker, im Mai 1944).

Pavane auf den Tod einer Infantin mit Helga Swedlund und Almut Winckelmann (Mitte der 30er Jahre) Choreographie: Helga Swedlund, Musik: Maurice Ravel

*Tanz um Liebe und Tod, 1939.
Choreographie: Helga Swedlund, Musik: Paul Höffer*

Am Hamburger Stadttheater, das seit 1934 die Bezeichnung
Hamburgische Staatsoper trug, hatte Helga Swedlund 1932 die
Aufgaben der Choreographin und Ballettmeisterin übernommen. Unter ihrer Führung trat das Ballett erstmals aus seiner
Randstellung heraus, die es noch zur Zeit ihrer Vorgängerin
Olga Brandt-Knack eingenommen hatte, und es entstanden
abendfüllende, eigens für das Ballett geschaffene Werke. Helga
Swedlund blieb zwar der Tradition des klassischen Balletts verbunden, wo es aber die künstlerische Aussage erforderte, bezog
sie auch moderne Ausdruckselemente ein. Man werde «weder
das Ballett unterdrücken noch den Ausdruckstanz», lautete eine
offizielle Stellungnahme zum Tanz. Der Theatertanz unter
Helga Swedlund an der Hamburgischen Staatsoper fügte sich
widerspruchslos in dieses Konzept.

Klassiker, «völkische Dramatik» und viel Unterhaltung an den Schauspielbühnen

«Auflehnung war nicht beabsichtigt» – unter diesem Titel charakterisiert Erich Lüth in seinem Buch über «Hamburger Theater 1933–1945» den Spielplan des Deutschen Schauspielhauses zu dieser Zeit. Lüths Einschätzung trifft jedoch nicht nur für das Schauspielhaus und nicht nur für die Spielplangestaltung zu: Personalpolitik, Repertoirepflege und Inszenierungen der Hamburger Bühnen waren zwar gekennzeichnet durch das Bemühen, vorhandene Freiräume, die die rigoros dirigistische Kulturpolitik offenbar dennoch ließ, zu nutzen; grundsätzlich aber wurde den Vorgaben der nationalsozialistischen Theaterpolitik kein Widerstand entgegengesetzt.

Das Deutsche Schauspielhaus – es wurde im Herbst 1933 verstaatlicht und hieß bis 1945 «Staatliches Schauspielhaus» – war schon vor der Machtübernahme 1933 Angriffen der nationalsozialistischen Presse ausgesetzt. So protestierte das *Hamburger Tageblatt* gegen eine Inszenierung eines jüdischen Regisseurs und weigerte sich, die Aufführung zu besprechen. Der Druck der rechtsgerichteten Presse, verbunden mit der angespannten wirtschaftlichen Lage des Hauses, führte schließlich dazu, daß das *Hamburger Tageblatt* bereits am 22. März 1933 (also noch vor den organisierten antisemitischen Boykottaktionen vom 1. April und der Verkündung des «Gesetzes zur Wiederherstellung des Berufsbeamtentums» vom 7. April dieses Jahres) in seiner Titelzeile triumphieren konnte: «Die Reinigung des Deutschen Schauspielhauses Hamburg: Alle Juden entlassen! Wüstenhagen baut die jüdischen Schauspieler und Regisseure ab». Bereits seit Ende der Spielzeit 1932/33 war diese «Säuberungsaktion», wie es im NS-Jargon hieß, im Gange. Eine durchaus mutige Entscheidung des Intendanten war es freilich, den bei der deutschen Kulturführung höchst unbeliebten Regisseur Jürgen Fehling ans Staatliche Schauspielhaus zu engagieren. Fehling inszenierte hier Schillers «Don Carlos» (28. Februar 1935), Lessings «Minna von Barnhelm» (11. Mai 1935) und Friedrich Hebbels «Kriemhilds Rache» (29. Februar 1936).

Als ebenso zwiespältig, wenn auch nicht mit so spektakulären Schlagzeilen verbunden, erwies sich die Personalpolitik am Thalia Theater. Hier war einerseits die Beschäftigung des Bühnen-

Beliebte Inszenierungen des Staatlichen Schauspielhauses:

Ludwig Thoma «Moral» (Premiere 1941, 82 Aufführungen)
Björnstjerne Björnson «Wenn der junge Wein blüht» (Premiere 1933, 80 Aufführungen)
Joh. Wolfgang von Goethe «Egmont» (Premiere 1934, 55 Aufführungen)
Friedrich Schiller «Maria Stuart» (Premiere 1940, 54 Aufführungen)
Heinrich Zerkaulen «Der Sprung aus dem Alltag» (Premiere 1935, 52 Aufführungen)
Hans Müller-Schlösser «Schneider Wibbel» (Premiere 1933, 51 Aufführungen)
Gotthold Ephraim Lessing «Minna von Barnhelm» (Premiere 1935, 49 Aufführungen)
Alois Johannes Lippl «Die Pfingstorgel» (Premiere 1934, 49 Aufführungen)
Friedrich Hebbel «Die Nibelungen» (Premiere 1933, 48 Aufführungen)

Auf Grund der Bühnenausstattung zu Fehlings Inszenierung von Lessings «Minna von Barnhelm» verlor der Bühnenbildner Cesar Klein seine Professur an der Berliner Kunsthochschule. Unmittelbarer Anlaß war eine übergroße Negerskulptur, die Klein als Säule in den Raum plaziert hatte.

«Don Carlos» von Friedrich Schiller im Staatlichen Schauspielhaus 1935. Regie: Jürgen Fehling, Bühnenbild: Cesar Klein

bildners Otto Gröllmann möglich, der nicht Mitglied der Reichskulturkammer war und in Verbindung mit der kommunistischen Widerstandsgruppe um Karl Bernhard Bästlein, Franz Jacob und Robert Abshagen stand. Andererseits konnte Charlotte Kramm, jüdische Schauspielerin und Lebensgefährtin des späteren Intendanten Willy Maertens, seit 1933 nicht mehr auftreten und Proben nur noch heimlich beobachten. Die Schauspielerin Hanne Mertens fiel der Verfolgung durch die Gestapo zum Opfer; sie wurde im April 1945 im Konzentrationslager Neuengamme ermordet.

Neben der Personalpolitik sind auch die Spielpläne der beiden Häuser Indiz für das Bemühen, sich politisch zu arrangieren. Die zentrale Kontrolle des Repertoires durch den Reichsdramaturgen setzte die allgemein geltenden Reglementierungen auch für die Hamburger Bühnen durch. Stücke jüdischer Autoren verschwanden vom Spielplan; neu aufgenommen wurden Werke der von der Reichs-Kulturkammer besonders geförderten Autoren. Der mangelnden Qualität der neuen NS-Dramatik versuchten die Häuser, wie überall im Reich, durch ein forciertes Spielen von Klassikern, besetzt mit beliebten Schauspielern wie Ehmi Bessel, Maria Wimmer, Werner Hinz oder Gustav Knuth (alle am Staatlichen Schauspielhaus), zu entfliehen. Der Bedarf an «bodenständiger» Dramatik wurde durch harmlose Volksstücke gedeckt.

Das Thalia Theater brachte einige Werke von NS-Dramatikern wie Eberhard Wolfgang Möller und auch zwei Stücke von Forzano und Benito Mussolini auf die Bühne, konzentrierte sich sonst aber, im Einvernehmen mit den zuständigen Behörden, auf das Lustspiel. Große Namen wie Ibsen und Strindberg, Shaw und Shakespeare (letzterer allerdings nur bis zum Beginn des Krieges gegen England) waren zwar im Repertoire vertreten, spielten jedoch eine untergeordnete Rolle.

Neben den Staatstheatern gab es privat geführte Bühnen, die überwiegend Volksstücke inszenierten, meist noch in niederdeutscher Sprache. So etablierte sich die 1902 als «Dramatische Gesellschaft» gegründete Niederdeutsche Bühne unter Richard Ohnsorg (1876–1947) 1936 als Berufstheater an den Großen Bleichen. Auch das Ernst-Drucker-Theater zeigte, nach alter Tradition des Hauses, in seinen Stücken «Hamburger Volkstum, Hamburger Humor, Hamburger Gemütlichkeit – alles umrahmt von Hamburger Liedern». 1941 verlangten die zuständigen Behörden eine Umbenennung des Hauses, weil der Namenspatron und frühere Leiter Jude gewesen sei; so kam es zu der – bis heute beibehaltenen – Bezeichnung «St. Pauli-Theater».

Das Thingspiel, von der NS-Kulturpolitik bis Mitte der 30er Jahre als neue Form des völkischen Theaters propagiert, fand keinen Niederschlag im Theaterleben der Hansestadt. Es fehlte an geeigneten, historisch bedeutungsvollen Plätzen für Freilichtaufführungen. Lediglich 1935 wurde in der Hanseatenhalle das

Hanne Mertens in «Hedda Gabler» von Henrik Ibsen. Thalia Theater 1944

«Heinrich der Hohenstaufe» von Dietrich Eckart im Staatlichen Schauspielhaus 1935. Eckart (1868–1926) war in den frühen 20er Jahren Mitarbeiter des Völkischen Beobachters.

151

Eröffnung der Reichstheater-
tage der Hitler-Jugend im
Thalia Theater, 1938, mit der
Uraufführung von Eberhard
Wolfgang Möller «Der Unter-
gang von Karthago»

«Der Lügner und die Nonne»
von Curt Goetz im Thalia
Theater 1940

chorische Festspiel «Deutsche Heimkehr» von Wilm Geyer gezeigt, der damit ein Preisausschreiben der Deutschen Arbeits-
front gewonnen hatte. Es blieb jedoch der einzige Versuch, diese
Richtung faschistischen Massentheaters in Hamburg einzufüh-
ren.

Von der Schließung der Bühnen im gesamten Reichsgebiet
zum 1. September 1944 waren auch die Hamburger Theater be-
troffen. Ausnahmen bildeten die Oper und das Staatliche Schauspielhaus, die bis Kriegsende geschlossene Vorstellungen für Soldaten und Mitglieder einzelner Betriebe gaben.

Szenenbild aus dem Volks-
stück «Zitronenjette» von
Paul Möhring. Ernst Budzins-
ki in der Titelrolle. Ernst
Drucker-Theater 1940

«Meine Schwester und ich».
Regie: Hans Buxbaum,
Bühnenbild: Alfred Müller,
Jüdischer Kulturbund Hamburg 1936

Jüdischer Kulturbund Hamburg. 1934 gründete die Jüdische Gemeinde in Hamburg nach dem Berliner Vorbild den Jüdischen Kulturbund Hamburg, der bis 1939 die einzige noch genehmigte, gleichzeitig streng überwachte Wirkungsstätte für jüdische Künstler wurde.

Trotz der mit dieser Organisation verbundenen «Ghettoisierung» jüdischer Kultur – auch als Publikum waren nur «nicht-arische» Personen staatlich genehmigt – entwickelte sich hier bis zum Oktober 1938 ein reichhaltiges Theaterleben, mit fünf bis sechs Inszenierungen pro Spielzeit. Auf dem Programm standen Stücke von Shaw, Schnitzler, v. Hofmannsthal, Molnar, Wilde, Alejchem, Hirschfeld u. a.

Während der vierjährigen Tätigkeit des Hamburger Kulturbundes wirkten u. a. folgende Künstler an den Theateraufführungen mit: Dr. Hans Buxbaum (Regie), Dr. Fritz Behrend (Kapellmeister), Kurt Löwengard (Bühnenbild), Käte Friedheim (Kostüme); als Schauspieler und Schauspielerinnen traten auf: Kurt Appel, Ann Bergen, Klaus Brill, Liselotte Cohn, Max Ehrlich, Martin Erhard, Kurt Erich, Heinz Friedberg, Camilla Gadiel, Edith Hersslik, Hans Hinrich, Trude Hirsch, Artur Holz, Carl Heinz Jaffé, Liselotte Juliusberg, Mela Kennedy, Julius Kobler, Norbert Kobler, Max Kaninski, Willi Kruszynski, Rose Lichtenheim, Fritz Melchior, Lotte Müller-Oppenheimer, Ilse Phillipp, Erika Praitorius, Anna Barbara Sachse, Berthold Segall, Hermann Schindler, Kurt Schindler, Anneliese Töpfer, Max Wächter, Albert Wächter, Jenny Schaffer, Erna Cohn, Camilla Spira, Ruth Elisabeth Springer, Fritz Benscher, Rolf W. Feldheim, Alfons Fink, Hans Karl Rosenberg, Abraham Salnik, Ursula Lieblich; Musiker waren Berhard Abranowitsch, Edith Weiß-Mann, Maria Syllm, Richard Goldschmied, Georg Bertram, Dr. Jakob Sakom, Hertha Kahn, Anni Steiger; Sabine Kalter, Paula Lindberg, Susanne Stein, Hermann Schey, Joseph Schmidt, Ilse Pola wirkten als Sänger und Sängerinnen mit.

Noch im Januar 1938 zog der Kulturbund mit seinen Theatervorstellungen um in das Jüdische Gemeindehaus in der Hartungstraße, das Gebäude, in dem Ida Ehre 1945 die Hamburger Kammerspiele eröffnete.

Am 15. September 1935 fand im Saal des Conventgarten die erste Theateraufführung, «Jakobs Traum» von Richard Beer Hofmann, statt. Das Gemeindeblatt der deutsch-israelitischen Gemeinde schrieb über diesen Theaterabend: «So entstand eine geschlossene, formvollendete Vorstellung, die packte und ergriff, deren hoher Schwung keine Sekunde nachließ, die in ihrer erschütternden Gestaltung göttlicher Forderung und menschlicher Bereitschaft uns stärker machte für unser Schicksal. Mehr darf man von einem Theaterabend nicht verlangen.»

Theaterstadt Hamburg 1945 bis zur Gegenwart – institutionelle Ausprägungen, Erneuerungen, Experimente

Daten zur Geschichte

1945   Deutsche Kapitulation. Das Potsdamer Abkommen teilt Deutschland in vier Besatzungszonen. Das zerstörte Hamburg hat nur noch eine Million Einwohner.
Britische Militärregierung in Hamburg.
Neugründung der Hamburger Kammerspiele im Gebäude des ehemaligen Jüdischen Kulturbunds in der Hartungstraße durch Ida Ehre. Auf Grund der mangelnden Kaufkraft der Reichsmark und einem zwischenzeitlichen Zuzug von Berliner Schauspielern entstehen oder wiedereröffnen fast 20 Theater in Hamburg. Zerstört sind die Gebäude der Staatsoper, des Thalia Theaters, des Altonaer und des Harburger Stadttheaters. Ausweichspielstätten werden eingerichtet. Das Personal des Schauspielhauses und des Altonaer Stadttheaters werden vereinigt. Neugründung der Volksbühnenkunst Hamburg e. V.

1947   Hamburg hat wieder 1,5 Mio Einwohner, darunter rund ein Fünftel Flüchtlinge, vor allem aus Ostpreußen, Pommern und Schlesien. 200 000 Menschen leben in Notunterkünften, Bunkern, Lagern, Baracken und Nissenhütten.

1948   Eröffnung des Theaters im Zimmer durch Helmuth Gmelin
Währungsreform in den drei Westzonen mit anschließender sowjetischer Blockade Berlins bis 1949. Nur sechs Hamburger Privattheater überleben: Kammerspiele, Zimmertheater, Ohnsorg Theater, St. Pauli-Theater, Flora-Theater und Operettenhaus. Das Harburger Theater wird im folgenden Jahr als städtische Bühne geschlossen und von Hans Fitze bis heute als Privatunternehmen weitergeführt. Damit sind nur noch drei städtische Theater in der Innenstadt übrig.

1949   Die Verfassunggebende Versammlung verabschiedet das Grundgesetz für die Bundesrepublik Deutschland. Der Volksrat verabschiedet die Verfassung der Deutschen Demokratischen Republik. Zwei deutsche Staaten werden zu Verbündeten ihrer Besatzungsmächte. Das Haus an der Kirchenallee (seit Kriegsende Garrison Theatre der Besatzungsmacht) steht dem Ensemble des Deutschen Schauspielhauses wieder zur Verfügung.

1951   Eröffnung des Jungen Theaters in der Innenstadt (heute Ernst-Deutsch-Theater an der Mundsburg) durch Friedrich Schütter.

1952   Das Erste Deutsche Fernsehen beginnt mit seinen Sendungen.

1953   Der Arbeiteraufstand in der DDR wird von der Sowjetarmee niedergeschlagen. Die Mehrheit der westdeutschen Wähler bestätigt die Politik des ersten Bundeskanzlers Konrad Adenauer: Errichtung einer sozialstaatlich gebundenen kapitalistischen Wirtschaftsordnung. Wirtschaftliche, politische und militärische Verflechtung Westdeutschlands mit den Besatzungsmächten, den Benelux-Staaten und Italien.
Der Hamburg-Block (CDU, FDP, DP, GB/BHE) bildet vier Jahre

lang die einzige nicht-sozialdemokratische Regierung Hamburgs in der Nachkriegszeit.

Eröffnung des Parks «Planten un Blomen» zur Internationalen Gartenbauausstellung.

Eröffnung des Neubaus des Operettenhauses in St. Pauli und des Theaters 53 am Rothenbaum. Peter Ahrweiler verlegt sein 1946 eröffnetes Kabarett rendezvous in den Keller seines neugegründeten Boulevardtheaters Kleine Komödie am Neuen Wall.

1954   Hans Fitzes Harburger Theater beginnt die Bespielung des vom Deutschen Schauspielhaus aufgegebenen Hauses der Jugend Altona und etabliert sich als Altonaer Theater.

1955   Eröffnung des Neubaus der Hamburger Staatsoper. Gustaf Gründgens folgt Albert Lippert als Intendant des Deutschen Schauspielhauses bis 1963.

1956   Beginn des Aufbaus der Bundeswehr im Rahmen der NATO

1959   Die SPD beschließt das Godesberger Programm.
Rolf Liebermann übernimmt die Leitung der Hamburger Staatsoper bis 1973.

1960   Beginn der Ostermarschbewegung gegen die Bewaffnung der Bundesrepublik mit Atombomben
Eröffnung des Neubaus des Thalia Theaters

1961   Errichtung der Berliner Mauer.

1962   Regierungskrise und Rücktritt des Verteidigungsministers Franz-Josef Strauß wegen der Spiegel-Affäre.
Hamburger Sturmflut: 300 Menschen verlieren ihr Leben, 20 Prozent des Hamburger Staatsgebiets werden überschwemmt.
Erstes Gastspiel der Beatles im Hamburger Starclub

1964   Das Junge (seit 1973 Ernst-Deutsch-) Theater zieht an die Mundsburg.

1965   Schließung des Theater 53

1966   Große Koalition unter Kurt-Georg Kiesinger (CDU) und Willy Brandt (SPD)

1968   Attentat auf Rudi Dutschke, Proteste der APO gegen die Große Koalition und die Medienpolitik des Springer-Konzerns
Eröffnung des Theaters für Kinder in Altona

1969   Erste sozialliberale Bundesregierung unter Willy Brandt (SPD) und Walter Scheel (FDP)
Unterzeichnung der Ostverträge, Zustimmung des Bundestags erst nach dem gescheiterten Mißtrauensvotum 1972
Boy Gobert löst Kurt Raeck in der Intendanz des Thalia Theaters ab.

1972   Ivan Nagel wird Intendant des Deutschen Schauspielhauses. Eröffnung von Malersaal und TiK als Studiobühnen von Schauspielhaus und Thalia Theater und Gründung des Piccolo Theaters in Altona.

1973   August Everding löst Günther Rennert in der Intendanz der Hamburger Staatsoper ab. John Neumaier wird Ballettdirektor.

1974	Fortsetzung der sozialliberalen Koalition unter Helmut Schmidt (SPD) und Hans-Dietrich Genscher (FDP)
1975	Eröffnung der opera stabile als Studiobühne der Staatsoper und des Kabaretts Das Schiff im Nicolaifleet
1976	Eröffnung des Klecks-Theaters am Großneumarkt und des english theatre an der Mundsburg
1977	Christoph von Dohnanyi wird Intendant der Hamburger Staatsoper. Eröffnung des Hauses im Park Bergedorf, einer Tourneetheaterspielstätte der Körberstiftung.
1979	Hamburger «Theater-Krieg» um die Nachfolge der Intendanten von Schauspielhaus und Thalia Theater, Ivan Nagel und Boy Gobert. Bürgermeister Hans-Ulrich Klose und Kultursenator Wolfgang Tarnowski benötigen ein Jahr, eine Zeitungsannonce und eine Findungskommission, um zwei neue Intendanten zu finden. Festival Theater der Nationen. Eröffnung der Avantgardetheater-Spielstätte Monsun in Altona.
1980	Der neue Schauspielhausintendant Niels-Peter Rudolph beginnt in den Ausweichspielstätten Operettenhaus und Kampnagel. Thalia Theater-Intendant wird Peter Striebeck. Beginn der Subventionierung von Freien Theatern in Hamburg, von denen zu dieser Zeit mindestens 100 existieren.
1981	Umstellung der letzten Hamburger Straßenbahnlinie auf Omnibusbetrieb
1982	Wende in Bonn: Bildung der Regierung Helmut Kohl (CDU/CSU) und Hans-Dietrich Genscher (FDP)
1983	Die Bundestagswahl bestätigt die konservativ-liberale Regierung in Bonn. Die Grünen ziehen erstmals in den Bundestag ein. Eröffnung des Theaters am Holstenwall
1985	Hamburgs Erster Bürgermeister Klaus von Dohnanyi in seiner Rede zur Wiedereröffnung des Deutschen Schauspielhauses: «Liebend gern sehen und hören wir unsere Klassiker, und wir sind überglücklich, wenn wir die alten Bekannten dann auf der Bühne auch wirklich wiedererkennen.» Diese Worte und ein Beschwerdebrief des Bürgermeisters führen zum Rücktritt des Intendanten Niels-Peter Rudolph. Peter Zadek und Jürgen Flimm übernehmen die Intendanzen von Schauspielhaus und Thalia Theater, Rolf Liebermann wird Nachfolger für Kurt Horres in der Intendanz der Staatsoper. Eröffnung des Theaters Kleine Rampe in Bramfeld und des Imago Theaters in der Neustadt.
1986	Katastrophe im Kernkraftwerk Tschernobyl Nach der Bürgerschaftswahl 1982 zum zweiten Mal «Hamburger Verhältnisse» – ein Senat ohne Mehrheit im Parlament, ein Parlament ohne Koalitionsbereitschaft. Premiere des Musicals «Cats» von Andrew Lloyd Webber im Operettenhaus. Kampnagel wird subventionierte Spielstätte des Freien Theaters. Boy Gobert stirbt im Alter von 60 Jahren in Wien.
1987	Bei Neuwahlen zur Hamburger Bürgerschaft gelangt die FDP seit 1978 wieder über die Fünf-Prozent-Hürde und ermöglicht einen sozialliberalen Koalitionssenat.

Eröffnung des Forums der Musikhochschule und des Commedia Theaters in der Neanderstraße.

1988   Eröffnung der Komödie im Winterhuder Fährhaus und des Kabaretts Schmidt am Spielbudenplatz. Gerd Albrecht und Peter Ruzicka übernehmen die Leitung der umbenannten «Hamburg Oper». Proteste gegen das Flora-Theater-Projekt des «Cats»-Produzenten Friedrich Kurz im Schanzenviertel bewirken die Verlegung der Neubauplanung an die Holstenstraße.

1989   Ende der Intendanz Peter Zadeks am Deutschen Schauspielhaus
Mit Beginn der Spielzeit 1989/90 übernimmt Michael Bogdanov die Intendanz des deutschen Schauspielhauses.
Ida Ehre Stirbt im Alter von 88 Jahren.
Festival «Theater der Welt»
800. Hafengeburtstag

Pionierjahre im Provisorium – die Hamburgische Staatsoper unter Günther Rennert (1946–1956)

Blick auf Zuschauerraum und Bühne des Provisoriums, dem ehemaligen Bühnenhaus

Schauplatz Hamburgische Staatsoper 1945: Das Zuschauerhaus ist bis auf die Grundmauern zerstört, die Ausstattung zu rund 80 Inszenierungen verbrannt. Eine große Zahl der Mitglieder des Ensembles, des Orchesters, des Chors und der Bühnenarbeiter befindet sich in Gefangenschaft, andere haben den Krieg nicht überlebt oder sind in die Emigration gezwungen worden. Baumaterial und Werkzeug werden in diesen Trümmerjahren hoch gehandelt.

Die Zeiten sind schwierig, doch man geht, wie es in einem offiziellen Bericht lapidar heißt, «trotz Armut und Mangel an jeglichen Gebrauchsgütern daran, den Opernbetrieb wieder aufzunehmen».

Den ersten Schritt unternimmt das Haus in Eigeninitiative. Auf der Hauptbühne wird unter Leitung des Bühnenbildners Caspar Neher (1897–1962) ein provisorisches Theater mit 606 Plätzen, einem Orchestergraben und einer Spielfläche (11,6 m breit, 7,5 m tief) eingerichtet. Der eiserne Vorhang, jetzt Rückwand des Zuschauerraums, wird aus Gründen der Akustik durch eine Steinmauer ersetzt, die Decke mit Stoff (Dekorations-

*Zugang zur Hamburgischen
Staatsoper, 1949*

*Januar 1946: Vor der Ham-
burgischen Staatsoper warten
Theaterinteressierte bereits
nachts auf die Öffnung der
Tageskasse.*

*Benjamin Britten «Peter Gri-
mes». Hamburgische Staatsoper 1947, Regie: Günther
Rennert, Ausstattung: Alfred
Siercke*

«Und dieser neue Ort in der Nähe des alten Gänsemarktes, dieses Provisorium, ward eine echte Stätte der Kunst. Es lebte hier
die Unruhe des Experiments,
der nach Aufbau strebende
Geist, der Wahrheit suchte und
Repräsentation mied» (*Die Zeit*,
5. Januar 1956).

material aus der «Lustigen Witwe») und einem Kronleuchter
(aus dem «Rosenkavalier») geschmückt. Am 10. Januar 1946
kann die Kammeroper mit «Figaros Hochzeit» in der Regie von
Kurt Puhlmann eröffnen.

Auf Betreiben der englischen Besatzungsmacht wird im August 1946 Günther Rennert (1911–1978) zum Oberspielleiter,
ein Jahr später zum Intendanten ernannt. Der 35jährige Jurist
und ehemalige Assistent von Walter Felsenstein gibt sein Regie-
Debüt im Oktober 1946 mit Rossinis «Italienerin in Algier»,
eine Wahl, die ihn als leidenschaftlichen Wiederentdecker des
Buffa-Komponisten und zugleich als einen von Phantasie nur so
sprühenden maître de plaisir ausweist. Einen Monat später bietet er mit Strawinskys «Geschichte vom Soldaten» entfesseltes
zeitgenössisches Musiktheater; Brittens «Peter Grimes» im
März 1947 wird zum künstlerischen Höhepunkt der Saison:
Ovationen aus dem Publikum, Hymnen in der Presse. Man feiert
die Inszenierung als ein «Meisterwerk moderner Theaterkunst»,
als die Tat eines «genialen Regisseurs».

Zwei Drittel Klassik, ein Drittel Moderne – in dieser Relation
baut Rennert sein Repertoire auf. Neben Mozart und Verdi präsentiert er Wagner als psychologisches Kammerspiel, neben von
Einem auch Menotti und Sutermeister. Die vom NS-Regime ver-
botenen Komponisten Hindemith, Honegger und Strawinsky
werden nach der langen Periode kulturellen Notstands wie eine
Offenbarung aufgenommen.

Mit sicherem Gespür stellt der junge Opernchef gemeinsam
mit Verwaltungsdirektor Albert Ruch sein Ensemble zusammen: Martha Mödl, Erna Schlüter, Anneliese Rothenberger,
Helga Pilarcyk, Peter Anders, Rudolf Schock, Hermann Prey,

Josef Metternich, Helmut Melchert. Ihnen zur Seite stehen die Dirigenten Eugen Jochum, Hans Schmidt-Isserstedt und Leopold Ludwig, die Regisseure Kurt Puhlmann und Wolf Völker, die Bühnenbildner Caspar Neher, Alfred Siercke, Teo Otto und Ita Maximowna. Was dieses Ensemble neben seinem künstlerischen Niveau auszeichnet, sind Teamgeist und bedingungsloser Enthusiasmus für die Sache.

Die schmale Bühne zwingt die Bewegung in die Breite; die Szene wirkt wie ein Relief. So diktiert die Not das Spiel, so entsteht ein Regiestil, der operngeschichtliche Maßstäbe setzt. An die Stelle des großen Dekors treten Signale, Chiffren für das assoziative Verständnis des Wesentlichen. Die geringe Distanz zwischen Bühne und Auditorium bedeutet Abschied von Pathos und Pose. Was bisher nur selten gelang, ergibt sich nun nahezu zwangsläufig: Aus Sängern werden singende Schauspieler von äußerster Genauigkeit in Gestik, Mimik und Diktion. Kein Detail, kein Fehler bleibt unbemerkt. Die hautnahe Konfrontation mit dem dramatischen Geschehen bereitet dem Publikum ein unmittelbares Erlebnis von einzigartiger akustischer und optischer Intensität.

Großes Theater auf kleinem Raum – die künstlerischen Leistungen Rennerts erregen über die Grenzen Hamburgs hinaus Aufmerksamkeit. 1950 wird die Oper als erstes deutsches Ensemble nach dem Krieg zu einem Gastspiel ins Ausland, nach Dublin, eingeladen; es folgen Edinburgh 1952 und Paris 1955.

«Kunst für Kohle» – mit diesem Angebot reisten Angehörige der Staatsoper zusammen mit Bürgermeister Max Brauer im März 1947 nach Recklinghausen, nachdem die Oper aus Kohlenmangel geschlossen werden mußte. Die Kumpels von der Ruhr fuhren Sonderschichten; die Staatsoper bedankte sich mit fünf Vorstellungen in Recklinghausen. Die Wiederholung des Gastspiels im darauffolgenden Jahr war der Beginn der Ruhrfestspiele.

Gian-Carlo Menotti «Der Konsul». Hamburgische Staatsoper 1951, Regie: Günther Rennert, Ausstattung: Alfred Siercke

Ausverkaufte Häuser, begeisterte Kritiker, offizielle Empfänge, private Freundschaften – die Aufnahme der Hamburger Gäste ist über alle Maßen herzlich. Die Presse des Auslands spricht vom Abbau politischer Ressentiments, von der künstlerischen Rehabilitierung Deutschlands. Günther Rennert erwirbt sich internationale Anerkennung als Wegbereiter des modernen Musiktheaters.

Zu Beginn der 5 oer Jahre steht die Hamburgische Staatsoper an der Spitze der europäischen Opernbewegung. Hamburgs erster Bürgermeister Max Brauer, seit der Währungsreform auch für den kulturellen Wiederaufbau seiner Stadt unermüdlich im Einsatz, kann mit persönlicher Überzeugungskraft die Bürgerschaft für einen Neubau an der Dammtorstraße gewinnen. Ein «repräsentatives» Haus soll das Provisorium ersetzen. Die Kosten werden zum einen von der Stadt, zum anderen durch Spenden aus Industrie, Wirtschaft und privater Hand getragen. Das von dem Architekten Gerhard Weber entworfene neue Operngebäude öffnet am 15. Oktober 1955 in Anwesenheit von Bundespräsident Theodor Heuss seine Tore und gerät sogleich ins Kreuzfeuer der Diskussion. Anstoß erregen vor allem die strenge Fassade aus Glas und Beton und die «Luftschaukeln» im Zuschauerraum. Man vergleicht das Haus mit einem Bahnhof oder gar mit einer Badeanstalt und ahnt nicht, daß gerade Webers architektonische Lösungen bald vorbildhaft den Bau vieler Nachkriegstheater mitbestimmen werden. Der Intendant verteidigt den «Zweckbau» als ein angemessenes Forum für «die sachlich-künstlerische Aussage zu den von der Zeit gestellten Aufgaben». 1649 Besucher finden hier Platz; die Bühne ist zwölf Meter

«Die Aufgliederung der Zuhörer in kleinere Gruppen an den Seitenwänden soll nicht die gesellschaftliche Rangordnung der alten Hofoper wieder erstehen lassen, sondern die Sitzrichtung mit der Blickrichtung in Übereinstimmung bringen und einem großen Teil der Besucher zu einer individuelleren Beziehung zum Bühnengeschehen verhelfen» (Architekt Gerhard Weber über das neue Zuschauerhaus, 1955).

«Sehr wichtig gewesen (ist) die Entwicklung oder die Bemühung um einen neuen Sängertyp, der durch die Arbeit mit der Rolle mehr und mehr sich identifizieren konnte; dem Sänger – viel mehr als das vorher der Fall war – kritisch vorzuhalten, was im Gestus, im Ausdruck notwendig war, um von Klischees wegzukommen und dadurch Glaubwürdigkeiten zu erreichen, die es bis dahin in der Form nicht gab.

Das ist der eine Punkt. Der zweite ist, daß ich in der stilistischen Fortsetzung dieses Prinzips auch das optische Bild oder die optische Konzeption sehe. Ich spreche jetzt von Bühne, von Raum, von Ausstattung. Alles, was das rein Kulinarische war, war mir verdächtig, weil mir das andere, nämlich die Projektion des Sängers und dessen Überzeugungskraft, wichtig erschien. Wir haben also, ganz selbstverständlich, Überflüssigkeiten gemieden; wir haben versucht, uns auf das zu beschränken, was als Hintergrund für das, was der Sänger zu sagen hatte, notwendig war» (Günther Rennert über seine Regiearbeit nach 1945. *Süddeutsche Zeitung*, 5. August 1978).

breit und 26 Meter tief. Die Arbeit im großen Haus beginnt: Krenek, Egk, Mozart und erstmals wieder Wagners «Ring» in einer beispielhaften Synthese aus Alt- und Neu-Bayreuth.

Ende der Spielzeit 1955/56, ein Jahr nach dem «äußerlich strahlendsten Moment» seiner Hamburger Karriere, verläßt Rennert, der große Gestalter dramatisch bewegter Massen und subtilster psychologischer Individualität, den Intendantensessel. Ist es Amtsmüdigkeit oder Furcht vor der Konsolidierung in einem gut ausgestatteten Institut? Jenseits aller Spekulationen gibt es Gewißheit nur in einem: Die «Pionierjahre der Nachkriegszeit mit ihrer Dynamik, ihrem pragmatischen Kalkül und ihrer Phantasiekraft», wie Rennert diese Zeit selbst beschreibt, sind unwiederbringlich vorbei.

W. A. Mozart «Die Zauberflöte». Hamburgische Staatsoper 1955 anläßlich der Eröffnung des neuen Hauses. Regie: Günther Rennert, Ausstattung: Ita Maximowna

Abenteurer, Retter, Komponist – Rolf Liebermann an der Hamburgischen Staatsoper

Ein Repertoire von 41 Opern, ein Ensemble von 60 hochqualifizierten Solisten, ein virtuoser Generalmusikdirektor (Leopold Ludwig), ein brillantes Orchester und ein bewährter Chor, dazu ein Verwaltungsdirektor von außerordentlicher Kompetenz (Herbert Paris) – die Hamburgische Staatsoper ist zweifellos ein wohlbestelltes Haus, als sie am 1. August 1959 ihren neuen Intendanten empfängt. Der künftige Hausherr: ein Schweizer Komponist, 48 Jahre alt, bis zu diesem Tag Leiter der Musikabteilung des Norddeutschen Rundfunks. In der Fachwelt gilt er als Außenseiter; sein Name ist Rolf Liebermann.

Mit Bewunderung registriert die Öffentlichkeit bereits in der ersten Saison, was in den kommenden Jahren das Gesicht der Oper wesentlich prägen wird: ein attraktives Angebot an beliebten Klassikern, inszeniert von so hochkarätigen Regisseuren wie Walter Felsenstein, Günther Rennert und Wieland Wagner.

Nicht ohne eine gewisse Skepsis hingegen betrachten die Hamburger Musikfreunde Liebermanns Neigung zur zeitgenössischen Musik, die ihnen, so steht zu befürchten, weniger kulinarischen Genuß bereiten als vielmehr erhebliche Geduld abverlangen wird.

«Ich bin ein Komponist der modernen Richtung. Eine meiner Pflichten sehe ich darin, das Publikum darüber zu informieren, was in der modernen Musik passiert.» Was sich hinter diesem programmatischen Credo Liebermanns verbirgt, wird spätestens am 22. Mai 1960 hör- und sichtbar, als Hans Werner Henzes «Der Prinz von Homburg» in der Regie von Helmut Käutner uraufgeführt wird. Das in freier Tonalität komponierte Drama vom unbotmäßigen Prinzen ist das erste von insgesamt 21 Auftragswerken, die im Verlauf der nächsten 13 Jahre für Hamburg geschrieben werden. Mit dieser Vergabe von Kompositionsaufträgen genügt Liebermann indes nicht nur seiner Informationspflicht; mit ihr gibt er zugleich seine Bereitschaft zum Risiko und seine Lust zum Abenteuer zu erkennen. Die Wahl der jeweiligen Komponisten basiert niemals auf einer fertigen Partitur, immer aber auf der Intuition des Auftraggebers, der nicht nur eine weitere Begabung, sondern auch möglichst alle Tendenzen der szenisch-musikalischen Moderne vorstellen will.

«Ich war ein Komponist, der nicht komponiert, aber ein Intendant, der Opernaufführungen vom Standpunkt des Komponisten aus zuwege bringen wollte. Ich wollte einmal sehen, ob es wirklich wahr sei, was die Intendanten immer erzählten: man könne moderne Stücke nicht halten, dann gehe kein Mensch mehr ins Theater» (Rolf Liebermann über seine erste Hamburger Intendanz).

Nachwuchspreise
1966 «Dr. Wilhelm-Oberdörffer-Preis für Nachwuchsbegabungen. Jährliche Vergabe durch die Stiftung zur Förderung der Hamburgischen Staatsoper
1980 «Rolf-Liebermann-Preis für Opernkomponisten». Vergabe alle drei Jahre durch die Körber-Stiftung

166

Ernst Krenek «Der goldene Bock». Hamburgische Staatsoper 1964. Regie: Egon Monk, Ausstattung: Alfred Siercke

167

Stoffe aus der Weltliteratur und der Geschichte, aktuelle politische und sozialkritische Themen bestimmen die Libretti,
Zwölftonreihen, elektronische Musik und Jazz die Partituren.
Das Publikum quittiert die neuen Werke mit Beifall, Buhs oder
Gelächter und applaudiert der durchweg glänzenden Regie, der
phantasievollen Ausstattung und dem leistungsstarken Ensemble.

Für den unumstrittenen Höhepunkt unter den Auftragswerken sorgt 1971 Mauricio Kagel mit seinem «Staatstheater». Dieser parodistische Abgesang auf die Gattung Oper kommt einem
Staatsstreich gegen die gewohnte Musiktheaterästhetik gleich:
seltsame Instrumente ersetzen das Orchester, 14 Solisten treten
als Ensemble, 60 Chormitglieder als Solisten auf, statt Worten
singt man Vokalisen, ein «Ballett für Nichttänzer» gerät zum
absurden Spektakel – der Unsinn überholter Opernkonventio-
nen scheint manifest. Als eines der interessantesten musikthea-
tralischen Ereignisse der jüngsten Zeit wird «Staatstheater» zur
«Aufführung des Jahres» gewählt und sorgt, wenn auch nicht
für die «Sprengung» der Opernhäuser, die der französische
Komponist Pierre Boulez drei Jahre zuvor gefordert hatte, so
doch zumindest für eine geschärftere musikalische Wahrneh-
mung.

«The show goes on» – 1973 mit kybernetisch-luminodynami-
schen Experimenten, kurz «Kyldex I», von Pierre Henry und
Nicolas Schöffer. Die Musik aus der Konserve dient der elektro-
akustischen Begleitung faszinierender audiovisueller Bilder, das

Publikum darf mit Hilfe farbiger Kellen Tempo und Inhalt der Szenen mitbestimmen, der Intendant moderiert zwischen Bühne und Zuschauerraum. Ein Moderator zwischen Komponist und Öffentlichkeit ist Rolf Liebermann nicht nur hier; den heftigen Reaktionen auf jedes neue Werk – sie kommen vor allem aus den oberen Rängen – stellt er sich in Diskussionen; seine Suche nach Innovativem, nach Talenten unter den jungen Komponisten geht indes unbeirrt weiter. Nahezu alle Auftragsopern werden in den Spielplan integriert, freien Besuchern und Abonnenten gleichermaßen vorgestellt und in der «Woche des zeitgenössischen Musiktheaters» (1961, 1964, 1969) in konzentrierter Form dargeboten.

Erstklassiges Regietheater, ein hochmotiviertes Ensemble, eine repertoirefähige musikalische Moderne und ein neugieriges, aufgeschlossenes Publikum – so stellt sich die Bilanz dieser Jahre dar. Als die Ära Liebermann 1973 zu Ende geht, hat die Hamburgische Staatsoper Weltniveau und gilt als führend auf dem Gebiet des zeitgenössischen Musiktheaters.

Auch rund ein Jahrzehnt später – man schreibt das Jahr 1984 – steht das Haus im Brennpunkt des kulturellen Interesses. Doch sind es diesmal nicht künstlerische Glanzleistungen, sondern interne Querelen, mit denen die Staatsoper in die Schlagzeilen geraten ist. Die führerlose Führungsetage steht vor einem Berg unbewältigter Probleme, auf der Bühne dominieren die Stars, über

Kyldex I: Signale (Kellen), mit denen die Zuschauer den Ablauf des Spiels mitbestimmen können

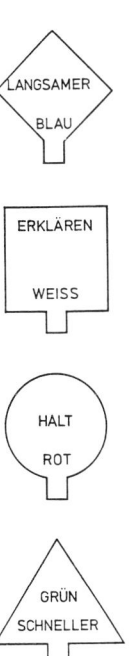

Pierre Henry, Alwin Nikolais, Nicolas Schöffer «Kyldex I». Hamburgische Staatsoper 1973. Regie und Ausstattung: N. Schöffer, Choreographie: A. Nikolais

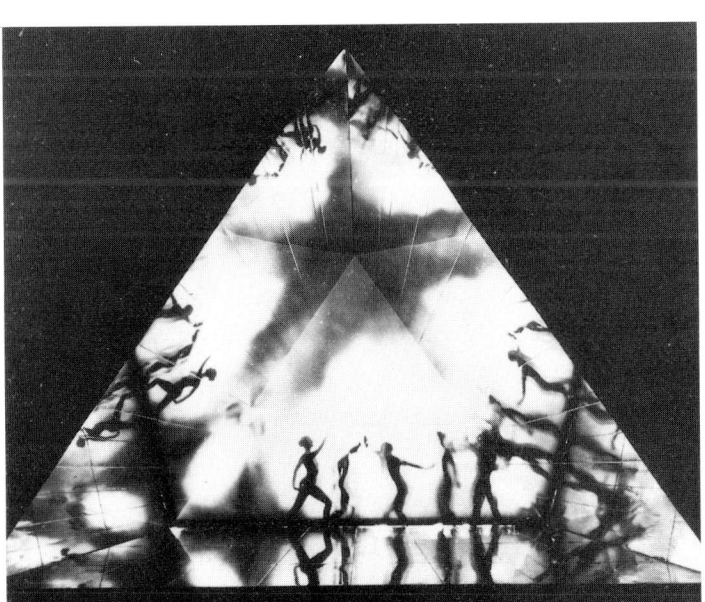

Richard Wagner «Tristan und
Isolde». Hamburgische
Staatsoper 1988. Regie: Ruth
Berghaus, Ausstattung: Hans-
Dieter Schaal

«Das elitäre Museum, wie die
Opern sich immer nennen lassen müssen, geht mir langsam
auf die Nerven», verkündete Intendant Rolf Liebermann wenige Wochen nach seinem zweiten Hamburger Amtsantritt im
Februar 1985. Sein Konzept der
«Demokratisierung» macht
sich u. a. an den Eintrittspreisen
bemerkbar: Mit Beginn der
Spielzeit 1985/1986 kosten die
172 Plätze im dritten Rang
DM 8,–, die 136 Plätze im vierten
Rang DM 4,–.

ihr droht eine defekte Obermaschinerie, hinter ihr verzögern ge-
werkschaftliche Restriktionen so manchen Handschlag. Kein
Wunder, daß der letzte der drei Intendanten, die inzwischen das
Haus passiert haben – Kurt Horres nach August Everding
(1973–1977) und Christoph von Dohnanyi (1977–1984) –,
schon nach wenigen Monaten das Handtuch wirft; ein Wunder,
daß sich so schnell ein Interimschef findet. Der Retter in der Not,
ein prominenter Schweizer Komponist und Kulturmanager, ist
der 75jährige Rolf Liebermann. Am 1. Februar 1985 empfängt
ihn die Hansestadt mit offenen Armen.

Auf den optimistischen Anfang folgt jedoch alsbald die Er-
nüchterung, muß Liebermann doch zunächst einmal Pläne und
Verpflichtungen seiner Vorgänger verwirklichen und somit auch
Kritik an den getroffenen Dispositionen einstecken. Für neue
Impulse durch avantgardistische Auftragswerke bleibt weder
Raum noch Zeit. Ist die Vergreisung, die Krise des Musikthea-
ters neben allen anderen Problemen noch aufzuhalten?

«Nicht die Musiktheater befinden sich in einer Krise, sondern
die Direktoren, denen der Mut fehlt, neben den Eisernen Fünf
(Mozart, Verdi, Wagner, Strauss, Puccini) auch Experimente zu
wagen und diese so lange zu spielen, bis das Publikum sie an-
nimmt, also wiedererkennt.» Daß Liebermann diesen Mut nicht

nur als großer alter Theatermann bei seinen jüngeren Kollegen heraufbeschwört, sondern ihn auch selbst noch immer besitzt, wird im letzten Jahr der zweiten Amtsperiode, «seinem» Jahr, deutlich. Ein junges Nachwuchsensemble ist im Entstehen, die Motivation im Haus hat sich zusehends gebessert, eine zusätzliche Probebühne ist eingerichtet, die Obermaschinerie wiederhergestellt. Neun brandneue Produktionen bereichern den Spielplan, darunter Wagners «Tristan und Isolde» (1988) in einer aufregenden, ganz ohne Sängerimporte realisierten Inszenierung von Ruth Berghaus und Josef Tals «Der Garten», ein Auftragswerk für die Opera Stabile.

«Daß die Hamburger Oper die führende Musikbühne Deutschlands ist, erfreut die Leute. Daß dieses Institut aber nur dann führend bleiben kann, wenn es sich immer wieder der Moderne, dem Experiment der Gegenwart öffnet, wollen sie nicht wahrhaben» (*Die Zeit*, 11. Februar 1966).

Mit einem spektakulären Abschiedsgruß und einer Kostprobe seiner zukünftigen Aktivitäten verläßt Rolf Liebermann im Juli 1988 die Hamburgische Staatsoper. «Cosmopolitan Greetings», eine Jazzoper nach Texten des amerikanischen Lyrikers Allen Ginsberg, wird am 11. Juni in der Regie von Robert Wilson und mit Kompositionen von George Gruntz und Rolf Liebermann in der Kampnagelfabrik uraufgeführt – in einem Spielort vorwiegend der freien Theaterszene und in einem Ambiente, das traditionsbewußte Operngänger irritieren muß. Im Zentrum des Werks steht die farbige Bluessängerin Bessie Smith, zentrales Moment des künstlerischen Ausdrucks ist neben den imposanten Bilderszenarien Robert Wilsons die musikalische Improvisation. Die Inszenierung gewinnt daraus ihre vitalen Impulse; über die Lust am Experiment hinaus werden damit auch neue Wege

Allen Ginsberg, George Gruntz, Rolf Liebermann, Robert Wilson «Cosmopolitan Greetings». Hamburgische Staatsoper 1988. Regie: R. Wilson, Ausstattung: R. Wilson und Xavier de Richemont

Hans-Werner Henze «Das Wundertheater». Opera Stabile 1980. Regie: Pierre Jean Valentin, Ausstattung: Pit Fischer

Opera Stabile, Studio in der Büschstraße. Maximal 100 Personen finden im Zuschauerraum der Experimentierbühne Platz, die die Hamburgische Staatsoper auf Initiative ihres Intendanten August Everding am 8. Februar 1975 mit «Makrokosmos», einem Ballett von George Crumb, eröffnete. Im Mittelpunkt des Programms, das der Neuen Musik jenen Entfaltungsraum bietet, den das Große Haus mit seinem Repertoirebetrieb nicht gewähren kann, stehen Kammeropern, Auftragswerke, Konzerte, Werkstattreihen und Soloabende. Zu den Komponisten, deren Werke hier bislang uraufgeführt bzw. erstaufgeführt wurden, gehören Antonio Bibalo, Hans-Jürgen von Bose, Peter Maxwell Davies, Arghyris Kounadis, György Ligeti, Marc Neikrug, Jens-Peter Ostendorf, Aribert Reimann, Wolfgang Rihm, Josef Tal und Udo Zimmermann.

des Musiktheaters beschritten. Zu welchem Ziel sie, gerade auch in Hamburg, führen, wird die Zukunft zeigen – das Programm des neuen Führungsteams Peter Ruzicka und Gerd Albrecht heißt, ganz im Sinn ihres Vorgängers: Kontinuität und Innovation.

Tanz in den Nachkriegsjahren und in der Gegenwart

Die Jahre der Hitler-Diktatur hatten den Anschluß der deutschen Tanzentwicklung an das tänzerisch-choreographische Niveau internationaler Ensembles verhindert. Um so größer war nach 1945 das Bedürfnis, Versäumtes nachzuholen. Das Ausland hatte mittlerweile nicht nur technisch neue Maßstäbe gesetzt, sondern auch ästhetisch. Die sensationellen Gastspiele des New York City Ballet mit Werken von Balanchine zeigten einen Stil des klassischen Tanzes, der als Neoklassizismus in die Tanzgeschichte eingehen sollte.

Lola Rogge brachte im Deutschen Schauspielhaus 1950 ihre erste Nachkriegschoreographie heraus, das szenische Oratorium «Vita Nostra» zu der Musik von Aleida Montijn. Es war eine Reaktion auf die verheerenden Ereignisse des Zweiten Weltkriegs, eine künstlerische Verarbeitung des Erlebten.

Auf einer Provisoriumsbühne an der Hamburgischen Staats-

Nobilissima Visione, 1946. Choreographie: Helga Swedlund, Musik: Paul Hindemith, Bühnenbild: César Klein

oper übernahm Helga Swedlund 1946 wieder die Leitung des Balletts, gab sie aber 1949 vorübergehend an die deutsche Ausdruckstänzerin Dore Hoyer weiter. Doch Dore Hoyers expressiver Bewegungsstil war zu sehr an ihre eigene Tanz-Individualität gebunden, als daß er sich auf ein Ballettensemble übertragen ließ. Nach zwei Spielzeiten verließ sie das Haus an der Dammtorstraße. Gustav Blank und Peter von Dyk wurden in den 50er und 60er Jahren ihre Nachfolger.

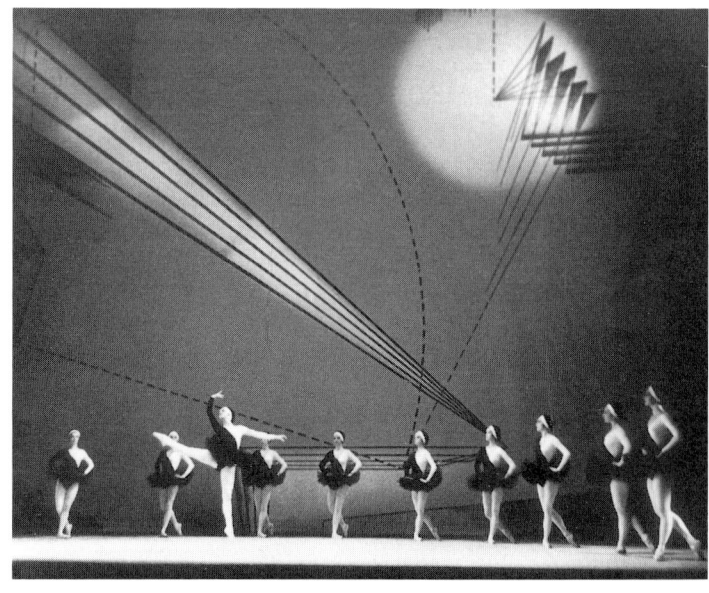

Herausragende Ballettereignisse jener Zeit waren 1960 die Einstudierungen George Balanchines mit dem Hamburger Opernballett und das Gastspiel des New York City Ballet 1962 an der Staatsoper.

Als John Neumeier 1973 nach Hamburg verpflichtet wurde, entwickelte sich hier erstmals wieder ein innovatives Zentrum des Tanzes, wie es bereits zu Beginn des Jahrhunderts existiert hatte. Es begann zugleich ein Abschnitt Hamburgischer Tanzge-

175

Junge Choreographen an der Hamburger Oper 1974. «IAO» von Dagmar Kortum

schichte von internationalem Zuschnitt. Im Laufe seiner 15jährigen Tätigkeit in der Hansestadt legte Neumeier mit der Gründung einer Berufsausbildungsstätte für Tanz die Basis zu einer spezifischen Ballett-Tradition, wie sie charakteristisch ist für Städte wie Paris oder Leningrad. Sein der Tradition verbundener Stil, der sich durch dramaturgisches Feingefühl und psychologische Figurenführung auszeichnet, prägt Neumeiers vielseitiges choreographisches Werk. Beispielgebend sind seine an literarische Stoffe gebundenen Choreographien «Kameliendame», «Artus-Sage» oder «Othello».

Eine freie Tanztheaterszene, unabhängig vom subventionierten Theaterbetrieb, hat sich im Gegensatz zu Berlin oder München in Hamburg nicht dauerhaft etabliert. Ausnahmen bilden das 1982 gegründete Frauenensemble «Winter auf Mallorca», das seine Arbeit inzwischen eingestellt hat, und das «Tanz Theater Hamburg», ebenfalls eine reine Frauenkompanie, die seit 1982 unter der Leitung von Marion Buchmann in größeren Abständen Produktionen herausbringt. Beide Gruppen haben sich aus dem 1978 von Peter Balzer eingerichteten Studio «Hamburger Dance Center» formiert, das unter Balzers Regie eigene Stücke entwarf.

*Choreographien von John Neumeier
(Auswahl)*

1974 Kinderszenen	1978 Dornröschen
1975 Dritte Sinfonie von Gustav Mahler	Die Kameliendame
	1979 Don Quixote
1976 Illusionen – wie Schwanensee	Songfest 'The Age of Anxiety'
1977 Vierte Sinfonie von Gustav Mahler	1981 Matthäus-Passion
Ein Sommernachtstraum	1982 Artus-Sage
Streichquintett C-Dur von Franz Schubert	1983 Endstation Sehnsucht
	1985 Othello
	1989 Peer Gynt

Privattheater –
Erneuerung und Tradition

Nur einigen wenigen im ersten Nachkriegsjahrzehnt entstandenen Privattheatern gelang es, mit Hilfe staatlicher Subventionen eine kontinuierliche Existenz bis heute aufzubauen und sich neben den Staatstheatern durch eine inzwischen eigene, mehr als 30jährige Tradition in der hanseatischen Theaterlandschaft zu etablieren. Neben dem Altonaer Theater, das sich auf Stadtteilbespielung spezialisierte, sind das in erster Linie die Hamburger Kammerspiele, das Theater im Zimmer und das Ernst-Deutsch-Theater.

Zwei dieser Neugründungen liegen in der Nähe von Universität und Alster, zwischen Wissenschaft und vornehmer Wohn- und Diplomatengegend im Stadtteil Rotherbaum. Deutlich entfernt von den traditionsreichen Stadtteilen des Theater- und Unterhaltungsgewerbes, gewannen sie ihr Profil insbesondere in den Anfangsjahren durch eine der literarischen Moderne aufgeschlossene Spielplangestaltung. Das mehr politisch und sozialkritisch orientierte Ernst-Deutsch-Theater verlegte seine Spielstätte bereits in den 50er Jahren von der Neuen Rabenstraße in Alsternähe in den Arbeiterstadtteil Barmbek.

Die theaterästhetischen Wandlungen, die sich in der Hansestadt in den 60er Jahren anbahnten und in den 70er Jahren in den Staatstheatern einerseits, der neuen Theaterszene der Freien Gruppen andererseits zum Tragen kamen, veränderten notwendigerweise die Stellung dieser Privattheater im Gesamtsystem der hanseatischen Theaterkultur. Aus den Erneuerern von einst sind sie teilweise zu Hütern des Tradierten geworden. Alle drei Bühnen bieten ihrem Publikum sehr gemischte Spielpläne an: Klassisches und klassische Moderne, zeitgenössische Autoren, aber auch leichte Unterhaltung.

Hamburger Kammerspiele

1945 von der Schauspielerin Ida Ehre in der Hartungstraße gegründet, waren sie in den Jahren 1945 bis 1948 neben der Staatsoper unter Günther Rennert die wichtigste Bühne Hamburgs, die auch überregionale Anerkennung fand. Sie repräsentierten in Hamburg den künstlerischen Neuanfang: Erstaufführungen u. a. von Jean Anouilh, Jean-Paul Sartre, Thornton Wil-

Wolfgang Borchert «Draußen vor der Tür». Regie: Wolfgang Liebeneiner. Uraufführung, Hamburger Kammerspiele 1947

der und Max Frisch, von einem erstklassigen Ensemble (u. a. Hermann Schomberg, Hilde Krahl, Hans Quest und Ida Ehre selbst) getragen, mit Regisseuren wie Wolfgang Liebeneiner und Helmuth Käutner. Gegen die Erfahrungen von Krieg und Faschismus setzte Ida Ehre ihre Idee eines «Theaters der Menschlichkeit und der Toleranz», das über ernste und heitere Stücke in die Gesellschaft hineinwirkt. Franz Werfels «Troerinnen» zu Beginn der Spielzeit 1947/48 und Wolfgang Borcherts «Draußen vor der Tür», uraufgeführt am 21. November 1947, zählen zu den nachhaltigsten Erlebnissen des Hamburger Publikums in den ersten Nachkriegsjahren. Die Währungsreform, an der viele

Bertolt Brecht «Mutter Courage und ihre Kinder». Regie: Joachim Fontheim. Hamburger Kammerspiele 1969/70 Ida Ehre in der Titelrolle

kleine neugegründete Theater scheiterten, bedeutete auch für die Kammerspiele einen tiefen Einschnitt, da wichtige Künstler das Haus verließen, um an Staatstheatern weiterzuarbeiten. Aus finanziellen Gründen mußte Ida Ehre auf die kontinuierliche Zusammenarbeit mit einem Ensemble verzichten und konnte seit den 50er Jahren ihr Haus nur mehr als Ensuite-Theater weiterführen. Mit einem Drittel Abonnenten und durch eine langjährige Zusammenarbeit mit der Hamburger Volksbühne gelang trotz knapp bemessener Subventionen die finanzielle Absicherung des Theaterbetriebes über 40 Jahre.

Die bedeutsamsten Aufführungen der Kammerspiele bis heute

«Ich hatte das Gefühl, etwas tun zu müssen, was den Menschen die Schläfrigkeit aus den Augen nimmt, die Müdigkeit aus den Herzen treibt. Ich wollte sie zum Denken bringen, zur Überlegung: Wie war diese Zeit hinter uns, welche Verantwortung tragen wir dafür, was werden wir tun, um die Zukunft zu formen» (Ida Ehre über die Gründung der Hamburger Kammerspiele, *aus:* Ida Ehre, Gott hat einen größeren Kopf, mein Kind. Hamburg 1985).

Ida Ehre als Sarah Bernhard in «Memoiren» von John Murrell. Regie: Pierre Léon. Hamburger Kammerspiele 1980

waren immer wesentlich mitgetragen von der vielseitigen Schauspielerpersönlichkeit Ida Ehres, so in Bertolt Brechts «Mutter Courage» (14. Okt. 1952), Jean Giraudoux' «Die Irre von Chaillot» (1. Nov. 1977), John Murrells «Memoiren» (1980) oder auch 1984 in «Einmal Moskau und zurück» von Alexander Galin. – Ida Ehre starb 88jährig am 16. Februar 1989.

Theater im Zimmer – Theater ohne Vorhang und Rampe

1948 als Zimmertheater von Helmuth Gmelin gegründet, zeichnet sich diese Bühne durch eine besondere Lebendigkeit in ihrer langjährigen Geschichte aus. Helmuth Gmelin verstand sein Theater nicht als Experimentierbühne, sondern ihm ging es um einen Theaterstil der «Verinnerlichung und Verdichtung». Die Unmittelbarkeit der Begegnung zwischen Schauspielern und Publikum bewahrte das Theater auch noch nach seinem Umzug in etwas größere Räumlichkeiten. In ihrem Spielplan zeichnete sich diese nach dem Tod von Helmuth Gmelin 1959 von Gerda Gmelin weitergeführte Bühne in den 35 Jahren ihres Bestehens dadurch aus, daß sie sehr aufmerksam die literarische Entwicklung im In- und Ausland verfolgte, junge, in Hamburg noch unge-

«Man sagt ja immer, unser Theater sei so mutig, und ich möchte eigentlich mal erklären, woher eigentlich dieser Mut bei mir kommt. Ich habe nie die Einstellung zu diesem Theater gehabt, daß es unbedingt überleben muß oder unbedingt existieren muß. Man muß bestimmte Dinge unbedingt tun. Das ist wie bei der großen Liebe. Wenn ich einen Menschen ganz ungeheuerlich liebe, geht es ihn eigentlich nichts an. Ist ja meine Sache, nicht vorrangig seine. Und das ist mit dem Theater genauso: Ich bin mir darüber im klaren, daß ich manche Stücke für eine Minderheit mache. Und dann wäre es mir vollkommen egal, wenn das Theater damit untergehen würde» (Gerda Gmelin, *aus*: 40 Jahre Theater im Zimmer. Hamburg 1988).

Gina Leßner «Elvis». Regie: Christian Roethel. Uraufführung, Theater im Zimmer 1984

spielte Autoren zur Aufführung brachte (z. B. 1988 die erste Koltès-Aufführung in Hamburg) und sich zeitweise mutig für Neues einsetzte wie 1969 mit Edward Bonds «Gerettet» oder in derselben Spielzeit mit «Madame de Sade» von Yukio Mishima. Regisseur war seit 1968 Christoph Roethel. Inszenierungen von Stücken Arrabals, Sartres, Albees oder Handkes sorgten für einen künstlerischen Aufschwung des Theaters.

Anfang der 70er Jahre bemühte sich das Theater mit Jazz-Frühschoppen zeitweise erfolgreich um neue, junge Zuschauerkreise. Mit «Piaf» von Pam Gems (17. Mai 1982) startete die kleine Bühne die Aufführung von Musicals in jeder Spielzeit. Immer wieder wurden junge Regisseure und Schauspieler bei den Gmelins tätig. 1961 inszenierte hier Hans-Günther Heyme Harold Pinters «Hausmeister», in der Spielzeit 1966/67 wurde

Harold Pinter «Der Hausmeister». Regie: Erika Gesell. Theater im Zimmer 1984 Gerda Gmelin als Davies und Irmgard Rießen als Mich

181

unter der Regie von Hans Neuenfels «Die fliegende Kuh» von Jean Clervers/Guilleaume Hanoteau, «Victor oder die Kinder an der Macht» von Roger Vitrac sowie Bertolt Brechts «Baal» aufgeführt. In den Anfangsjahren lernte Boy Gobert bei Helmuth Gmelin, 1967 trat der junge Ulrich Wildgruber in den Inszenierungen von Neuenfels auf dieser Bühne auf.

Ernst-Deutsch-Theater

Peter Weiss «Gesang vom Lusitanischen Popanz». Regie: Karl Paryla, Bühne: Günter Ulikowski. Junges Theater 1969 (Wiederaufnahme)

Die von Friedrich Schütter 1951 als Junges Theater in der Großen Bleichen eröffnete und bis heute geleitete Bühne, die nach kurzer Zeit in die Neue Rabenstraße nahe der Alster und von dort in den Stadtteil Barmbek umzog, hatte es sich zur Aufgabe gemacht, jungen und begabten Schauspielern Möglichkeiten zur Entwicklung ihres Könnens zu bieten. Doch das Junge Theater, das sich seit 1971 Ernst-Deutsch-Theater nennt, profilierte sich sehr bald als politisch engagierte Bühne, die ihr Programm mit Unterhaltsamem mischte.

Bereits in den 50er Jahren organisierte das Junge Theater erste Austauschgastspiele mit Theatern in der DDR, so aus Stralsund oder Rostock. Zu einer der selbstgestellten Aufgaben des Theaters gehörte von jeher die «Pflege der Werke Brechts», wie Friedrich Schütter es nennt. Die Höhepunkte in der bald 40jährigen Geschichte dieser Bühne verbinden sich jedoch mit dem Namen Peter Weiss. In Inszenierungen von Karl Paryla wurden mit finanzieller Unterstützung der Volksbühne am 18. November 1965 «Die Verfolgung und Ermordung Jean Paul Marats...» und am 26. September 1968 «Der Gesang des Lusitanischen Popanz» mit großem Erfolg für Hamburg erstaufgeführt. Zwischen diesen beiden Aufführungen lag ein weiteres herausragendes Bühnenereignis: Ernst Deutsch trat hier am 19. Januar 1967 in der Hauptrolle von Lessings «Nathan der Weise» vor das Hamburger Publikum.

Mit dem politischen Anspruch dieses Theaters ist darüber hinaus der Name Karl Paryla eng verbunden, der seit den 60er Jahren hier regelmäßig als Regisseur arbeitet und bis in die unmittelbare Gegenwart vorwiegend sozialkritische Stücke inszeniert. Unter den deutschen Autoren ist es neben Brecht und Weiss vor allem auch Rolf Hochhuth, dem sich das Theater verbunden fühlt – 1971 Aufführung von «Guerillas», 1972 «Die Hebammen», 1974 «Lysistrate und die Nato», in den 80er Jahren «Die Ärztinnen» und «Judith».

Charakteristisch für den Aufführungsstil des Ernst-Deutsch-

Harald Mueller «Totenfloß».
Regie: Frank Guthke. Ernst-
Deutsch-Theater 1988
Bildmitte: Friedrich Schütter

Theaters sind werkgetreue Inszenierungen, mit denen man dem Verständnis des Publikums entgegenkommen möchte.

Mit Beginn der Spielzeit 1976/77 wurde das Tournee-Unternehmen Ernst-Deutsch-Theater Unterwegs G.m.b.H gegründet. Mit dieser Tochterfirma werden Gastspiele im gesamten deutschsprachigen Raum in Europa durchgeführt.

Altonaer Theater

In Altona wurde das städtische Theater nach 1945 nicht weitergeführt. Das neue Altonaer Theater ging aus dem Harburger Theater hervor, das als städtische Bühne 1949 geschlossen wurde. Das Ensemble blieb jedoch unter der Leitung von Hans Fitze, dem Intendanten zwischen 1945 und 1949, zusammen und spielte als Privattheater in kleineren Orten rund um Hamburg, in Niedersachsen und Schleswig-Holstein weiter. 1954 begannen die ehemaligen Mitglieder des Harburger Theaters im Haus der Jugend in Altona einen regelmäßigen Spielbetrieb auf-

In der Spielzeit 1986/87 hatten die Hamburger Privattheater vor Berlin und München mit 1,46 Millionen Zuschauern die meisten Besucher. Dabei zahlte Berlin pro Einwohner 18,55 DM, Hamburg nur 5,75 DM an Subventionen. Pro Besucher erhielten die Hamburger Privattheater einen Zuschuß von sechs DM.

183

Ludwig Thoma «Moral». Altonaer Theater 1965. Hans Fitze als Beermann, Elke Ahlf als Lina, Florentine Gastell als Elfie

zubauen und traten darüber hinaus in den Hamburger Vororten auf. Ab der Spielzeit 1976/77 wurde dem Altonaer Theater vom Senat im Zusammenhang mit der Subventionierung offiziell die Aufgabe der Stadtteilbespielung übertragen. Für das Hamburger Umland ist die Privatbühne Hans Fitzes bis heute eine Art Landesbühne geblieben. Das Theater, in dessen Spielplan die klassische Dramenliteratur in besonders werkgetreuen Aufführungen eine zentrale Stelle einnimmt (Hans Fitze: «Klassiker pur»), zählt mit einer Platzausnutzung von kontinuierlich über 90 Prozent zu den erfolgreichsten Hamburger Bühnen.

Ohnsorg Theater

Die zweitälteste Privatbühne Hamburgs ist das Ohnsorg Theater. Die am 12. Oktober 1902 von Richard Ohnsorg gegründete «Dramatische Gesellschaft» veranstaltete zunächst nur Leseabende, am 3. Dezember 1902 fand die erste Aufführung «Liebesträume» von Max Dreyer statt. Anfang 1914 spezialisierte sich die 1905 in «Gesellschaft für dramatische Kunst» umbenannte Vereinigung auf das niederdeutsche Drama, das sie an

Szenenbild aus «Wenn du Geld hest» von Winfried Wroost mit Heidi Kabel (links). Ohnsorg Theater 1987

den verschiedensten Orten zur Aufführung brachte. 1936 bezog die Bühne erstmals ein festes Haus in der Hamburger Innenstadt, in den Großen Bleichen. Ab 1954 wurden Aufführungen des Ohnsorg Theaters vom Fernsehen übertragen, was die finanzielle Situation des Theaters stärkte und dem niederdeutschen Volksstück und seiner Bühne bundesweite Publizität verschaffte. 1976 fand die 100. Fernsehübertragung aus dem Ohnsorg Theater statt.

Jahrzehntelanger Star der Bühne bis heute ist Heidi Kabel. Bereits 1932 trat sie zum erstenmal bei Richard Ohnsorg auf.

Da heute ein Mangel an neuen niederdeutschen Stücken besteht, werden immer häufiger hochdeutsche Texte für das Theater ins Niederdeutsche übertragen.

Kinder- und Jugendtheater

Auf eine relativ lange Tradition können auch die beiden Hamburger Kinder- bzw. Kinder- und Jugendtheater zurückblicken.

1967 gründete Uwe Deeken in Hamburg-Altona das Theater für Kinder, das inzwischen bereits sein zwanzigjähriges Bestehen feierte. Das sehr erfolgreiche, subventionierte Privattheater wendet sich insbesondere an Kinder zwischen vier und zwölf Jahren, die mehr und mehr auch aus dem Hamburger Umland anreisen. Bühnenbearbeitungen beliebter Kinderliteratur wie

«Cinderella» nach Giovanni Rossini. Musikbearbeitung von Claus Swienty, Text: Barbara Hass, Theater für Kinder 1987

«Pippi Langstrumpf», «Räuber Hotzenplotz» oder «Ronja Räubertochter» sind bis heute ein wichtiger Bestandteil des Programms. Neben Musicals und Literaturbearbeitungen (Oscar Wilde, Johann Nestroy) standen vor allem in den Anfangsjahren auch Stücke mit unmittelbarem Zeitbezug, z. B. zum Thema Abenteuerspielplatz oder Umweltschutz, auf dem Spielplan. Seit 1979 zeigt das Theater in Altona in jeder Saison eine für Kinder bearbeitete Oper. Nach der «Zauberflöte» und dem «Freischütz» wurden u. a. «Zar und Zimmermann» und «Der Ring» erstmals in einer Bühnenfassung für Kinder aufgeführt.

Das 1971 gegründete und nach einer längeren Anlaufzeit seit 1981 ebenfalls subventionierte Klecks-Theater profilierte sich dagegen stärker als kritisches Jugendtheater, dessen Herkunft aus den Protestbewegungen der 60er Jahre und den hier entwickelten sozialen und pädagogischen Reformideen bis heute das Programm dieses Theaters bestimmen. In konfliktorientierten, häufig polemischen Stücken setzt sich diese Bühne mit der Situation von Jugendlichen in der modernen Gesellschaft auseinander («Die schönste Zeit zum Leben» von Volker Ludwig und Detlef Michel, 1979), thematisiert das Verhältnis von Jugend und Sexualität («Was heißt hier Liebe» von H. Fehrmann u. a.,

1978) sowie die Probleme von Randgruppen («Nichts los in Strinz» von Karl-Heinz Scherfling), Drogenprobleme («Still Ronnie» von Heinrich Henkel, 1988) oder behandelt politische Themen wie die Beziehung zwischen der ersten und der sogenannten Dritten Welt («Banana» von Rainer Hachfeld und Rainer Lücker, 1981). Gespielt wurde in den Anfangsjahren vor allem für Schulen und an wechselnden Spielorten; 1981 konnte am Großneumarkt eine bis heute bestehende feste Spielstätte eröffnet werden. Mit seinem Programm, das in seinem emanzipatorischen Anspruch dem Berliner Grips-Theater nahesteht (1977 trat Volker Ludwig, der Leiter des Grips-Theaters, der Klecks-Theater-GmbH bei), provozierte das Klecks-Theater mehrfach Anfragen und Debatten in der Bürgerschaft. So wandte sich 1978 die CDU gegen die Aufführung des Stückes «Was heißt hier Liebe». Eine «Aktion Menschenwürde und Familie Hamburg» erstattete in der gleichen Sache Strafanzeige. Aufführungen in den Schulen durfte der Schulsenator schließlich nur noch mit dem Einverständnis der Eltern genehmigen.

Weder Angriffe dieser Art noch die häufig auftretenden ökonomischen Schwierigkeiten konnten das Klecks-Theater bisher von seinem Konzept eines zeitkritischen Kinder- und Jugend-Theaters abbringen.

«Klassenfeind» von Nigel Williams. Klecks-Theater 1987

Operette und Musical nach 1945

Schließung von Operettentheatern in den 30er und 40er Jahren:
1931 – Carl Schultze-Theater wird in ein Kino umgewandelt (im Krieg zerstört).
1939 – Schiller-Oper wird wegen fehlender Luftschutzräume geschlossen.
1943 – Volksoper am Millerntor wird bei einem Bombenangriff zerstört.
1944 – Theater an der Reeperbahn (Vorläufer des heutigen Operettenhauses) wird in ein Kino umgewandelt, 1945 zerstört.

Hamburgs Operettenbühnen mußten sich wie das gesamte Theaterleben der Stadt nach Kriegsende neu organisieren. Viele Häuser der leichten Muse waren in den Jahren zuvor geschlossen worden oder den Bomben zum Opfer gefallen. Einziger dauerhafter Spielort für das unterhaltsame Musiktheater wurde das Operettenhaus am Spielbudenplatz; das von der Stadt neu aufgebaute Haus übernahm ein privater Pächter. Ab 1953 standen hier wieder Operetten, Singspiele, Weihnachtsmärchen und gelegentlich auch Volksstücke auf dem Spielplan; Gastspiele aus Ost-Berlin, Dresden und Schwerin kamen hinzu, die freilich in der Presse den Ruf nach Maßnahmen gegen «kommunistische Hetzstücke» und die «ostzonale ‹Kulturoffensive›» laut werden ließen.

Dem hohen finanziellen Einsatz, den die Operettenproduktion erforderte, entsprach zumeist nicht der eingespielte Ertrag. Die Konkurrenz im Unterhaltungsgewerbe, Rundfunk, Film und Fernsehen war spürbar. Die Leitung des Hauses erwog zeitweise, auf ein weniger kostspieliges Repertoire umzustellen, auf Film, Gastspiele und Varieté auszuweichen.

In den 60er Jahren fand schließlich der neue Leiter des Operettenhauses, Kurt Collien, ein Konzept, das den Spielplan beleben und damit das Haus für das Publikum wieder interessanter machen sollte. Collien nahm Musicals ins Programm und reagierte damit auf die neuen angloamerikanischen Einflüsse im bundesdeutschen Kulturbetrieb. «My Fair Lady» (1963 und 1969) und «Annie get your Gun» (1965) standen nun neben der «Lustigen Witwe» und dem «Zarewitsch». Außerdem engagierte Collien für Operette und Musical Stars, die dem Publikum vom Film her bekannt waren. Namen wie Heidi Brühl und Freddy Quinn, Marika Rökk («Ihr Schmiß ist ansteckend») und Zarah Leander («Wenn sie singt, klirren die Lüster») sorgten für Publikum, Stimmung und Einnahmen.

Investitionen und Risiko waren für den Betreiber des immer noch privat geführten Hauses hoch; Reparatur- und Umbauarbeiten wurden notwendig, die Stadt tat sich schwer mit Bürgschaften und Zuschüssen. Schließlich warf Kurt Collien nach zehn Jahren das Handtuch. Die folgende Direktion der Brüder Grabowsky brachte vom «Räuber Hotzenplotz» bis zum «Land des Lächelns» ein gemischtes Programm aus Operette, Musical

Heidi Brühl in «My Fair Lady» von Frederick Loewe, Operettenhaus 1970

und Schauspiel, mit zahlreichen Gastspielen – und erstmals mit städtischen Subventionen. Bald beschäftigte sich die Presse jedoch weniger mit den Aufführungen des Operettenhauses als mit dem Finanzgebaren seiner Direktoren. Nach 1978 kam kein neuer Pachtvertrag mit der Stadt mehr zustande.

Wieder war die zukünftige Nutzung des Hauses Thema von Spekulationen. Es beherbergte zeitweilig das Staatsopernballett unter John Neumeier, war Ausweichstätte für das wegen Umbauarbeiten ausquartierte Ensemble des Deutschen Schauspielhauses und Schauplatz einer weiteren musikalischen Hamburgensie mit Freddy Quinn. «Große Freiheit Nr. 7» konnte jedoch nicht an den früheren Erfolg von «Heimweh nach St. Pauli» anknüpfen.

Als im April 1986 der erste Vorhang zu Andrew Lloyd Webbers Musical «Cats» hochging, wurde ein neues Kapitel in der Geschichte des Hamburger Operettenhauses eröffnet. Der Theaterunternehmer Friedrich Kurz kreierte eine für Hamburg neue Form des Theatergeschäfts, von dem sich vor allem der Senat der Stadt endlich eine ökonomische Konsolidierung dieser Bühne und ein nicht minder lukratives Umfeld für die Hamburg-Werbung versprach. Die Anwendung moderner Management- und Marketingmethoden brachte dem Cats-Produzenten niedrige Kosten und volle Kassen und dem Webber-Musical das Prädikat des erfolgreichsten Stücks der letzten Jahre.

Andrew Lloyd Webber
«Cats». Operettenhaus Hamburg 1986

Durch den großen Erfolg von «Cats» ermutigt, plant Kurz eine weitere Musical-Produktion in Hamburg, Webbers «Phantom of the Opera». Dieses Folgeprojekt führte zu heftigen Auseinandersetzungen um den Standort eines eigens für diese Produktion zu errichtenden Hauses.

«Die Produktion hat nicht zehn, sondern nur 8,5 Millionen Mark gekostet, mehr als 420mal haben die Miezen geschnurrt, mehr als 450000 Besucher haben ihnen dabei zugesehen... 70 Prozent der 450000 kamen nicht aus Hamburg... Allein die Aktion der Bundesbahn (man kann auf allen deutschen Bahnhöfen eine Städte-Tour nach Hamburg buchen, die Fahrt, Übernachtung und ‹Cats›-Ticket enthält) hat im letzten Jahr 13000 Gäste nach Hamburg gelockt. Mit den ‹Cats›-Angeboten der Hotels und Reisebüros macht das ‹mindestens 200000 Übernachtungen aus›... Besucher kommen aus der Schweiz, beispielsweise per ‹Cats›-Express, aus Dänemark, Schweden, Holland. Und durchschnittlich bleibt jeder Gast zwei Nächte und läßt 160 bis 170 Mark in Hamburg – nicht mitgerechnet, was Besucher aus dem Umland und Besucher, die privat wohnen, ausgeben» (*aus*: Die Katzen krallen sich an Hamburg fest – Die ‹Cats›-Bilanz eines Jahres, in: *Hamburger Abendblatt* vom 18. April 1987).

Gustaf Gründgens
am Deutschen Schauspielhaus

Johann Wolfgang von Goethe
«Faust I». Deutsches Schau-
spielhaus 1957

Bertolt Brecht «Die heilige Johanna der Schlachthöfe». Uraufführung, Deutsches Schauspielhaus 1959

Gustaf Gründgens. «Ich vermag nicht einzusehen, warum unser Beruf der einzige sein soll, in dem Können leicht verdächtig ist. Daß ich hier nicht leerer Routine das Wort rede, muß ich wohl nicht betonen. Aber ich würde wünschen, daß die drei Stunden, in denen wir abends unseren Beruf ausüben, festliche Stunden sind, besondere Stunden für jeden von uns... Helfen Sie mir, diese Festlichkeit, von der ich spreche, die dann entsteht, wenn wir der Kunst mit ganzem Herzen dienen, auf alle Vorstellungen dieses Hauses auszudehnen. Ich halte wenig von festlichen Premieren. Ich bin sehr glücklich über eine festliche 20. Wiederholung einer Aufführung...» (*aus:* Rede an die Mitglieder des Deutschen Schauspielhauses in Hamburg am 1. August 1955).

Mit Beginn der Spielzeit 1955/56 übernahm Gustaf Gründgens (1899–1963) die Intendanz des Deutschen Schauspielhauses Hamburg. Den Wechsel von der Generalintendanz der Städtischen Bühnen Düsseldorf nach Hamburg begründete er mit seiner Furcht vor Stagnation: «Ich glaube, wir Künstler müssen von Zeit zu Zeit das Milieu wechseln und uns vor neue Probleme gestellt sehen, wenn wir für unsere Aufgaben frisch bleiben wollen. Das gilt besonders für Intendanten.»

Gründgens legte seine Hamburger Intendanz mit Ablauf der Spielzeit 1962/63 nieder; Oscar Fritz Schuh (1904–1984) wurde sein Nachfolger. Im September trat Gründgens eine Weltreise an. Er starb am 6. Oktober 1963 in Manila.

«Werktreue» ist wohl am ehesten der Begriff, der den Schlüs-

sel zur Regiearbeit von Gustaf Gründgens darstellt, sein künstlerisches Ethos. Sein Theater perfektionierte eine Form des repräsentativen Klassizismus, der bürgerliche Lebensmaximen wie Ordnung, Pflicht, Klarheit in die künstlerische Arbeit umsetzte.

Noch lange Jahre prägte die Gründgens-Zeit das Image des Deutschen Schauspielhauses und die Erwartungen seines Stammpublikums. Alle Nachfolger hatten sich mit diesem «Erbe» auseinanderzusetzen.

Wichtigste Rollen und Inszenierungen

Am 1. September 1955 spielte Gründgens die Titelrolle in Schillers «Wallensteins Tod» (Regie: Ulrich Erfurth). Er inszenierte in Hamburg u. a. am 26. April 1956 «Thomas Chatterton» von Hans Henny Jahnn; am 21. April 1957 Goethes «Faust I», am 9. Mai 1958 «Faust II» (Gründgens als Mephisto, Will Quadflieg als Faust, Antje Weisgerber als Margarethe, Elisabeth Flickenschildt als Frau Marthe); am 29. September 1957 spielte Gründgens den Archie Rice in John Osbornes «Der Entertainer» (Regie: Heinz Hilpert); am 10. Januar 1958 inszenierte Gründgens «Dantons Tod» von Georg Büchner; am 26. Februar 1959 «Don Juan und Faust» von Christian Dietrich Grabbe; am 30. April 1959 die Uraufführung von «Die heilige Johanna der Schlachthöfe» von Bertolt Brecht (in der Titelrolle Marianne Hiob, Hermann Schomberg als Mauler; Bühne: Caspar Neher); am 31. Mai 1959 Schillers «Maria Stuart»; am 4. September 1959 Shaws «Cäsar und Cleopatra» (Gründgens als Cäsar); am 10. November 1959 Schillers «Wallensteins Tod» (Gründgens in der Titelrolle); am 21. November 1959 Lawrence Durrells «Sappho»; am 21. Mai 1960 von Friedrich Hebbel «Gyges und sein Ring» (Gründgens als Kandaules); am 21. Oktober 1960 spielte Gründgens den Prospero in Shakespeares «Der Sturm» (Regie: Gustav Rudolf Sellner); am 22. November 1960 inszeniert er von Strindberg «Fräulein Julie»; am 22. November 1961 von Lawrence Durrell «Acties»; am 25. Dezember 1961 von Tirso de Molina «Don Gil von den grünen Hosen»; am 9. Mai 1962 von Hermann Bahr «Das Konzert» (Gründgens als Albert Heink); am 20. November 1962 Schillers «Don Carlos» (Gründgens als Philipp II.); am 18. Januar 1963 Strindbergs «Totentanz». Seine letzte Regiearbeit am 14. April 1963 war Shakespeares «Hamlet» (Maximilian Schell in der Titelrolle, Ella Büchi als Ophelia, Hermann Schomberg als Claudius, Marianne Hoppe als Königin Gertrude, Ullrich Haupt als Horatio; Bühne: Teo Otto).

Deutsches Schauspielhaus und Thalia Theater – «erste» und «zweite erste» Bühne

Die Entwicklung der beiden großen innerstädtischen Schauspielbühnen war seit dem 19. Jahrhundert bis zum Ende der Intendanz von Gustaf Gründgens am Deutschen Schauspielhaus und Willy Maertens am Thalia Theater durch eine relativ konstante Aufgabenverteilung geprägt, die immer auch die Konkurrenz um das Publikum einschloß.

Die Beziehung der beiden Häuser zueinander änderte sich, als Kurt Raeck, Intendant des Thalia Theaters seit 1964, eine Korrektur im Repertoire seines Hauses anstrebte. Raeck wollte nicht mehr nur «unverbindliche Unterhaltung» bieten, sondern die «Grenzpfähle hinausstecken», den Spielplan der inzwischen als Boulevardtheater geltenden Bühne durch Komödien von Shakespeare, ernste Klassik und Autoren der klassischen Moderne wie Henrik Ibsen, George Bernard Shaw oder Arthur Schnitzler erweitern. Mit seinen Bemühungen kam er offenbar auch veränderten Publikumswünschen entgegen. Das Thalia Theater erreichte in diesen Jahren der Umorientierung wiederum kaum überbietbare Besucherzahlen und wurde das bestbesuchte Theater Deutschlands mit den gleichzeitig höchsten Eintrittspreisen.

1972/1973: Hamburg ist «die theaterfreudigste und theaterengagierteste Stadt in der Bundesrepublik»

Plätze der staatlich subventionierten Sprechbühnen:
Hamburg 3274
Berlin 1792
München 2753

Neuinszenierungen:
Hamburg 28
München 23
Berlin 15

Besucher:
Hamburg 674849
München 482182
Berlin 398020

Zahl der Aufführungen:
Hamburg 994
Berlin 760
München 692

Subventionen:
München 20,218 Mio
Hamburg 16,888 Mio
Berlin 15,586 Mio

William Shakespeare «Macbeth». Regie: Helmuth Käutner. Thalia Theater 1966

Im Deutschen Schauspielhaus bemühte man sich ebenfalls um eine Kurskorrektur, freilich aus anderen Gründen und in eine andere Richtung. Ab der Spielzeit 1963/64, beginnend mit Oscar Fritz Schuh, verweigerten sich die Intendanten einer Festlegung auf die Erfordernisse einer Repräsentationsbühne von eher traditionellem Zuschnitt. Schuh stellte in bewußtem Gegensatz zu seinem Vorgänger Gründgens erstmals das zeitgenössische Drama in den «Mittelpunkt aller Planungen». «Starke Kontraste» im Repertoire sollten es ihm ermöglichen, aus dem Schatten seines vielbewunderten Vorgängers herauszutreten. Eine starke Gruppe innerhalb der lokalen Presse mißbilligte jedoch diese wie auch alle späteren Anstrengungen, für das Deutsche Schauspielhaus eine zeitgemäßere Linie zu entwickeln, da durch Gustaf Gründgens doch gerade erst der so lange erhoffte Aufstieg des Hauses zur «Weltstadtbühne» gelungen war.

Die Versuche Egon Monks, 1968 Nachfolger von O. F. Schuh, mit einer politisch-historischen Szenenfolge «Über den Gehorsam» und einer ebenso sozialkritisch-aktuell pointierten «Räuber»-Inszenierung diesen Prozeß der Neuorientierung vehement voranzutreiben, führten bereits nach zwei Monaten fast zwangsläufig zur Beendigung seiner Intendanz. Das Deutsche Schauspielhaus geriet zunehmend in eine künstlerische Krise. Auch den folgenden Intendanten, Gerhard Hirsch – er beging nach

einem Jahr Selbstmord – und Hans Lietzau, gelang es nicht, ein neues tragfähiges Konzept für das Haus an der Kirchenallee zu entwickeln. Das Publikum, noch immer durch das Gründgens-Theater in seinen Erwartungen geprägt, blieb weg.

An beiden Hamburger Staatsbühnen war damit zu Anfang der 60er Jahre wie an vielen staatlichen Bühnen in der Bundesrepublik der Prozeß einer neuen Standortbestimmung in Gang gekommen, der den gesellschaftlichen Sinn des Theaters wie dessen künstlerische Orientierung gleichermaßen betraf. In diesem an beiden Häusern gegenläufig sich vollziehenden Prozeß des Abrückens von traditionellen Fixierungen und Funktionszuweisungen zeigten sich nicht zuletzt wesentliche Momente der Protestbewegungen der 60er Jahre, die fundamentale Kritik, der die offizielle Repräsentations- wie die verschiedenen Formen populärer Unterhaltungskultur unterzogen wurden. Dies führte im Ergebnis schließlich auch zu einer veränderten Aufgabenverteilung der beiden Bühnen untereinander.

Als Ivan Nagel am 1. Januar 1972 die Intendanz des Deutschen Schauspielhauses übernahm, bekam er, wie er es später formulierte, «das schönste und kaputteste Theater Deutschlands». Er suchte den Weg aus der Krise unabhängig von den verschiedenen «Niveauverpflichtungen», die in diesen Jahren nebeneinander geltend gemacht wurden. Nagel interessierte

Franz Xaver Kroetz «Stallerhof». Regie: Ulrich Heising/Karl Kneidl. Uraufführung, Malersaal des Deutschen Schauspielhauses 1972 Eva Mattes als Beppi, Bruno Dallansky als Sepp

197

Cyril Tourneur «Die Tragödie der Rächer». Regie: Claus Peymann, Bühne: Wilfried Minks. Deutsche Erstaufführung, Deutsches Schauspielhaus 1972

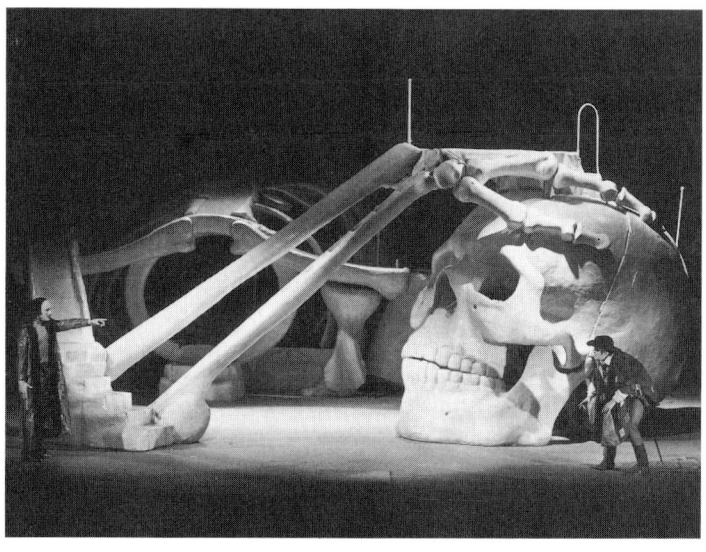

«Wir sind für Pluralismus des guten und neuen Theaters, wir sind gegen einen einzigen Stücktyp, einen einzigen Kunststil, der die ganze Spielzeit beherrscht. Repertoiretheater… wird ohne Pluralismus engstirnig, dogmatisch – also langweilig…» (*aus:* Ivan Nagel, Gegen die Prediger des braven Theaters. In: *Hamburger Abendblatt*, 12. Juni 1976).

vielmehr die sich entwickelnde «Sprache einer neuen Theatralik», und er engagierte neben den Regisseuren Dieter Giesing und Ulrich Heising (beide zusammen über zwanzig Inszenierungen) sowie dem Bühnenbildner Rolf Glittenberg (mehr als zehn Inszenierungen) die Protagonisten dieser Bewegung: die Regisseure Claus Peymann («Die Tragödie der Rächer» von Cyril Tourneur, 1972), Wilfried Minks («Die Jungfrau von Orléans» von Friedrich Schiller, 1973), Peter Zadek («Othello» von William Shakespeare, 1976) und Jérôme Savary («Leonce und Lena» von Georg Büchner, 1975). Damit waren deutliche Zeichen gesetzt.

«Vielsprachigkeit» hieß die Formel für die ersten Jahre von Nagels Intendantentätigkeit, die die «Isolation, die Dialoglosigkeit zwischen Stadt und Theater» überwinden helfen sollte. Neben Minks, Zadek und Savary holte Nagel aber auch die Regisseure Rudolf Noelte («Der Menschenfeind» von Molière, 1975), Giorgio Strehler («Die Dreigroschenoper» von Bertolt Brecht, 1977) und Manfred Karge / Matthias Langhoff («Prinz von Homburg» von Heinrich von Kleist / «Fatzer-Fragmente» nach Bertolt Brecht, 1978) an das Deutsche Schauspielhaus.

Höhepunkt und größter Theaterskandal in Hamburg nach dem Zweiten Weltkrieg wurde 1976 Peter Zadeks «Othello»-Inszenierung, seine bis heute schärfste Absage an das traditionelle deutsche «Kulturtheater». Zadek nach der Voraufführung in Leverkusen: «In Deutschland sieht man das Theater

Friedrich Schiller «Die Jung-frau von Orléans». Regie und Bühne: Wilfried Minks. Deut-sches Schauspielhaus 1973 Eva Mattes als Johanna, Rolf Becker als Lionel

leider als Literatur an. Ich nicht. Ich finde, es ist ein wunderbarer lebendiger… Zirkus.» Nach heftigen Auseinandersetzungen im Hamburger Premierenpublikum lauteten die Schlagzeilen in der Presse: «Untergang um Mitternacht» (*Die Welt*), und im *Hamburger Abendblatt* hieß es: «Wer Shakespeare liebt, muß gewarnt werden.» In der überregionalen Presse hingegen gab es Zustimmung für Zadeks «tollkühne Provokation», die das «theatralische Extrem in einem Zeit-Klima (wagt), in dem allenthalben Ausgewogenheit und Balance verlangt werden…» (Peter Iden). Erfolg für diese Inszenierung auch bei den Zuschauern: ausverkaufte Vorstellungen und an die 80 Aufführungen in Hamburg und als Gastspiel in vielen europäischen Hauptstädten.

Abschließender Höhepunkt der Intendanz von Nagel wurde 1979 das Festival «Theater der Nationen», das erstmals die ganze Breite der aktuellen internationalen Theaterszene auf höchstem Niveau in der Hansestadt präsentierte.

Die Durchsetzung dieser künstlerischen Neuorientierung des

Das neue Publikum im Schauspielhaus
1976 waren 37 Prozent der Besucher unter 25, 46 Prozent unter 35 Jahre alt, fuhren mehr Leute mit S- und U-Bahn zu diesem Theater als in die beiden anderen staatlichen Bühnen, gingen mehr einzelne Hamburger in dieses Theater als in die Oper oder das Thalia Theater (großer Abonnentenstamm).

Malersaal. Der Malersaal (eingerichtet 1972) sollte «keine Entlastungs- und Entschuldigungsfunktion für das Theater» haben, mehr «Theaterlabor statt Dramenstudio» (I. Nagel) sein. Häufig wurden Materialien und Übungen aus der Ensemblearbeit zu neuen Inszenierungen gezeigt (z. B. zu Brechts «Arturo Ui», zu Büchners «Dantons Tod»).

Molière «Der Menschen-
feind». Regie: Rudolf Noelte.
Deutsches Schauspielhaus
1975

Georg Büchner «Leonce und
Lena». Regie: Jérome Savary.
Deutsches Schauspielhaus
1975
E. O. Fuhrmann als König
Peter (Bildmitte)

Deutschen Schauspielhauses vollzog sich allerdings weiterhin unter ungemein komplizierten politischen Rahmenbedingungen, da der Senat, auch unter dem Druck der örtlichen Presse, regelmäßig über Haushaltsfragen die Leitung des Hauses zu disziplinieren und deren künstlerischen Spielraum einzuschränken versuchte.

Wesentlich einfacher war die Situation am Thalia Theater, als Boy Gobert 1969 die Leitung dieser Bühne übernahm, die von der allenthalb beklagten «Theaterkrise» offenbar nicht erfaßt worden war. Boy Gobert konnte mit seinem Anspruch und «selbst initiierten Auftrag, aus einem zweiten Theater ein zweites erstes Schauspielhaus zu machen», unmittelbar an die von Kurt Raeck geleistete Vorarbeit anknüpfen. Nachdem er in seiner ersten Spielzeit nur Komödien gegeben hatte, erweiterte er den Spielplan in den folgenden Jahren kontinuierlich in Richtung klassisches Schauspiel und kritisches Zeitstück. Damit erreichte das Thalia Theater im Hinblick auf das Repertoire schließlich Mitte der 70er Jahre die immer wieder angestrebte Angleichung an das Schauspielhaus, das allerdings seinerseits von der Konzentration auf die traditionelle «Hochkultur» abgerückt war.

Dennoch unterschieden sich die beiden Bühnen weiterhin deutlich in ihrem künstlerischen Profil. Während sich das Schauspielhaus unter Ivan Nagel der Suche nach «einer neuen Theatralik» verschrieben hatte und dabei die Regisseure und Bühnenbildner eine zunehmend wichtige Rolle spielten (Stichwort: Regietheater), setzte Boy Gobert, vom Wiener Burgtheater kom-

«Die Pfeffersäcke mit dem rechten (das heißt, nicht nur im Wahljahr an Alster und Elbe auch: linken) Parteibuch lassen einen Mann stolpern, der das Theater (wieder) zur Weltgeltung gebracht hat. Was sie keinem ihrer Hafen-Betriebe zumuten würden – ihr Schauspielhaus soll es bringen: nach falschem Finanz-Ansatz – den Gewinn» (Rolf Michaelis zu der «Anweisung», die den Intendanten Nagel verpflichtete, jeden über 500 DM hinausgehenden Betrag vom Verwaltungsdirektor genehmigen zu lassen; in: *Die Zeit*, 12. Mai 1978).

mend, eine andere Traditionslinie, die des Schauspielertheaters fort. Gobert: «Das Burgtheater hat mich gelehrt, wie wichtig die Persönlichkeit des Schauspielers ist.» Damit führte er die Linie des Thalia Theaters getreu weiter. Bereits unter Maurice galt das Haus auf Grund seiner vielbewunderten Ensemblepflege als die «Burg des Nordens». Auch unter Boy Gobert waren es in erster Linie die Schauspieler und Schauspielerinnen, die das Gesicht dieser Bühne prägten: Paula Wessely, Ingrid Andree, Nicole Heesters, Johanna von Koczian, Agnes Fink; Boy Gobert selbst, Martin Benrath, Mattias Wiemann, Helmuth Lohner, Hubert von Meyerinck, Kurt Meisel, Richard Münch, Uwe Friedrichsen, Otto Rouvel, Ullrich Haupt u.v.a. Nicht weniger als 18 junge Schauspieler brachte Gobert zu Beginn seiner Amtszeit mit an das Thalia, unter ihnen Ursela Monn, Silvia Fenz, Heinz Trixner und Ralf Schermuly. Als Regisseure holte Gobert neben Hans Schweikart, Dieter Giesing, Jürgen Flimm (zeitweise Oberspielleiter), Tom Toelle und Helmuth Baumann, auch Hans Hollmann, Peter Zadek und Hans Neuenfels an sein Theater.

Zu den Aufführungen, die beim Publikum besonders großen Anklang fanden und als charakteristisch für die neue Konzeption dieser Bühne unter Boy Goberts Intendanz gelten, zählen die Inszenierungen von Stücken des Engländers Harold Pinter «Der Liebhaber» (1970/71) und «Alte Zeiten» (1971/72) mit Boy Gobert und Ingrid Andree, «Niemandsland» (1975/76) und «Betrogen» (1978/79). Die Inszenierung von Friedrich Schillers «Maria Stuart» (Regie: Boy Gobert, 1974) wurde 1975 zu einem sechswöchigen Gastspiel in die Sowjetunion eingeladen und hatte dort einen außergewöhnlichen Erfolg. Herausragend auch die Inszenierung von Edmond Rostands Tragikomödie «Cyrano von Bergerac» (Regie: Jürgen Flimm, 1972) mit Boy Gobert in der Hauptrolle.

Das Thalia Theater konnte mit dieser Spielplanpolitik seine traditionell hohe Besucher- und Abonnentenzahl halten, obwohl bei den Abonnements in den ersten Jahren der Gobertschen Intendanz über ein Drittel gekündigt wurde. Mit einer Platzausnutzung von rund 80 Prozent und kontinuierlich rund 19 000 Abonnenten erschien dieses Haus den Hamburger Kulturpolitikern geradezu als «Musterbühne»; im Verein mit einem Teil der örtlichen Presse stellten sie das Thalia Theater mit Vorliebe dem fortwährend als defizitär angegriffenen Schauspielhaus gegenüber.

Als Ivan Nagel nach der Spielzeit 1978/79 und Boy Gobert nach der Spielzeit 1979/80 die Hamburger Staatstheater verlie-

*Heinrich Henkel «Der Eisen-
wichser». Regie: Hanno Lu-
nin. Thalia Theater 1971
Manfred Steffen als August
Lötscher*

*William Shakespeare «Ri-
chard III». Regie: Hans Hollmann. Thalia Theater 1973
Boy Gobert in der Titelrolle*

*Harold Pinter «Alte Zeiten».
Regie: Hans Schweikart. Tha-
lia Theater 1972
Boy Gobert als Deeley, Ingrid
Andree als Kate, Ursula Lin-
gen als Anna*

Friedrich Schiller «Maria Stu-
art». Regie: Boy Gobert. Tha-
lia Theater 1974
Ingrid Andree als Elisabeth,
Nicole Heesters als Maria Stu-
art

Neil Simon/Cy Coleman
«Sweet Charity». Regie: Hel-
mut Baumann. Thalia Theater
1975

ßen, mit der Begleitmusik kulturpolitischer Skandale und in einer Situation von Konzeptionslosigkeit und dilettantischen Agierens von seiten des Senats, entstand zunächst ein eklatanter Bruch in der Kontinuität der beiden Bühnen. Die Nachfolge wurde in keinem der beiden Fälle überzeugend gelöst. Niels-Peter Rudolph, als Regisseur fraglos von Rang, führte das Deutsche Schauspielhaus glücklos bis zum Ende der Spielzeit 1984/85. Die Nachfolge Goberts trat Peter Striebeck an, dem es ebenfalls nicht gelang, dem Haus ein eigenes Profil zu verschaffen: Übergangsintendanzen in beiden Häusern, zugleich in einer Zeit, in der die staatlichen Bühnen vehement durch die Sparpolitik des Senats in die Enge getrieben wurden und die Selbstbehauptung des Theaters in einer immer mehr von den Medien beherrschten Gesellschaft zunehmend schwieriger wurde.

Eine Lösung war gefunden, mehr noch: ein neuer Höhepunkt des Hamburger Theaterlebens schien sich anzukündigen, als 1985 Peter Zadek für die Intendanz des Deutschen Schauspielhauses und Jürgen Flimm für die Leitung des Thalia Theaters gewonnen werden konnten.

Zadek trat mit dem Programm an, «großes, populäres Theater» machen zu wollen, «wie es sich für dieses Haus gehört; Theater für viele Menschen, für viele Arten von Menschen,... für das breite Publikum.» Diesem Ziel kam er besonders nahe mit der Inszenierung des Musicals «Andi» von Burkhard Driest und Peer Raben (1986), das wieder einmal die Kritiker auch der

«Das Theater ist nach wie vor ein Theater für Abiturienten, für Leute mit Abitur mindestens, anders, meint man, geht es nicht. Oder es wird einem geraten, gleich in die Boulevard-Theater zu gehen... Ein Theater, das eine größere Breitenwirkung hat, wie sie z. B. das Theater in England durch die Shakespeare-Tradition schon gehabt hat, das ist wünschenswert. Auch Woolworth-Verkäuferinnen gehen dort in eine Shakespeare-Vorstellung, in Deutschland ganz bestimmt nicht...» (Peter Zadek, 1987).

Edmond Rostand «Cyrano von Bergerac». Regie: Jürgen Flimm, Bühne: Dieter Flimm. Thalia Theater 1976

Frank Wedekind «Lulu. Die Büchse der Pandora. Eine Monstretragödie». Regie: Peter Zadek, Bühne: Johannes Grützke. Deutsches Schauspielhaus 1988
Susanne Lothar als Lulu

Burkhard Driest, Peer Raben und Peter Zadek «Andi». Regie: Peter Zadek, Bühne: Johannes Grützke. Deutsches Schauspielhaus 1987

Tankred Dorst «Korbes».
Regie: Wilfried Minks. Deut-
sches Schauspielhaus 1988
Josef Bierbichler in der Titel-
rolle

überregionalen Presse verwirrte, dafür aber ein begeistertes Publikum, vor allem unter jungen Menschen, fand. Ein großer Erfolg bei Publikum und Kritik wurde schließlich 1988 Zadeks Inszenierung der Urfassung von Frank Wedekinds «Lulu», eingeladen zum Theatertreffen in Berlin und zur Inszenierung des Jahres 1988 gewählt.

Parallel zu seinen künstlerischen Bemühungen um die Verwirklichung eines populären Theaters unternahm Zadek auch auf der Ebene der Eintrittspreise immer wieder Vorstöße, um elitäre Theatertraditionen abzubauen. Ein erster Erfolg 1988:

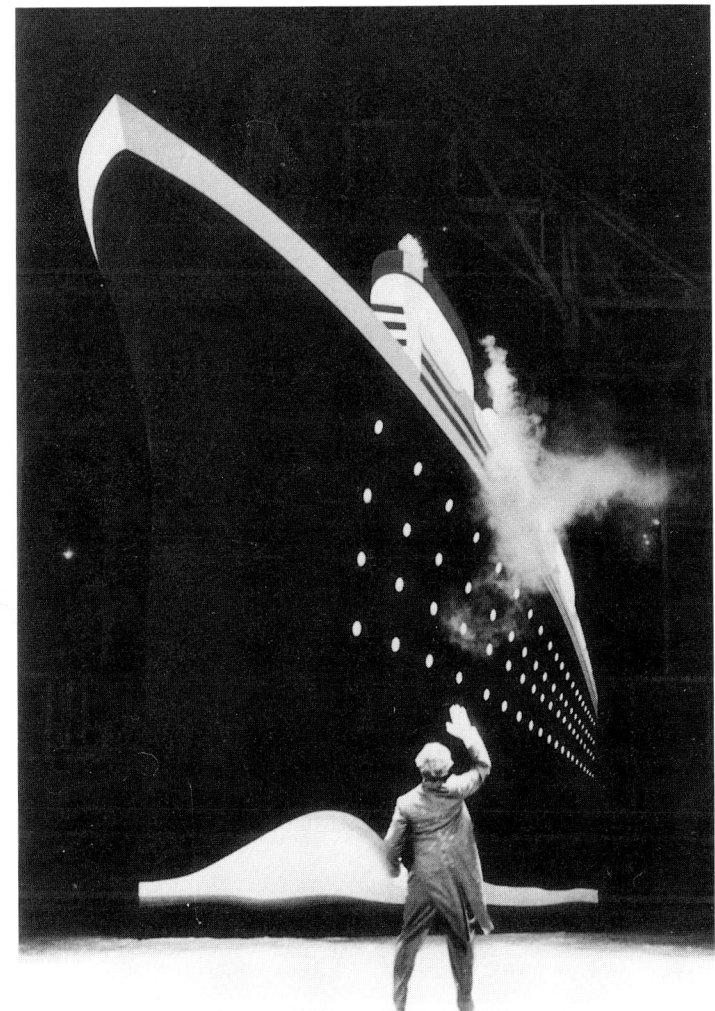

Henrik Ibsen «Peer Gynt. Teil II». Regie: Jürgen Flimm, Bühne: Rolf Glittenberg. Thalia Theater 1985

an jedem Montag Karten zum Einheitspreis. Veränderungen in der Führungsstruktur des Hauses, moderne Management- und Marketingmethoden und die Einführung von Wahlabonnements zielen längerfristig auf eine Umgestaltung des Repertoiretheaterbetriebs. Die konzeptionell beabsichtigte Ablösung der repräsentativen Form des deutschen «Kulturtheaters» wird damit auch durch strukturelle Anpassungen an die Erfordernisse moderner privatwirtschaftlicher Betriebsführung vorangetrieben. Zu einer Verlängerung des Intendantenvertrages über die Spielzeit 1988/89 hinaus war Peter Zadek nicht bereit; die Aufgaben der Intendanz führten offenbar zunehmend zu unlösbaren Konflikten mit den Ambitionen des Regisseurs.

In den vier Spielzeiten der bisherigen Intendanz von Jürgen Flimm umfaßt der Spielplan des Thalia Theaters den gesamten Bogen von der Klassik zur zeigenössischen Dramatik. Damit stellte sich Flimm nicht zuletzt auf die Situation von zwei konkurrierenden Hamburger Staatsbühnen ein. Jürgen Flimm, Anfang 1985 mit Blick auf seine bevorstehende Intendanz: «Ich glaube, daß wir den konservativen Part im Konzert dieser beiden Sprechbühnen spielen werden.»

Zu den wichtigsten Inszenierungen im ersten Abschnitt von Flimms Intendanz zählen «Peer Gynt» von Ibsen (1985), «Die Nibelungen» von Friedrich Hebbel (1988) und – von der Kritik hoch gelobt – «Platonow» von Anton P. Tschechow. Herausragende Theaterereignisse am Thalia Theater waren ebenfalls die Inszenierungen der «Hamletmaschine» (von Heiner Müller, 1986) und «Parsifal» (1987) durch den amerikanischen Regisseur Robert Wilson.

Eine richtungweisende theaterpädagogische Arbeit initiierte das Thalia Theaters 1985 mit der Einrichtung des Thalia-Treffs; in einer Vielzahl von theoretischen und praktischen Kursen und Spielangeboten werden Jugendliche mit dem Theater vertraut gemacht. Um die Förderung der zeitgenössischen Dramatik bemüht sich das Thalia durch die zeitweise feste Bindung eines Autors (z. B. Klaus Pohl) an das Haus. Seit dem Wintersemester 1988/89 beseteht eine enge Zusammenarbeit des Thalia Theaters mit der Universität Hamburg in dem Studiengang Schauspieltheater-Regie, dessen künstlerische Leitung Jürgen Flimm übernommen hat.

Verglichen mit dieser eher geradlinigen Entwicklungslinie des Thalia in den vergangenen 25 Jahren vollzieht sich die Popularisierung der Repräsentationsbühne Schauspielhaus als ein komplizierter und vielschichtiger Prozeß. Peter Zadek hat dafür in den Jahren seiner Intendanz sicherlich richtungweisende Impulse gegeben und mit einigen seiner Inszenierungen erneut Marksteine in der Hamburger Theatergeschichte gesetzt.

Die Intendanz des Deutschen Schauspielhauses übernimmt mit Beginn der Spielzeit 1989/90 der Engländer Michael Bogdanov.

‹Enfant terrible› oder Stiefkind der Kulturszene? – Freies Theater in Hamburg

Atelier zu den vier Winden, Straßentheateraktion, 1982

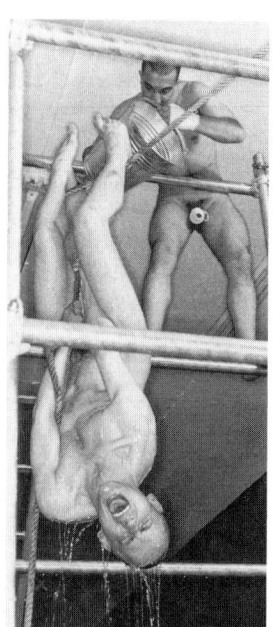

*Enfants Perdus, Survival,
1986*

Sie hatten eine Utopie: freies, unabhängiges Theater, frei von hierarchischen Arbeitsstrukturen und staatlichen Subventionen. Sie wollten selbstbestimmt zusammenleben und -arbeiten, neue Ausdrucksformen finden, neue Spielorte erschließen, ein neues Publikum ansprechen. Und sie stellten sich eine Aufgabe: politisch klar Position zu beziehen und die Interessen von Minderheiten zu vertreten. Im Zuge der Studentenbewegung bildete sich 1968 eine alternative Theaterszene. Mit etwas Verspätung erreichte dieses Phänomen Mitte der 70er Jahre auch Hamburg. Obwohl sie nicht wie in München oder Berlin an eine lange Kleinkunsttradition anknüpfen konnte, brachte die junge ‹Freie Szene› Hamburgs ab 1975 Theater in den vielfältigsten Ausprägungen hervor: Von der «Kleinsten Bühne der Welt», untergebracht in einem Handkoffer, bis zu den überdimensionalen Stabpuppen, mit denen das «Atelier zu den vier Winden» durch die Straßen zog, waren alle Größenordnungen vertreten. Die formale Bandbreite reichte vom Mitmachstück, in das die Gruppe «Grande Kanaille» ihre Zuschauer verwickelte, bis zu Versuchen mit Film und Projektionen im Multimedia-Theater «M²T». Als mobile Theaterfeuerwehr war das «Theater zwischen Tür und Angel» in den Stadtteilen unterwegs. Im Bereich des Bewegungstheaters experimentierten die «enfants perdus» mit Buto-Elementen, während das Tanz Theater Hamburg eine Verbindung von klassischem Ballett und modernen Formen suchte.

Wichtige Impulse für die Freie Szene brachte 1979 das Festival «Theater der Nationen»: Jango Edwards Clownpower, Eugenio Barbas experimentelles Theaterlaboratorium, das moderne Volkstheater von Dario Fo und der politische Ansatz Augusto Boals wurden zum Vorbild für formale und inhaltliche Weiterentwicklungen. Die freien Gruppen entdeckten vor allem die Straße als neuen Spielort. Teils war es Konzept, teils Notlösung, denn knappe Finanzen und ein Mangel an Auftrittsmöglichkeiten blieben bis heute ihre größten Probleme. Die wenigen geeigneten Räumlichkeiten in Hamburg sind schnell genannt: Markthalle, Fabrik, Kampnagelhallen, Klecks-Theater und das monsun, das sich auf Tanz- und Bewegungstheater spezialisiert hat. Kleinkunstkneipen wie das Stradiwadi, das Mon Marthe und der foolsgarden bieten lediglich kleinen Kabarett-Truppen und Ein-Mann-Theater Platz.

Mit Gastspielreisen und Workshop-Angeboten halten sich die Freien finanziell über Wasser. Erst 1981 richtete die Kulturbehörde zu ihrer Unterstützung einen Etat ein – ein Tropfen auf den heißen Stein; denn sein Volumen entspricht etwa einem Zweihundertstel des Etats der drei Staatsbühnen.

Ungeachtet dieser kulturpolitischen Vernachlässigung entstanden in der Freien Szene Hamburgs zwei sehr eigenständige Richtungen: Das Schwulentheater wurde 1975 von «Brühwarm» aus der Taufe gehoben und erregte Anfang der 80er mit den grellen Revuen des «Tuntenchores» Aufmerksamkeit im ganzen Bundesgebiet. Heute hält «Familie Schmidt» mit schrillvulgärem Volkstheater diese Tradition aufrecht. Im Bereich des Kindertheaters entwickeln vor allem drei Gruppen engagierte, anspruchsvolle Produktionen als Kontrast zu den konservativen Märcheninszenierungen der Staatstheater: das Theater Zeppelin, das Zaubertheater MäGäDäm und das Fundus Figurentheater.

Eine neue Ära begann für die Freie Szene mit dem Traum vom ‹Alternativen Produktionszentrum Kampnagel›. 1981 hatte das Schauspielhaus, wegen Renovierungsarbeiten auf der Suche nach einem Ausweichquartier, die Hallen einer ehemaligen Kranfabrik als Theaterraum entdeckt. Nach diesem ‹Gastspiel› sollte der Komplex abgerissen werden. Alternative Theatermacher aus dem gesamten Bundesgebiet hatten in Kampnagel jedoch schnell den idealen Standort für ein ‹Theaterlaboratorium der freien Szene› erkannt. Mit zwei Festivals, den ‹Besetzungsproben› 1982 und 1983, und einem neunwöchigen Theatersommer 1984 rangen sie der Stadt das Zugeständnis ab, die Hallen zu erhalten, solange sie vom Publikum angenommen würden.

Achim Konejung, Das unglaubliche Leben des George Villabour, Kabarett 1986

Familie Schmidt, Happy Kadaver, 1987

213

Zaubertheater MäGäDäm und Theater Caligari, Der Planet Megaplank, Kindertheater auf Kampnagel 1985

«Das Kampnagelgelände ist das schönste Theatergelände Europas» (Peter Brook, 1983).

1985 wurde ein Konzept entworfen, das neben dem innovativen Diskussions- und Produktionsforum Kooperationen mit anderen Kunstsparten und die Einladung auswärtiger Inszenierungen vorsah.

Seit 1986 wird Kampnagel das ganze Jahr über bespielt. Es finden regelmäßig Premieren von Hamburger Gruppen statt, ein Kindertheaterprogramm und Gastspiele, die einen Überblick über die Entwicklungen in den Bereichen Tanztheater und Kabarett vermitteln. Zehn bis 20 Gruppen proben pro Jahr auf dem Gelände, drei davon haben sich fest niedergelassen: «Die Fliegenden Bauten», das einzige Zelttheater der Hansestadt, die Gruppe «Babylon» und das «Pantheater», die beide nach neuen Formen des Literaturtheaters suchen. Aus der improvisierten Sommerbespielung entwickelte sich ab 1984 ein Sommertheater Festival, das die internationale Theater-Avantgarde nach Hamburg holt und inzwischen zum größten seiner Art in der BRD avanciert ist. Seit 1989 wird Kampnagel als städtische GmbH und damit als «viertes Staatstheater» geführt.

214

Vor allem auch läßt sich ein Wandel in der konzeptionellen Ausrichtung der Freien Szene feststellen. Kaum eine Gruppe versteht ihre Arbeit noch als politisch-emanzipatorische im Sinne der Anfangsjahre von Studentenbewegung und Apo. Die experimentelle Auseinandersetzung mit den formalen Mitteln des Theaters hat mehr Raum gewonnen. Statt auf die Straße zieht es viele in feste Häuser. Nicht mehr konstant arbeitende Gruppen prägen heute die Szene, sondern Einzelpersönlichkeiten, die zur Realisierung ihrer Projekte wechselnde Ensembles zusammenstellen. Das Freie Theater, einst im Widerspruch zu den verkrusteten Strukturen der Staatstheater entstanden, verändert mit seiner zunehmenden Professionalisierung notwendigerweise auch seine Arbeitsstrukturen und seinen institutionellen Status. Immer größere Risse klaffen zwischen der Utopie der Anfangsjahre und der Realität von heute. Die Auseinandersetzung um eine neue Standortbestimmung wird nun auch von der ‹Alternativ-Szene› zu führen sein.

Outdoor-Programm auf dem Kampnagelgelände, 1984

«An den Staatstheatern werden die Leute fast zwangsläufig dazu gebracht, unterhalb ihrer Möglichkeiten zu arbeiten. Zu viele gebeutelte und geduckte Leute! Eine sinnvolle choreographische Arbeit an diesen Theatern ist fast ausgeschlossen» (Peter Balzer, Gründer des Tanz Theaters Hamburg, zu seinem Ausstieg aus dem Staatsopernballett, 1981).

«Der schönste Mann von der Reeperbahn», ‹St. Pauli-Musical› von Heinz Wunderlich und W. Rothenburg, Musik von Charly Niessen und Fritz Günzel. bühne an der marschnerstraße e. v., Aufführung zum 35jährigen Bestehen im April 1985

Amateurtheater nach 1945. Die Amateurbühnen waren ab 1933 von der nationalsozialistischen Gleichschaltungs- und Kontrollpolitik erfaßt worden und mußten sich 1945 neu organisieren. Das Interesse des Publikums an Theateraufführungen war groß; gleichzeitig hatten die noch bestehenden oder neu gegründeten zahlreichen Bühnen nach Kriegsende personelle, materielle und räumliche Schwierigkeiten. Bei der Bewältigung dieser Probleme half der im November 1945 wieder gegründete Dachverband, die «Volksbühnenkunst Hamburg e. V.». Hier sind derzeit 16 Bühnen zusammengeschlossen, die wiederum jeweils als eingetragener Verein organisiert sind. Die «Volksbühnenkunst» ist Mitglied im «Bund Deutscher Amateurtheater e. V.», der bundesweiten Vereinigung der Amateurbühnen. Beide Organisationen ermöglichen eine gemeinsame Interessenvertretung gegenüber Behörden, Bühnenverlagen und Versicherungen und bieten den einzelnen Bühnen u. a. einen GEMA-Rahmenvertrag und Fortbildungsveranstaltungen zu verschiedenen Bereichen der Theaterarbeit. Außerdem werden Kontakte mit anderen Amateurtheatervereinen auf nationaler und internationaler Ebene gefördert.

Die Vorstellungen finden in Schulaulen, Gemeindesälen und Bürgerzentren, im Theater an der Marschnerstraße und im Kellertheater statt. Der Spielplan verzeichnet fast ausschließlich Lustspiele, etwa die Hälfte davon sind niederdeutsche Stücke. Neben Titeln wie «Opa ward verköfft» stehen aber auch Werke von Thornton Wilder oder Friedrich Dürrenmatt. In der Adventszeit werden hauptsächlich Weihnachtsmärchen und Theaterstücke für Kinder gespielt.

Die Aufführungen der Amateurbühnen sind durch einen volkstümlich realistischen Darstellungsstil geprägt; formale Experimente finden sich kaum, würden auch dem Anspruch der Freizeitmimen auf unbeschwerte, leichtfaßliche Unterhaltung widersprechen. Vielfach sind die Aufführungen eingebunden in das rege Geselligkeitsleben der Vereine.

Neben den in der «Volksbühnenkunst» organisierten Bühnen gibt es in Hamburg zahlreiche andere Laien- und Amateurtheatergruppen, die sich durch größere Vielfalt in ihren Arbeitsweisen voneinander und auch von der sehr homogenen Gruppe der in der «Volksbühnenkunst» zusammengeschlossenen Bühnen unterscheiden.

Anhang

Theaterstadt Hamburg – 1988/89

Staatstheater

Hamburg Oper in der Dammtorstr. 28, geleitet von Gerd Albrecht und Gerd Ruzicka, faßt 1625 Zuschauer. Gründungsjahr ist 1827. Das Haus ist Staatstheater und erhielt zusammen mit der opera stabile 1988 59 Mill. DM Subvention.
Opera stabile, seit 1975 Studiobühne der Staatsoper in der Büschstr. 11, faßt max. 106 Zuschauer.

Deutsches Schauspielhaus in der Kirchenallee 39, wird von Peter Zadek (ab 1989 Michael Bogdanov) geleitet und faßt 1397 Zuschauer. Gründungsjahr ist 1900. Das Haus ist Staatstheater und erhielt mit dem Malersaal 1988 27 Mill. DM Subvention.
Malersaal, seit 1972 Studiobühne des Schauspielhauses, faßt 300 Zuschauer.

Thalia Theater am Gerhart-Hauptmann-Platz, wird von Jürgen Flimm geleitet und faßt 1014 Zuschauer. Gründungsjahr ist 1843. Das Haus ist Staatstheater und erhielt zusammen mit der Studiobühne TiK 1988 19 Mill. DM Subvention.
TiK (Theater in der Kunsthalle), seit 1972 Studiobühne des Thalia Theaters am Glockengießerwall, faßt 305 Zuschauer.

Regelmäßig subventionierte Privattheater

Altonaer Theater in der Museumsstr. 17 (1954 hervorgegangen aus dem 1949 reprivatisierten Harburger Stadttheater), wird seit 1945 von Hans Fitze geleitet und faßt 531 Zuschauer. Gespielt werden Klassiker und Boulevard. Das Haus erhielt 1988 2,3 Mill. DM Subvention.

Ernst-Deutsch-Theater am Mundsburger Damm 60, wird seit 1951 von Friedrich Schütter geleitet und faßt 739 Zuschauer. Gespielt werden Klassiker, Moderne und Boulevard. Das Haus erhielt 1988 1,8 Mill. DM Subvention.

Hamburger Kammerspiele in der Hartungstr. 9, werden seit 1945 von Ida Ehre geleitet und fassen 488 Zuschauer. Gespielt werden Klassiker, klassische Moderne und Boulevard. Das Haus erhielt 1988 1,1 Mill. DM Subvention.

Klecks-Theater am Alten Steinweg 43, wird von Thomas Gostischa geleitet und faßt 315 Zuschauer. Gespielt werden Stücke von Volker Ludwig und Eigenproduktionen. Gastspiele finden statt. Das Theater versteht sich als Jugendtheater. Gründungsjahr ist 1976. Das Haus erhielt 1988 700000 DM Subvention.

Ohnsorg Theater in den Großen Bleichen 25, wird von Walter Ruppel geleitet und faßt 374 Zuschauer. Gespielt wird niederdeutsches Theater. Gründungsjahr ist 1902. Das Haus in den Großen Bleichen wurde 1936 bezogen und erhielt 1988 2,2 Mill. DM Subvention.

Operettenhaus am Spielbudenplatz 1, wird von Friedrich Kurz geleitet und faßt 1135 Zuschauer. Gespielt wird das Musical «Cats» en suite. Das heutige Operettenhaus wurde 1953 an der Stelle des im Krieg zerstörten gleichnamigen Theaters errichtet. Das Haus ist in Staatsbesitz, die Stadt erläßt die Miete in Höhe von 450000 DM.

Theater für Kinder an der Max-Brauer-Allee 76, wird von Uwe Deeken geleitet und faßt 246 Zuschauer. Gründungsjahr ist 1968. Das Haus erhielt 1988 500000 DM Subvention.

Theater im Zimmer an der Alsterchaussee 30, gegründet 1948 von Helmuth Gmelin, wird von Gerda Gmelin geleitet und faßt 115 Zuschauer. Gespielt werden in kleiner Besetzung Klassiker, viel moderne Stücke, Musicals und Kriminalstücke. Das Haus erhielt 1988 400000 DM Subvention.

Nicht subventionierte Privattheater

Black market am Mühlenkampsweg 43 ist ein Travestietheater.

Commedia-Theater in der Neanderstr. 22, wird von Dieter Pusch geleitet und faßt 112 Zuschauer. Gespielt werden klassische Komödien. Gründungsjahr ist 1987.

Das Schiff am Anleger Holzbrücke im Alsterfleet, wird von Christa und Eberhard Möbius geleitet und faßt 120 Zuschauer. Das Schiff veranstaltet Gastspiele und Lesungen bekannter Stars und eigene Kabarettproduktionen. Gründungsjahr ist 1975.

Die kleine Komödie am Neuen Wall 54, wird seit 1953 von Peter Ahrweiler geleitet und faßt 280 Zuschauer. Gespielt werden Boulevardkomödien. Rauchen und Verzehr sind möglich. Gründungsjahr ist 1953. Das **Rendezvous** im gleichen Haus gehört zur Kleinen Komödie und veranstaltet Ahrweilers Kabaretteigenproduktionen.

Forum der Musikhochschule am Harvestehuder Weg 12, faßt 465 Zuschauer und veranstaltet die Musiktheaterregie-Diplomaufführungen seiner Studenten. Gründungsjahr ist 1987.

Hansa Theater am Steindamm veranstaltet seit 1894 Varieté.

Haus im Park Bergedorf in der Wentorfer Str. 38a, wird von Peter Reszcynski geleitet und faßt 470 Zuschauer. Das Haus ist Gastspielstätte für Tournee-Ensembles (Klassik, Moderne, Boulevard). Gründungsjahr ist 1977. Das Haus wird von der Körberstiftung subventioniert (1988: 150000 DM).

Imago Theater in der Admiralitätsstr. 85, wird von Peter May geleitet und faßt 30 bis 50 Zuschauer. Gespielt werden moderne Stücke und freie Eigenproduktionen. Gründungsjahr ist 1985.

Kabarett Mon Marthe in der Tarpenbekstr. 65, wird von Marthe Friedrichs, Jens-Peter Petersen und Niels Loenicker geleitet und faßt 120 Zuschauer. In dem Veranstaltungsraum der Gaststätte finden Kabarettgastspiele statt. Gründungsjahr ist 1988.

Komödie im Winterhuder Fährhaus in der Hudtwalkerstr. 13, wird von Rolf Mares geleitet und faßt 550 Zuschauer. Gespielt werden Boulevardkomödien. Gründungsjahr ist 1988.

Macadam in der Deichstr. 39, veranstaltet seit Anfang der 80er Jahre Gastspiele von Schauspielern, Kabarettisten, Kleinkünstlern und Entertainern; es wird von Hardy Homann und Frank Gräsel geleitet. Rauchen und Verzehr sind möglich.

Piccolo-Theater in der Juliusstr. 13–15, wird von Gerd Samariter geleitet und faßt als kleinstes Theater Hamburgs nur 30 Zuschauer. Gespielt werden Soloschauspiele von Schauspielern. Gründungsjahr ist 1972.

Pulverfaß am Pulverteich 12, wird von Hans-Diego Leers geleitet und veranstaltet Travestietheater.

Salambo in der Großen Freiheit 11, wird von René Durand geleitet und veranstaltet Pornotheater.

Schmidt am Spielbudenplatz 24, wird von Corny Littmann, Ernie Reinhardt und anderen geleitet; es hat 300 Plätze. Veranstaltet werden «Schmidt»-Kabarett, Mitternachts-Tresen-Kabarett und Gastspiele. Gründungsjahr ist 1988.

St. Pauli-Theater am Spielbudenplatz 29 (das älteste Theatergebäude Hamburgs: Erbauungsjahr 1841), wird von Michael Collien geleitet und faßt 617 Zuschauer. Im St. Pauli Theater finden Gastspiele von Volksstücken und Musicals statt.

the english theatre am Lerchenfeld 14, wird von Clifford Dean und Robert Rumpf geleitet und faßt 180 Zuschauer. Gespielt wird englischsprachiges Boulevardtheater. Gründungsjahr ist 1976.

Theater am Holstenwall am Holstenwall 19, wird von Olli Meier geleitet und faßt 287 Zuschauer. Gespielt werden Boulevardkomödien. Gründungsjahr ist 1983.

Theater Kleine Rampe in der Haldesdorfer Straße 83, wird von Frithjof Gregersen geleitet und faßt 53 Zuschauer. Gespielt werden kleine Boulevardkomödien. Gründungsjahr ist 1985.

Theater monsun in der Friedensallee 29, wird von Christina Jänichen und Jürgen Dembski geleitet, hat 78 Plätze und veranstaltet Gastspiele internationaler Freier Theatergruppen und Tanztheater. Gründungsjahr ist 1979.

Theatron in der Glashüttenstr. 115, wird von Alejandro Alvarez und Sarah Picard geleitet und faßt 100 Zuschauer. Gespielt werden Eigenproduktionen von Literatur- und Freiem Theater. Gründungsjahr ist 1986.

Spielstätten für freie Gruppen und Amateurbühnen

Kampnagelfabrik in der Jarrestr. 22–26, wird von Hannah Hurtzig und Margret Quinckhardt verwaltet und hat drei Spielräume mit 800, 400 und 200 Plätzen. Die Fabrik, 1980 für das Deutsche Schauspielhaus zum Theater umgebaut, ist seit 1985 staatlich geförderte Spielstätte für die Produktionen Hamburger Freier Theatergruppen und für Gastspiele. Kampnagel erhielt 1988 Subventionen in Höhe von zwei Mill. DM. Der Fortbestand von Kampnagel als Spielstätte für freie Gruppen wird ab 1989 durch die Stadt gesichert. Kampnagel erhält vorraussichtlich die Rechtsform einer GmbH.

Kellertheater am Karl-Muck-Platz 1 wird von Günter Dose geleitet; es faßt 90 Zuschauer und veranstaltet Amateurtheatergastspiele und -eigenproduktionen.

Theater an der Marschnerstraße, Marschnerstr. 46, wird vom Vorsitzenden des Vereins Volksheim e. V. Carl-Heinz Luckmann geleitet, faßt 290 Zuschauer und veranstaltet Amateurtheatergastspiele. Gründungsjahr des Vereins ist 1901.

Literaturhinweise

Batz, Michael: Theater zwischen Tür und Angel. Reinbek bei Hamburg 1984.

Blasche, Gerhart und Eberhard Witt: Hamburger Thalia Theater. Boy Gobert. Hamburg 1980.

Chevalley, Heinrich: Hundert Jahre Hamburger Stadttheater. Hamburg 1927.

Diederichsen, Diedrich: Wege des Thalia Theaters. Vom «Zweiten Theater» zur «Norddeutschen Burg». Hrsg. v. d. Hamburgischen Landesbank. Hamburg 1980.

Diederichsen, Diedrich: Republikanisches Hof-, Burg- und Gartentheater. In: Industriekultur in Hamburg. Hrsg. v. Volker Plagemann. München 1984, S. 295–300.

Die Hamburgische Staatsoper 1678–1945. Bürgeroper – Stadttheater – Staatsoper. Hrsg. v. Max W. Busch und Peter Dannenberg. Zürich 1988.

300 Jahre Oper in Hamburg. 1678–1978. Hrsg. v. der Hamburgischen Staatsoper, dem Museum für Hamburgische Geschichte und der Vereins- und Westbank. Hamburg 1977.

40 Jahre Theater im Zimmer. Hamburg 1988.

75 Jahre Deutsches Schauspielhaus. Hrsg. v. Ivan Nagel. Hamburg 1975.

25 Jahre Ernst-Deutsch-Theater. Hamburg 1976.

Greeven, Erich August: 110 Jahre Thalia Theater 1843–1953. Hamburg 1953.

Ida Ehre – Mutter Courage und ihr Theater. Hamburg 1980.

Lüth, Erich: Hamburger Theater 1933–45. Hamburg 1960.

Maack, Rudolf: Tanz in Hamburg. Hamburg 1975.

Meyer, F. L. W.: Friedrich Ludwig Schröder. Ein Beitrag zur Kunde des Menschen und des Künstlers. Teil 1 u. 2. Hamburg 1819.

Möhring, Paul: Das andere St. Pauli. Hamburg 1965.

Möhring, Paul: Von Ackermann bis Ziegel. Theater in Hamburg. Hamburg 1970.

Peters, Kurt: Lola Rogge – Eine musische Insel der Tanzkultur. Die Tanzarchiv-Reihe Bd. 3, Hamburg 1964.

Populäre Theaterkultur in Hamburg. In: Uni HH Forschung. Wissenschaftsberichte der Universität Hamburg XV, 1981.

Schütze, Johann Friedrich: Hamburgische Theater-Geschichte. Hamburg 1794.

Spielorte. Hrsg. v. Niels Peter Rudolph. Hamburg 1985.

Szenarium einer Hamburger Dramaturgie. Hrsg. v. Georg Stenzaly. Hamburg 1982.

Thalia Theater 1980–85. Hrsg. v. Peter Striebeck. Hamburg 1985.

Uhde, Hermann: Das Stadttheater in Hamburg. Ein Beitrag zur deutschen Kulturgeschichte. Stuttgart 1879.

Wenzel, Joachim E.: Geschichte der Hamburger Oper 1678–1978. Hamburg 1980.

Bildquellennachweis

Holger Badekow S. 175 o; Hermann J. Baus, Köln S. 209; Clärchen Baus-Mattar, Köln S. 208; Klaus Bodig S. 190; Ralf Brinkhoff S. 171; bühne an der marschnerstr. e. V. S. 216; Rosemarie Clausen S. 178, 191, 192, 193, 195, 196 o/u, 197, 198, 199, 200 o/u, 201, 203 o/u, 204 o, Umschlagvorderseite u; Delahaye, Paris S. 175 u; Fotoarchiv Ernst-Deutsch-Theater S. 184; Fotoarchiv Hamburg Oper S. 127; Fotoarchiv Hansa Theater S. 89; Roswitha Hecke Umschlagrückseite m; Herzog Anton Ulrich-Museum, Braunschweig S. 12, 13, 26 o; Maike Kollenrott S. 185; Christa Kujath S. 181 o/u, 186; Landesbibliothek Oldenburg S. 32 l u; Staatliche Landesbildstelle Hamburg S. 132; Hans Meyer-Veden S. 204, 205; Museum für Kunst und Gewerbe, Hamburg S. 154, 155; Peter Peitsch S. 206 o/u; Fritz Peyer S. 165, 167, 168, 169, 176; Br. Reinhardt S. 187; Slg. Lola Rogge S. 122, 146, 174 o; Kay-Uwe Rosseburg S. 207; Brigitte Schilmann S. 179; Bernd Seuffert S. 212, 213 o, 214; Friedemann Simon S. 111, 213 u, 215; Staatsarchiv Hamburg S. 18, 19, 59, 67 o, 81, 84, 90, 91, 92, 93; Staats- und Universitätsbibliothek Hamburg Carl von Ossietzky S. 20 u, 23, 24, 25, 26 u; Slg. Helga Svedlund S. 147, 148, 173; Deutsches Tanzarchiv, Köln S. 73, Joachim Thode S. 170, 172; du Vinage S. 180 o, 189, ; Gunter Wolfson S. 183. Alle weiteren Abbildungen: Zentrum für Theaterforschung/Hamburger Theatersammlung

Bildlegenden zu Umschlag und Zwischentiteln

Umschlag-Vorderseite:
Bühnenbild für eine Opernaufführung des Hamburger Stadttheaters, um 1870/ Museum für Hamburgische Geschichte
Lisa Czobel in «Gesang aus Rassina» nach Volksmusik, dreißiger und fünfziger Jahre, Thalia Theater Hamburg
Gustaf Gründgens als Mephisto in Goethes «Faust II», Deutsches Schauspielhaus Hamburg 1958

Umschlag-Rückseite:
William Shakespeare «Ein Sommernachtstraum», Hamburger Kammerspiele 1921
    Frank Wedekind «Lulu. Die Büchse der Pandora. Eine Monstretragödie», Deutsches Schauspielhaus Hamburg 1988
    Jean Gilbert «Puppchen», Carl Schultze-Theater 1913

Zwischentitel:
Johann Oswald Harms «Hamburger Straße». Bühnenbildentwurf zu der Oper «Störtebecker und Jödge Michaels» von Reinhard Keiser, Hamburg 1701 – S. 12, 13
    Burghof. Ungezeichneter Bühnenbildentwurf zu einer Hamburger Operndekoration um 1880 – S. 50, 51
    Bühnenbildentwurf von Johannes Schröder zu «Die Sündflut» von Ernst Barlach, Hamburger Kammerspiele 1925 – S. 96, 97
    Wilhelm Reinking: Bühnenbild zu «Lohengrin» von Richard Wagner, Hamburgische Staatsoper 1934 – S. 136, 137
    Bühnenbildentwurf von Johannes Grützke zu «Lulu. Die Büchse der Pandora. Eine Monstretragödie» von Frank Wedekind, Deutsches Schauspielhaus Hamburg 1988 – S. 154, 155

Bücher zum Theater
in rowohlts enzyklopädie

Eugenio Barba
Jenseits der Schwimmenden Inseln
Reflexionen mit dem Odin-Theater. Theorie und Praxis
des Freien Theaters (415/DM 24,80)

Manfred Brauneck
Theater im 20. Jahrhundert
Programmschriften, Stilperioden, Reformmodelle
(433/DM 19,80)

Manfred Brauneck
Klassiker der Schauspielregie
Positionen und Kommentare zum Theater im 20. Jahrhundert
(477/DM 22,80)

Manfred Brauneck/Gérard Schneilin (Herausgeber)
Theaterlexikon
Begriffe und Epochen, Bühnen und Ensembles
(417/DM 29,80)

Martin Esslin
Das Theater des Absurden
Von Beckett bis Pinter (414/DM 16,80)

Volker Klotz
Bürgerliches Lachtheater
Komödie – Posse – Schwank – Operette (451/DM 16,80)

Erwin Piscator
Zeittheater
«Das Politische Theater» und weitere Schriften von 1915 bis 1966
Erweiterte Ausgabe (429/DM 22,80)

Susanne Schlicher
Tanztheater
Traditionen und Freiheiten (441/DM 24,80)

Weitere Bücher zum Theater

Michael Batz/Horst Schroth
Theater zwischen Tür und Angel
Handbuch für Freies Theater
(7686/DM 14,80)

Michael Batz/Horst Schroth
Theater grenzenlos
Handbuch für Spiele und Programme
(7940/DM 16,80)